Claude Chass

MADAME MALRAUX

Aude Terray est historienne. Elle est l'auteur de *Claude Pompidou, l'incomprise* (Toucan, 2010), *Madame Malraux* (Grasset, 2013) et *Les Derniers Jours de Drieu la Rochelle* (Grasset, 2016).

AUDE TERRAY

Madame Malraux

GRASSET

Crédits du cahier-photos :
Toutes les photos : Archives privées Madeleine Malraux /
Tous droits de reproduction réservés, sauf :
Page 2 : en haut : © J. Mangeot / Paris Match / Scoop ;
en bas : © J. Mangeot / Paris Match / Scoop
Page 4 : en haut : Photo Mesnildey / Ville de Paris / DR

© Éditions Grasset & Fasquelle, 2013.
ISBN : 978-2-253-06858-7 – 1re publication LGF

À Alexis

J'ai tellement rêvé de toi
J'ai marché, tellement parlé,
Tellement aimé ton ombre,
Qu'il ne me reste plus rien de toi,
Il me reste d'être l'ombre parmi les ombres,
D'être cent fois plus ombre que l'ombre,
D'être l'ombre qui viendra et reviendra
Dans ta vie ensoleillée.

                Dernier poème de Robert Desnos
                Camp de Theresienstadt, 1945

CHAPITRE 1

L'enfance de l'art

Avril 2011. Madeleine, qui a aimé et épousé les deux frères Malraux, Roland et André, est alors une vieille dame de quatre-vingt-dix-sept ans ; elle règne sur son appartement sanctuaire où s'entassent les souvenirs, ses trésors. Madeleine a tout vécu, la passion, les honneurs, le luxe, mais aussi les tragédies de son siècle et les drames familiaux, la répudiation et les désillusions. Sa vie est son roman. Alerte, elle ouvre la porte à son visiteur, et invite à s'asseoir. Inutile de faire durer les propos de convenance. Il faut en venir au but de la visite. La tâche est délicate. Comment la convaincre de tenter cette aventure étrange qui consiste à se raconter à une inconnue ?

D'abord réticente, elle déclare d'une voix perlée que contrairement aux autres femmes de Malraux, elle ne souhaite pas déballer « les misérables petits tas de secrets[1]* » de son existence et évoque les tentatives éditoriales qui l'ont vite lassée ainsi que le projet de sa petite-fille de rassembler quelques souvenirs. Puis, charmeuse, elle avance à pas feutrés dans la conversation. Madeleine Malraux semble hésiter. Avec la courtoisie d'une époque révolue.*

---

1. La formule est d'André Malraux.

Il est nécessaire d'insister. Quelle est la femme qui a vécu vingt ans avec une légende, André Malraux, et sur laquelle les biographes ne s'attardent jamais ? Qui se cache derrière l'image de la douce et pudique épouse ? De quel amour a-t-elle aimé les frères Malraux ? Qui était Roland ? Quel a été son André Malraux ?

C'est au nom de la mémoire de Roland que Madame Malraux se décide. Au fil des rendez-vous, plus d'une vingtaine dans un climat de confiance, les propos sont dignes, à décrypter. L'émotion gagne la gardienne du temple malrucien qui chasse quelques larmes discrètes. L'humour affleure aussi, parfois un rire fuse. La femme de sa génération qui a toujours tu ses souffrances, la pianiste qui préfère la musique aux mots ne se livre pas, elle suggère par touches, donne quelques clés et soudain se pique au jeu et lève des pans du voile.

*

Une enfant protégée

Marie Madeleine Jeanne Lioux voit le jour le 7 avril 1914 à Toulouse dans la chambre de sa mère Célina qui découvre la maternité à trente-trois ans. Grande blonde aux yeux verts, Célina est une passionnée, elle s'est battue pour imposer son mariage avec le bel Hippolyte Lioux rencontré l'été de ses vingt ans sur les plages de Calais. Ses parents, des bourgeois catholiques du Nord, propriétaires d'une petite pension de famille, sont furieux de cette idylle. Elle a eu beau leur vanter les manières parfaites du jeune homme, son élégance raffinée, son éducation chez les jésuites, ses talents au piano, ils refuseront toute idée de mariage avec ce Toulousain dont ils ont appris qu'il avait des origines judéo-espagnoles. Célina, la rebelle, se promet secrètement. Les fiançailles clandestines dureront dix ans. A quelques mois d'intervalle, ses parents âgés meurent et la jeune femme vibrante d'espoir en l'avenir, peut enfin se marier et quitter le Nord. Sans regrets ni nostalgie.

Le 1er août 1914, à quinze heures quarante-cinq, l'ordre de mobilisation générale est lancé en France. Madeleine n'a pas quatre mois. Hippolyte rejoint son régiment sans la fleur au fusil. Lors des rares permissions, il se sent comme un étranger chez lui. Sa fille ne le reconnaît pas. A Célina, le soldat ne parle pas des tranchées. Comment décrire ce quotidien de baïonnettes, de tirs d'artillerie, de gaz, de rats, de froid, de poux, d'ordres et de contrordres. La guerre n'a rien à voir avec les discours patriotiques de l'arrière. Le retour au front a le goût des rendez-vous manqués, des non-dits et du fol espoir qu'un jour tout puisse redevenir comme avant. En 1916, naît un enfant de permission, Anne-Marie. A Toulouse, la vie continue. Célina a transformé les deux étages de son appartement en maison d'hôtes et loge quelques pensionnaires.

Lorsque Madeleine repense à ses jeunes années, lui reviennent la lumière forte du Sud, le carillon du Capitole, la pierre rose de la ville, le vert des platanes. La petite fille modèle, brune, coiffée au carré et d'une frange, avec son col Claudine et ses bottines vernies passe ses après-midi en compagnie de sa mère au jardin du Capitole ; sur les pelouses, elle ne se mêle pas aux jeux des enfants mais elle écoute et rêve : *Ce jardin était pour moi comme un orchestre quand j'avais quatre ans ; j'avais une sensibilité aiguë à la musicalité de l'eau qui coule, aux mouvements rythmés des poissons rouges, à la symphonie des couleurs, au bruit dans les feuilles*[1]. L'enfant vit ses premiers émois musicaux.

Le 11 novembre 1918, l'armistice est signé à six heures du matin dans le wagon du maréchal Foch, stationné en clairière de Rethondes, près de Compiègne. Hippolyte revient vivant de l'enfer. Le bonheur des retrouvailles est de courte durée et le retour à la vie difficile. Trop de morts, les camarades tombés sous ses yeux et Jean, son frère, le parrain de Madeleine, rescapé de la guerre et fauché par la grippe espagnole en 1919. Hippolyte a changé. Il supporte mal l'autorité de sa femme qui règne sur la petite pension de famille, il multiplie les conquêtes et se distrait le soir à son cercle de billard. Célina souffre, ressassant ses reproches muets. Hippolyte, qui veut changer de vie, achète une belle voiture, une torpédo, décide de vendre la pension, de louer un appartement au luxe moderne et d'acquérir la première usine de confection de bas de soie en série de la région en faisant importer d'Angleterre des machines au procédé révolutionnaire. Il emmène ses filles. Madeleine est impressionnée par les rangées d'ouvriers, le bruit des machines, les bas confectionnés sur des jambes en bois. Les affaires marchent bien.

---

1. Les citations de Madeleine Malraux apparaîtront en italique dans le texte tout au long du récit.

L'éveil musical

Hippolyte a une passion, la musique. Il travaille chaque jour sur son piano droit, un Pleyel qui a trouvé sa place dans le salon près d'une bibliothèque remplie de partitions et d'une collection de microsillons pour son gramophone. Les compositeurs contemporains Erik Satie, Claude Debussy et Gabriel Fauré ont sa préférence. Un goût original pour l'époque et en province. De sa belle voix de baryton, il chante les mélodies d'Henri Duparc. Et certains soirs, avec Célina, ils jouent à quatre mains, moment rare et parfait de bonheur familial. Madeleine n'oubliera jamais ses sensations d'enfant lorsqu'elle se blottissait sous le piano de ses parents, grisée par l'explosion de vibrations, de rythmes et de sonorités.

Hippolyte décèle chez sa fille un talent et décide de la présenter au concours d'entrée du Conservatoire de Toulouse. Tous les matins, l'été de ses huit ans, en vacances chez sa tante Berthe, la sœur aînée de Célina, à Calais, elle travaille avec Mademoiselle Lebas, professeur réputé de l'Ecole de musique de Boulogne-sur-Mer. Tante Berthe a épousé un pharmacien, Monsieur Pichon, inventeur de formules à succès rajeunissante, digestive et amincissante. Il est fier de sa fortune récente et de sa progéniture, trois garçons et trois filles. Le parc de leur belle maison est un immense terrain de jeux ; les après-midi sont consacrés aux concours de pêche à la crevette et de châteaux de sable sur la plage. Madeleine est une enfant joyeuse et intrépide, heureuse d'échapper à la vigilance de sa mère.

De retour à Toulouse, par un chaud après-midi d'octobre, Madeleine se présente seule avec une petite révérence devant le jury du Conservatoire. Pour sa première audition, elle est intimidée. L'épreuve est difficile, il faut exécuter parfaitement sans partition une sonate de Clementi et un rondo de Mozart. A l'annonce des résultats, la surprise tombe ; Mademoiselle Lioux est admise dans une classe d'élèves de quatre ou cinq ans plus âgés. Hippolyte et Célina sont très fiers. Madeleine, tout à la joie de ses parents, ne le sait pas encore mais elle ne sera plus une petite fille insouciante.

Le prodige local

A la maison, c'est Hippolyte qui se charge de la formation musicale de sa fille. L'accord est parfait, la complicité grandissante autour d'un don partagé. Sans doute Madeleine perçoit-elle que là où Célina a échoué, elle, grâce au piano, saura retenir son père. Madeleine est la préférée d'Hippolyte. Sa digne fille. Comme lui, une insatiable et une perfectionniste. Les photos montrent une enfant décidée, espiègle qui ne craint pas l'objectif. Le père et la fille se ressemblent physiquement. Aussi bruns et même regard volontaire.

Rien n'échappe à Hippolyte. Il vérifie le bon positionnement du doigté, la fait lire en chantant ou solfier un exercice en battant la mesure. Certains soirs, si Madeleine n'a pas assez travaillé, il la tire du lit.

La petite fille doit se remettre à son piano. C'est la dure loi de l'exigence au quotidien.

Pas question de faire des compliments, ni de crier au génie. En revanche, l'effort, le travail et la constance sont la règle. Le père assène à sa fille les mêmes phrases chaque jour : « C'est bien. Recommence ! », « Cela ne va pas. Recommence ! », « Tu dois être responsable et travailler davantage ».

Lorsqu'elle doit s'acharner des heures sur un morceau difficile qu'elle n'aime pas, Madeleine se révolte. Il faut répéter indéfiniment, savoir se plier mais aussi chercher en soi l'énergie. *Le piano est une lutte avec soi. Il y a de la violence contre soi-même*. Elle apprend aussi à vivre dans un monde parallèle, avec la musique ; les notes peuvent surgir, incontrôlables, la submerger à n'importe quel moment de la journée et la nuit peupler ses rêves.

Le rythme est épuisant, Madeleine se presse au Conservatoire en fin d'après-midi, après l'école. Les exigences sont élevées. Mademoiselle Perrin, une vieille fille sévère, dont les chapeaux sont la risée des couloirs, est un redoutable professeur de solfège, ses dictées de seize mesures jouées d'un seul trait qu'il faut noter à toute vitesse font trembler ses élèves et elle exige de Madeleine, la benjamine et la plus douée de son cours, qu'elle soit toujours assise à son côté. En classe de piano, Madeleine est également la première.

L'enfant fait l'apprentissage de la différence, du don qui isole. Confrontée à la jalousie car la plus jeune et la meilleure de sa classe au Conservatoire, Madeleine n'a pas d'amies de son âge. A douze ans, ses parents la retirent de l'école et recrutent une préceptrice qui lui donne à domicile le matin des leçons de mathématiques et de français, les après-midi seront désormais exclusivement consacrés au piano et au Conservatoire. Les jeunes années sont solitaires et austères, dominées par le sentiment de ne pas mériter la réputation de prodige et la crainte de décevoir.

Une enfance provinciale

Comme toutes les petites filles de la bonne bourgeoisie toulousaine, Madeleine est inscrite à l'institution religieuse de Notre-Dame-des-Victoires. Elle y entre à six ans ayant déjà appris à lire avec ses parents et y suivra une scolarité normale jusqu'à douze ans. Les maîtresses, des vieilles demoiselles, chignon tiré et tablier noir, sont aussi méticuleuses que pointilleuses. L'ennui, le conformisme et la routine ont l'odeur de la craie. Les petites écolières en uniforme bleu marine s'appliquent à former avec leur plume trempée dans l'encrier déliés et pleins sans faire de taches. Madeleine est gauchère. Une tare à l'époque. On la dresse à écrire de la main droite. Au piano, Hippolyte respecte la particularité de sa fille, il lui apprend même à utiliser sa main gauche pour jouer certains morceaux difficiles. Madeleine grandit ambidextre. Elle compose tout en restant elle-même.

Madeleine est une aînée tyrannique avec sa cadette blonde, docile et effacée qui a choisi le violon. Bien moins douée que sa sœur, Anne-Marie est une enfant parfois bougonne. Quand elle travaille, on lui demande de s'enfermer dans la cuisine pour épargner les oreilles de la famille. Tandis que Madeleine, elle, fait ses gammes au salon près de ses parents.

Célina est très coquette pour ses filles qui en sont parfois terriblement gênées. Elles sont les seules à l'école à porter un uniforme différent de leurs camarades car leur mère a exigé de les faire tailler dans de beaux tissus et chez une bonne couturière. Pour la promenade dominicale, Célina exige que Madeleine et Anne-Marie portent des petits manteaux rouges, coupés raglan, avec des gants fourrés, et le bonnet assorti attaché sous le menton par un nœud de velours. Elles font sensation dans la rue et les Toulousains s'exclament sur leur passage : « Oh, les jolis petits chaperons rouges ! » Madeleine est furieuse.

Les punitions ne sont pas rares à une époque où il est considéré comme une bonne chose de dresser les enfants et de les endurcir. Les Lioux pratiquent couramment les privations de dessert et les renvois dans la chambre, plus rarement les fessées et les gifles. Madeleine tient tête et quand elle plie, c'est la colère rentrée. Célina n'embrasse ni ne câline ses filles. Les enfants n'ont le droit de dîner avec les parents qu'à partir de dix ans. Les repas sont tendus, Célina et Hippolyte se lancent des piques. Les Lioux sont sauvages, ne sortent jamais et ne reçoivent pas.

Une figure féminine veille sur Madeleine. Sa grand-mère paternelle, Marie, née Sanson. Ses ancêtres, aux lointaines origines judéo-espagnoles, des marranes, ont fui l'Inquisition à la fin du XVᵉ siècle et se sont installés dans la région de Toulouse. Le père de Marie était marchand ambulant, passant sa vie sur les routes d'Europe jusqu'en Russie avec sa caravane tirée par ses chevaux pour faire le commerce de fourrures et d'étoffes précieuses. Madeleine est fascinée par les récits de ses voyages qu'elle reconstitue sur une carte.

Veuve à vingt-neuf ans, Marie achète grâce au petit pécule hérité de son père une jolie boutique place Victor-Hugo à Toulouse ; ses blouses en soie et ses accessoires de mode sont réputés dans la ville. Elle travaille dur pour inscrire ses trois fils chez les jésuites dans le prestigieux internat d'Aurillac. Marie se fait construire une villa à Fos dans la montagne, à la frontière espagnole, elle l'a voulue dans un style basque et Art déco, entourée d'un jardin d'arbres fruitiers traversé d'un ruisseau qui donne sur les montagnes. La petite Madeleine aime la beauté du site. Marie est bigote et parle souvent à sa petite-fille de Dieu, c'est elle qui l'emmène à la messe et lui offre son missel car Hippolyte ne met jamais les pieds à l'église et Célina n'y attache pas d'importance. Dans sa chambre, au milieu des photographies de ses morts, Marie s'agenouille sur son prie-Dieu, sous le lourd crucifix, elle dit ses prières à haute voix et fait des grands signes de croix. Ces bondieuseries, que Madeleine surprend parfois, la mettent très mal à l'aise. Elle s'en tiendra toute sa vie éloignée. Ce qui l'a marquée chez sa grand-mère, c'est l'énergie et l'exigence. Marie sera un modèle pour sa petite-fille.

Les Lioux offrent à leur fille un abonnement au Capitole pour assister aux concerts, aux ballets et aux opéras de la saison. A treize ans, un spectacle la bouleverse. Aymé Kunc, le directeur du Conservatoire, qui est également un compositeur et un chef d'orchestre réputé, dirige au Capitole le cycle complet de la *Tétralogie* de Wagner. Seize heures de spectacle, une mise en scène et des costumes exubérants, des décors grandioses et un cheval vivant pour servir de monture à Siegfried. C'est un choc pour Madeleine. Elle supplie ses parents de se procurer des billets pour les deux prochaines représentations. L'adolescente aura assisté trois fois le souffle coupé aux cycles wagnériens et pleure d'émotion en rentrant chez elle.

En 1928, à quatorze ans, Mademoiselle Lioux obtient le premier prix de piano du Conservatoire de Toulouse. A cet âge, c'est un fait sans précédent. Aymé Kunc convoque Célina et Hippolyte et les presse de présenter leur fille au Conservatoire de Paris. Le prodige local doit tenter sa chance au prestigieux concours d'entrée de septembre.

« Monter à Paris »

En septembre Madeleine, encadrée de ses parents, franchit l'entrée de la rue de Madrid. Partagée entre le désir de réussir et l'appréhension de la séparation.

La petite Toulousaine est la plus jeune, les candidats ont entre seize et dix-huit ans. Les concurrents, une vingtaine, défilent devant un jury composé des grands pianistes de l'époque, Marguerite Long, Isidor Philipp et Lazare Lévy, qui sont également leurs professeurs depuis des années. Madeleine est la seule inconnue de tous. Malgré le trac, elle s'avance droite, esquisse une discrète révérence. Puis ajuste le tabouret. Se concentre. Ses mains ne tremblent pas et attaquent le morceau libre, elle a choisi le *Concerto pour piano n° 2* de Camille Saint-Saëns qu'elle maîtrise parfaitement. Il y a ensuite des épreuves de déchiffrage manuscrit, une pièce difficile de Franz Liszt et un morceau imposé, une barcarolle de Gabriel Fauré. Le jury ne tarde pas à se prononcer. La petite provinciale est affectée à la classe de la fameuse Marguerite Long. Lazare Lévy est déçu, il l'aurait voulue comme élève. Hippolyte et Célina repartent à Toulouse sans leur fille. Madeleine logera à Asnières, dans une institution religieuse, Sainte-Geneviève.

Sa chambre individuelle est rudimentaire ; un lit de fer, une armoire à cadenas, un lavabo jauni et le piano en location choisi par Hippolyte composent son décor quotidien. Elle y travaille de longues heures, les partitions jonchent le sol. Une dizaine de jeunes filles du Conservatoire, des violonistes, sont également pensionnaires à Asnières. Les cours de l'établissement leur sont ouverts mais non imposés. Pour se rendre rue de Madrid, elles prennent le petit train de banlieue dans le froid et la grisaille, chapeautées et escortées d'un chaperon.

Il faut s'adapter à la vie d'internat, aux longs couloirs à courants d'air, aux éclairages blafards, aux douches collectives, au réfectoire bruyant.

Désormais, Madeleine est seule responsable de son travail. C'est parfois lourd, fatigant. Elle s'endurcit et devient autonome. Ses parents viennent lui rendre visite toutes les six semaines. Ne connaissant personne à Paris, ils séjournent à l'hôtel, restent deux-trois jours, emmènent Madeleine au concert et à l'Opéra. Jamais elle n'oubliera Fédor Chaliapine en Boris Godounov au théâtre des Champs-Elysées, l'hiver 1930. Hippolyte tient à rencontrer les professeurs de sa fille. Il ne lui fait pas de compliments, insiste sur ce qu'elle doit travailler davantage. Les retrouvailles sont affectueuses mais rarement démonstratives.

Une célébrité, Marguerite Long

Madeleine affronte une difficulté de taille, elle doit s'adapter à son nouveau professeur, Marguerite Long, adepte inconditionnelle de la méthode française qui donne la priorité à la technique, à l'articulation des doigts. Le jeu doit être clair, perlé. Le changement est rude. A Toulouse, elle avait été formée à la méthode russe qu'elle préfère et qui s'appuie sur le jeu de la paume de la main, *cela donne beaucoup plus d'aisance et de volume, comme un bouquet de fleurs que l'on ouvre petit à petit. La précision doit exister mais elle est sous-entendue, ce qui est d'ailleurs très difficile*. Les injonctions et la voix aiguë de Marguerite Long scandant des « Articulez ! » « Levez les doigts ! » agacent sa nouvelle élève qui devra composer avec ces exigences cinq ans durant.

Marguerite Long est une des meilleures concertistes de sa génération. C'est un personnage. Née à Nîmes en 1874, elle obtient, fait sans précédent au Conservatoire de Paris, son premier prix à quinze ans. Epouse du musicologue et marquis Joseph de Marliave, elle est mondaine et reçue par le Tout-Paris. Surtout elle est l'amie des grands compositeurs contemporains qu'elle soutient et promeut : Claude Debussy mais aussi Gabriel Fauré, témoin à son mariage et qui lui dédie son *Quatrième Impromptu* ; Maurice Ravel lui compose son *Concerto en sol* qu'elle présentera à travers l'Europe ; Isaac Albéniz lui écrit sa *Navarra*. Darius Milhaud, Florent Schmitt, Roger Ducasse et Pierre Vellones sont ses proches... Au Conservatoire, ses chapeaux, ses fourrures et ses boas font sensation. Telle une diva, elle arrive en retard et les cours sont interrompus par des admirateurs qui viennent la féliciter avec effusion.

Etre l'élève d'une telle célébrité comporte des avantages enviés au Conservatoire. Madame Long invite ses amis compositeurs et musiciens ainsi que les concertistes étrangers de passage à Paris à auditionner sa classe et à donner avis et conseils ; Emil von Sauer, le pianiste et compositeur allemand, est un des plus fidèles. C'est à chaque fois un événement. L'autre grand mérite de la star de la rue de Madrid est d'avoir ouvert le Conservatoire à la musique contemporaine, elle fait beaucoup travailler Fauré dont les nocturnes très difficiles sont programmés aux examens de fin d'année. Et à la grande satisfaction de ses élèves, elle organise deux auditions par an pour les meilleurs d'entre eux salle Gaveau. Madeleine est à chaque fois sélectionnée.

Mademoiselle Descaves

En dehors du Conservatoire, les élèves sont affectés à des répétitrices, les anciennes élèves de Marguerite Long qui donnent des leçons particulières quatre ou cinq heures par semaine. Le système est très onéreux. Mais les Lioux ne comptent pas, il s'agit de l'avenir de leur fille. La répétitrice de Madeleine est Lucette Descaves qui la suivra pendant cinq ans. La petite provinciale découvre la bourgeoisie parisienne talentueuse, attachée aux valeurs républicaines et à la culture. Lucette est la nièce de l'écrivain et journaliste Lucien Descaves, défenseur de Dreyfus, et la filleule de Camille Saint-Saëns. Célibataire, d'une vingtaine d'années, elle habite chez ses parents rue Notre-Dame-de-Lorette et prend Madeleine, la plus jeune de ses élèves, sous sa protection. Très bonne pianiste, Lucette donne peu d'explications sur les doigtés et les liaisons. A Madeleine de s'adapter, les leçons se déroulent dans une ambiance exaltée, ponctuée de « Extériorisez ! Fortissimo ! Osez ! ».

Lucette Descaves présente Madeleine à Florent Schmitt, un compositeur majeur du XXe siècle. Premier Grand Prix de Rome en 1900 pour sa cantate *Sémiramis,* il est l'auteur du *Psaume XLVII* qui connaît un succès foudroyant en 1906, de *La*

Tragédie de Salomé, poème symphonique dédié à Igor Stravinsky. Ses œuvres sont ovationnées en France et dans le monde mais il ne connaîtra pas la postérité. Florent Schmitt sera banni à la Libération du répertoire français pour s'être rendu en Allemagne sous l'Occupation et avoir accepté la coprésidence d'honneur de la section musicale du Groupe Collaboration à partir de décembre 1941. En 1930, lorsque le maître écoute Madeleine interpréter chez lui et à son piano ses créations aux titres surréalistes, *Suite sans esprit de suite*, *Sonate libre en deux parties enchaînées*, il est au sommet de sa gloire. Pour l'adolescente, jouer une œuvre devant son créateur est un exercice redoutable et Schmitt est réputé pour sa liberté de jugement et sa causticité. Ses remarques fusent, clairvoyantes et précises. C'est à ce prix que Madeleine prend confiance en elle et progresse.

Le Conservatoire de Paris dans les années trente

L'ambiance au Conservatoire de musique et de déclamation à Paris est très formelle, les professeurs sont beaucoup plus sévères qu'à Toulouse et les élèves beaucoup plus sérieux et exigeants avec eux-mêmes.

Pour ne pas être moquée ou cataloguée dans cet univers parisien et élitiste, la petite Toulousaine fait très attention à parler sans accent. Heureusement Célina a dressé ses filles, signe d'une bonne éducation dans le Midi. Madeleine cherche à gommer une autre spécificité, son âge, elle est agacée et gênée d'être appelée par tous « la petite Lioux ».

Au Conservatoire, l'élégance est un sujet de haute importance. Mme Long exige de ses élèves une tenue impeccable. Les jeunes filles doivent être coiffées, arborer une robe en crêpe de Chine et des escarpins de bonne maison. Quant aux garçons, ils se présentent aux cours en costume trois pièces, col dur, cravate et boutons de manchette. Madeleine se parisianise et opte pour un style élégant et discret qui sera le sien toute sa vie.

A l'époque au Conservatoire de Paris, Chopin, Schumann et Liszt ont la place d'honneur. Beethoven est très peu étudié. Mais le grand regret de la jeune fille concerne Bach qu'elle vénère et qui est à peine présent dans le répertoire ; ses soirées solitaires et studieuses s'achèvent avec un rituel sacré, hommage vibrant au grand maître, en jouant ses préludes. *Au fond,* estime Madeleine, *je n'ai pas de souvenirs fantastiques de cette période, je n'ai pas eu de révélations.* C'est quand elle est seule dans sa chambre, à travailler des heures son piano, qu'elle fait des progrès.

Une amie, Jacqueline Bernard

Au Conservatoire de Paris, Madeleine se fait une amie, Jacqueline Bernard. Elle le restera toute sa vie. Toutes deux sont les plus jeunes de la classe de Marguerite Long. Jacqueline est issue de la grande bourgeoisie protestante ; sa mère, veuve de guerre, élégante et moderne, tient une boutique de mode très en vogue où s'activent les petites mains, et sa sœur aînée, Denise, est harpiste. La petite provinciale est souvent invitée dans leur grand appartement de l'avenue de Wagram et dans leur villa de Saint-Jean-de-Luz. Jacqueline est l'élève préférée de Marguerite Long et obtient son premier prix de piano en 1932. Avant Madeleine qui n'a cette année que le deuxième prix. A la grande déception d'Hippolyte. C'est le premier accroc de sa jeune existence. Révélateur d'un essoufflement dans un parcours d'excellence intransigeant et de la difficile adaptation aux méthodes de Marguerite Long qui brident son talent.

En pension chez Madame Laparra

En 1930, Madeleine trouve pension dans un bel hôtel particulier à Boulogne chez Madame Laparra, une relation de Marguerite Long. Le cadre de vie y est bien plus agréable qu'à Asnières et les trajets pour le Conservatoire beaucoup plus faciles. Mais l'effort financier pour les Lioux s'accroît nettement, d'autant plus qu'avec la crise de 1929, les affaires d'Hippolyte sont moins florissantes. La pension est destinée aux jeunes filles de la bonne société britannique ou américaine qui viennent apprendre le français et se cultiver à Paris. Elles sont une petite dizaine à séjourner quelques mois pour se former au raffinement français et au rôle d'épouse parfaite qui les attend.

C'est l'âge d'or de Boulogne. La ville se modernise, ateliers et petits hôtels particuliers fleurissent dans un style Art déco et attirent les peintres Marc Chagall et Georges Sabbagh, les sculpteurs Paul Landowski et Paul Belmondo, l'architecte Le Corbusier. En 1934, le maire, André Morizet, inaugure avec orgueil le nouvel hôtel de ville et le métro.

Chez les Laparra, Madeleine se familiarise avec la grande bourgeoisie parisienne de l'entre-deux-guerres, éclairée et artiste. Un milieu cultivé, progressiste et attaché aux valeurs de la République. Fanny Lappara, la maîtresse des lieux, est la fille d'un polytechnicien, membre de l'Académie des sciences et fondateur de la tectonique moderne. Fanny a épousé un peintre, William Laparra, un Bordelais, lauréat du prix de Rome en 1898 et fasciné par l'Espagne où il passe de longs mois. Le couple s'installe à Boulogne et devient très ami des Landowski, leurs voisins. William Laparra expose régulièrement dans les salons officiels, sa renommée est établie. Une centaine de ses œuvres sera acquise par des musées nationaux dont le Louvre et le musée d'Orsay. Il meurt en Espagne en 1920 à quarante-sept ans. Veuve, Fanny décide de transformer son hôtel particulier et l'atelier de son mari en pension de famille. Le frère de William, Raoul Laparra, est un compositeur reconnu. La sœur de Fanny, Claire Bertrand, est peintre et a épousé, elle aussi, un peintre, un Autrichien, Willy Eisenschitz. Une famille d'artistes mais bourgeoise et installée.

Le soir, les jeunes filles de la pension doivent s'habiller en robe de cocktail. Le dîner est placé et une femme de chambre fait le service. D'une élégance classique, Madame Laparra a de l'allure, un nez fort, les traits marqués, les cheveux courts, soigneusement ondulés. Elle dirige fermement le dîner et choisit les sujets de conversation. Le français est la règle. On raconte les visites de la journée, promenade, exposition, concert ; l'histoire de l'art est un thème privilégié. La salle à manger, qui s'ouvre sur le jardin avec trois portes-fenêtres, donne sur le grand salon occupé par un piano à queue, quelques meubles hispaniques et aux murs ornés en un pêle-mêle étudié des tableaux et dessins des peintres de la famille. Après le dîner, les jeunes filles s'y installent en rond autour de Madame Laparra ; elles brodent, tricotent et discutent de leurs lectures, les grands classiques français, *Le Rouge et le Noir*, *L'Education sentimentale*. Ces demoiselles de la haute société doivent acquérir l'art de la conversation qui consiste à être intéressantes sans être prétentieuses. On demande parfois à Madeleine de jouer.

Paul Landowski rend souvent visite en voisin. Grand séducteur, il fait sa cour à la maîtresse des lieux. Le sculpteur est une célébrité. Prolixe et pacifiste convaincu, il a réalisé près de quatre-vingts monuments aux morts de la Grande Guerre. Au début des années trente, il a créé les fontaines de la porte de Saint-Cloud, le tombeau du maréchal Foch et, au Brésil, *Le Christ rédempteur* de Rio de Janeiro. Son fils Marcel, qui est un ami du fils Laparra, Jacques, est très doué pour le piano, il est un élève de Marguerite Long. Autres habitués de la maison, le directeur de l'Ecole normale supérieure d'Ulm, le sociologue

Célestin Beuglé, et sa fille. Parfois, quelques garçons triés sur le volet sont conviés à des petites soirées dansantes chargés du phonographe et de la bonne tenue. Marcel Landowski et Jacques Laparra mettent l'ambiance.

Madeleine a sa chambre dans un pavillon au milieu des fleurs et des marronniers du jardin. Son piano, un quart de queue que lui louent ses parents, a trouvé sa place au rez-de-chaussée dans la bibliothèque aux rayonnages remplis de livres d'art. Elle aime l'endroit, et travaille de longues heures son piano. Deux fois par semaine, un professeur d'histoire et de géographie, Mademoiselle Rainou, lui rend visite pour parfaire sa culture générale. Des cours d'anglais lui sont également dispensés.

Le programme des pensionnaires est serré. Madeleine s'y conforme. La promenade quotidienne à pied de quinze minutes au Parc des Princes est obligatoire. Des visites de musées sont organisées trois fois par semaine. Dans le Paris des années trente, les jeunes filles sortent chapeautées et gantées. La mode est au petit béret. Les demoiselles de Boulogne sont obligatoirement escortées d'un cornac. Les lieux de prédilection sont le Louvre et Jacquemart-André, avec le plus souvent une conférencière. Elles assistent également à toutes les représentations de la Comédie-Française et aux concerts à Pleyel. Madeleine y entendra Alfred Cortot, Maurice Ravel, Claude Debussy. Elle n'oubliera jamais le dernier concert de Serge Rachmaninov avant son départ pour les Etats-Unis. A la fin, l'enthousiasme est si grand que les dames, qui doivent pourtant garder leur chapeau sur la tête pendant tout le concert, se décoiffent et le brandissent debout pour rendre hommage au maestro pendant de longues minutes.

Les demoiselles vivent dans un cocon, à l'abri du monde. Loin des inquiétudes grandissantes et des désordres du moment. Elles n'ont que les échos lointains de l'arrivée d'Hitler au pouvoir, des soubresauts de la Troisième République vieillie et affaiblie, de la crise économique de 1929. Le 6 février 1934 et les jours qui suivent les manifestations, Madame Laparra interdit les sorties. C'est au Conservatoire que Madeleine est confrontée à la réalité, avec l'arrivée croissante de jeunes réfugiés. Garçons et filles sont de plus en plus nombreux dans les classes de la rue de Madrid ; Russes blancs, juifs allemands et d'Europe centrale, ils parlent français, jouent à la manière russe et interprètent Liszt avec brio. Il est désormais impossible d'ignorer la menace qui s'abat sur le monde.

Madeleine obtient son premier prix du Conservatoire de Paris en 1934 et compte regagner Toulouse. Au contact des Bernard, des Descaves, et chez Madame Laparra, la petite provinciale s'est acclimatée à la bourgeoisie parisienne cultivée et artiste, elle a rencontré les grands compositeurs et pianistes du moment. Ce nouveau monde que ses talents lui ont ouvert, elle en adopte les codes et y évolue avec aisance, elle fait siennes les valeurs d'exigence, d'ouverture d'esprit et de créativité.

Chez les Laparra, quelques signes du destin se sont manifestés à Madeleine qu'elle n'a pas su déchiffrer.

Comment aurait-elle pu présager qu'elle reviendrait un jour vivre de l'autre côté du jardin des Laparra, dans la maison mitoyenne, avec André Malraux ?

En ce soir de novembre 1933 où Jacques Laparra annonce fou de joie que Malraux, son auteur préféré, a obtenu le Goncourt pour *La Condition humaine* que Madeleine n'a pas lu, comment pourrait-elle se douter qu'elle épouserait un jour l'aventurier-romancier, héros de toute une génération ?

Lorsque Philippe Liewer, le grand ami de Jacques Laparra, l'invite à danser, comment imaginer qu'il sera celui qui entraînera Roland, le grand amour de sa vie, dans la Résistance et les camps ? Et en bavardant avec le jeune Landowski, que leurs chemins se croiseront au ministère de la Culture dans les années soixante ?

En 1934, Madeleine a l'optimisme de ses vingt ans. Impatiente de tourner les pages à venir.

CHAPITRE 2

Une jeune fille rangée

Lorsque Madeleine est seule et qu'à son piano, elle joue et rejoue la Fugue en ré *de Jean-Sébastien Bach, c'est pour Roland, foudroyé si jeune, si beau. Celui par qui tout a été bouleversé, à jamais. Sous ses doigts, des années après le drame, renaît intacte l'intensité de l'amour absolu et anéanti.*

*

La plus jeune professeur de France

A peine rentrée à Toulouse, Madeleine rend une visite protocolaire à Aymé Kunc dans son bureau au Conservatoire, les propos sont chaleureux : « Je vous félicite de vos succès parisiens. Je ne m'étais pas trompé sur votre compte ! Quels sont vos projets, de retour au pays ? – Quelques leçons particulières à des élèves plus ou moins motivés. Et la préparation d'un récital au Capitole qui me prend beaucoup de temps et m'angoisse un peu. Mon père y tient, il a tout organisé. »

Quelques semaines plus tard, Kunc convoque la jeune femme : « Acceptez-vous la responsabilité d'une classe de piano ? » Jamais aucun professeur n'a été nommé aussi jeune dans un conservatoire en France. Pour Madeleine, c'est inespéré mais délicat. Elle aura le même âge que ses élèves et deviendra la collègue de ses anciens professeurs. Ambitieuse, la jeune prodige ? Formée à l'excellence et confiante en son destin, celle qui se définit comme *une fataliste positive* devient sans l'avoir vraiment voulu la diva locale de l'exubérante Ville rose. Elle est félicitée, flattée, ses concerts seront courus, la bourgeoise locale se l'arrache comme professeur particulier de sa progéniture. Mais on cancane aussi beaucoup dans les cafés de Toulouse et quelques piques circulent : « La petite Lioux est bien élégante, une vraie Parisienne ! Et quelle froideur, quelle sévérité avec ses élèves ! »

Ce sentiment de différence, cette impression de décalage, Madeleine les a déjà ressentis enfant alors qu'elle était la révélation du Conservatoire de Toulouse. Elle a appris à les faire siens. Solitude des doués, clé de la richesse intérieure. C'est à son piano qu'elle est tout à fait elle-même. Avec une prédilection pour J.-S. Bach, son maître, explique-t-elle avec une ardeur intacte à presque cent ans : *Bach est extravagant, sans limites. En sa compagnie, la découverte est intense, hors du temps, la dimension spirituelle.* Non seulement la jeune fille progresse avec passion dans la connaissance et la compréhension de l'œuvre, mais elle avance aussi dans la connaissance et la compréhension d'elle-même, elle découvre des zones inexplorées, l'infini qu'elle porte. L'expérience de soi propre aux artistes. Loin du monde et de ses réalités.

L'enfant prodigue

En vue du retour de leur fille, les Lioux ont emménagé dans un bel appartement à moulures, cheminées et parquets en point de Hongrie, 61 rue d'Alsace-Lorraine. Devant les locaux de *La Dépêche du Midi*. Madeleine a sa chambre, une grande pièce à deux fenêtres qui lui sert de studio de travail, avec son piano droit où elle reçoit ses élèves. Sur la cheminée, la jeune femme a posé un aquarium, les poissons aux couleurs chatoyantes tournoient, souples et fuyants dans un décor exotique. Ils lui rappellent ceux qui la fascinaient enfant dans les jardins du Capitole, l'invitent au rêve, à la poésie. Par une double et haute porte, la chambre de Madeleine s'ouvre sur le salon où trône le piano à queue offert par l'oncle Joseph, le troisième frère d'Hippolyte, pour son premier prix de piano à Paris. Elle a l'usage exclusif des lieux et s'y sent bien. Ses parents occupent le reste de l'appartement qui donne à l'arrière sur des jardins.

Comme les autres petites structures familiales de la région, l'affaire d'Hippolyte Lioux est rudement touchée par la crise de 1929 et la dévaluation de la livre en septembre 1931. Il doit se battre chaque jour sur tous les fronts, les impatiences syndicales, la frilosité des banquiers, la flambée des matières premières, la réduction des marges. A plus de cinquante ans, il est parfois las. Avec Célina, les malentendus s'accumulent, les crises de jalousie se succèdent, le silence s'installe. Leur joie, c'est Madeleine, leur fille préférée, leur fierté.

Anne-Marie, la cadette, violoniste à l'orchestre du Capitole, se marie à dix-neuf ans. Un choix que Madeleine ne comprend pas. Pourquoi se décider aussi jeune ? Comment peut-elle épouser un homme si peu séduisant ? Associé comptable d'Hippolyte, Paul Ficat est issu d'un milieu modeste, il ne cache pas son ambition sociale et s'habille avec un soin ostensible, costumes trois pièces, gants beurre-frais, canne et monocle. Il fait sa cour à Anne-Marie qui vante les qualités de son fiancé, si travailleur et si volontaire. Pour les Lioux, c'est une mésalliance mais ils font bonne figure. Anne-Marie vivra dans un bel appartement près du Capitole. Elle ne manquera de rien. De cette union naîtra un enfant, Charles, déficient mental. Le filleul de Madeleine. Anne-Marie, qui s'est toujours considérée comme la moins aimée et la moins douée des deux sœurs, fera front avec dignité, son époux à ses côtés.

Un cœur difficile

Sensible à la fluidité et au silence si particulier de l'eau, Madeleine est une aquatique. Toulouse, au début des années trente, s'est dotée le long de la Garonne de la plus grande piscine d'Europe au style magistralement Art déco : mosaïques bleues et vertes, portes en verre et ferronnerie fine, motifs d'inspiration marine et végétale. Le lieu est couru de toute la jeunesse locale. Madeleine s'y rend à bicyclette deux à trois fois par semaine en fin de matinée. Elle ne passe pas inaperçue, fuselée et moulée dans d'élégants costumes de bain noirs, le pas gracieux ; intrépide, libre, provocante, concentrée, elle se lance du plus haut tremplin pour des plongeons spectaculaires de dos.

Ils sont nombreux à lui faire une cour assidue. Madeleine les trouve un peu ridicules ces Méridionaux qui bombent le torse et racolent les filles à la piscine comme en ville. Quelques-uns tentent leur chance. Sans succès. Vexés, ils l'appellent « le miroir aux alouettes ». La jeune fille n'est pourtant pas la plus belle à Toulouse. Très brune, de taille moyenne et menue, les traits fins, ce sont ses yeux brillants et pénétrants, sa présence alliée à une certaine réserve qui séduisent. Elle n'éblouit pas, elle charme. Un jeune avocat, un de ses élèves, est tenace, plein d'espoir à chaque leçon particulière, le regard implorant, mais il joue si mal et il est si banal ! Un notable marié est sous le charme et se déclare. Elle n'est pas bégueule et a bien quelques flirts mais sans lendemain. Aucune de ses conquêtes ne la fait rêver. Madeleine se sent décalée. Etrangère. Impossible de s'imaginer en épouse d'un bon bourgeois de Toulouse. Elle veut un autre destin.

La Ville rose est gaie, coquette, bavarde. La terrasse des Américains, le plus grand café d'Europe, est prise d'assaut, les restaurants ne désemplissent pas. On se promène, on parade beaucoup dans les parcs et jardins. On aime la mode et les couleurs. Les jeunes élégantes fument dans la rue, cela donne un genre. On se rend au théâtre, au concert. Madeleine, elle, ne sort le soir que très rarement. Indépendante, secrète et exigeante, elle ne recherche pas la compagnie ni les confidences et se méfie des cancans. La province est un carcan aux horizons limités, Paris lui manque. Alors, elle prend la plume et écrit à sa seule amie, Jacqueline Bernard, qui est devenue l'assistante de Marguerite Long au Conservatoire de Paris.

Un professeur exigeant

Madeleine consacre sa vie au travail et prend très au sérieux son métier de professeur. Il est interdit à ses élèves, huit ou neuf par classe, d'arriver en retard et de bavarder en cours. Perfectionniste, elle insiste sur le maintien, la façon d'attaquer, de se tenir, de prendre la pédale, de l'enlever ; elle exige un jeu intelligent, sensible, et martèle, exaltée : « Exécutez les doigtés en pensant au résultat ! Soyez réfléchi, subtil. Vous devez jouer en analysant. Il faut se concentrer sur la sonorité, s'écouter et ne pas trop s'écouter, veiller à la mesure, à la ponctuation. » Rien ne lui échappe. « Votre technique n'est pas assez régulière, soignez-la davantage ! » A ceux qui se découragent – « Mademoiselle, je ne peux pas le faire, je n'y arriverai jamais » –, Madeleine lance : « Travaillez ! C'est en tâtonnant, en essayant seul que l'on progresse vraiment ! »

Le jeune professeur se met au piano devant sa classe, ce qui est très rare à l'époque, pour montrer que tel doigté permet d'obtenir telle sonorité, que tel phrasé exige davantage de précision et d'égalité. Sur un point, elle est intraitable : le rythme. *J'ai eu beaucoup d'élèves qui ne comprenaient rien au rythme malgré tous mes efforts de pédagogie ! Ce n'était pas à leur portée, ils ne l'avaient pas en eux.* Le verdict de l'initiée est sans pitié et la patience du professeur a ses limites, même si elle se défend de le montrer. Sa maîtrise de soi est parfaite.

Madeleine attend de ses élèves qu'ils se documentent sur les compositeurs, effectuent des recherches dans les dictionnaires musicaux, ils doivent être capables de répondre à ses questions : A quelle époque ce morceau a-t-il été conçu ? Quelle est son originalité, pourquoi et pour qui a-t-il été composé ? Comment a-t-il été reçu ? Le jeune professeur qui avait regretté que Marguerite Long fasse si peu travailler Bach, le fait étudier à sa classe, elle explique : *La progression est tellement intelligente de toutes les tonalités les unes après les autres dans un ordre très équilibré, de toute la gamme. Avec Bach, on apprend rien qu'en ayant sous les yeux les partitions, même sans les jouer.* Si la jeune femme découvre qu'enseigner tient du sacerdoce avec son lot de routine, de patience et de rabâchage, la musicienne doit s'habituer à souffrir en écoutant des heures les grands maîtres maltraités par des doigts inhabiles.

Le jugement qu'elle porte sur ses élèves fuse, tranchant et lucide. Aucun n'a pu être présenté au Conservatoire de Paris. *Ils étaient un peu limités et jamais désireux d'aller très loin. Ils manquaient d'énergie, de volonté, de précision. Des amateurs !* conclut-elle avec l'intransigeance des doués qui ont su s'imposer la rigueur et l'excellence. Sans doute la jeune femme s'interroge-t-elle sur son avenir tout tracé et étriqué comme professeur à Toulouse. Est-ce vraiment la vie dont elle rêvait ?

Après ses cours au Conservatoire, Madeleine donne des leçons particulières chez elle. Parfois à quelques-uns des élèves de sa classe mais surtout aux enfants de la bourgeoisie aisée de la région dont la particularité locale est d'être en majorité anticléricale et radicale-socialiste. Une des élèves de Madeleine est la fille d'un célèbre et très riche chirurgien, propriétaire de sa clinique, le professeur Ducuing, sympathisant communiste qui affiche son soutien aux réfugiés républicains espagnols ; on l'appelle dans le pays « le médecin rouge ». Lui non plus n'est pas insensible au charme de la jeune Lioux.

Une concertiste à succès

Hippolyte Lioux encourage sa fille à ne pas se limiter à l'enseignement, elle doit devenir une grande concertiste. La jeune pianiste veut y croire. Pour la lancer, l'imprésario voit grand et choisit le Capitole. Il faut engager d'importants frais, louer la salle, le piano, faire imprimer les billets, prévoir les affiches « Madeleine Lioux, retour de Conservatoire de Paris où elle a obtenu le 1er prix de piano ». Madeleine n'est chargée d'aucun détail matériel. Elle se concentre et travaille.

Le 12 avril 1935, dans une robe de soie blanche à ceinture et rubans noués de velours rouge cerise, la virtuose, seule sur la scène du théâtre du Capitole, salue la salle comble, s'assoit avec grâce devant un imposant piano à queue, et attaque son programme : La *Sonate en si mineur* de Liszt, des pièces de Mozart, Beethoven et Chopin. Applaudissements, fleurs, admirateurs. Le directeur du Conservatoire, Aymé Kunc, vient la féliciter dans sa loge. La presse locale se fait l'écho de la soirée. Les louanges pleuvent. Une étoile est née à Toulouse.

Hippolyte organisera jusqu'en 1940 quatre ou cinq récitals par an en province, notamment en Dordogne et dans le Tarn, mais aussi à Bordeaux, à Limoges. Il s'occupe de tout, fait appel à ses relations. Le père et la fille voyagent en voiture. Complices, ils discutent, font une halte gastronomique, logent parfois chez des amis. Madeleine propose un programme moderne pour l'époque, Debussy, Ravel, Fauré, Satie. Elle a du succès. Près d'Albi, on lui présente un jeune homme timide, Michel Tapié de Céleyran, le neveu du peintre Henri Toulouse-Lautrec et futur théoricien de l'art informel, venu en voisin l'écouter ; ils joueront du jazz en duo dans une salle surchauffée.

Hippolyte est fier de sa fille. Sans doute vit-il à travers elle ses rêves de jeune homme artiste et musicien. Madeleine est à la hauteur du destin qu'il lui avait dessiné.

Dans la tourmente

L'Histoire bouleverse les desseins individuels. Avec ses parents, Madeleine ne parle pas politique.

Dans la famille, on est attaché aux valeurs républicaines et on lit les journaux de tous bords. Hippolyte, en bon républicain de droite, rejette les diatribes de l'Action française. Le Front populaire n'est pas un traumatisme. Dans la petite usine familiale, tout rentre assez vite dans l'ordre. Ce qui marque les Lioux, c'est l'afflux de réfugiés républicains espagnols à Toulouse à partir de 1938. Certains sont des amis, des cousins lointains que l'on aide à trouver un logement, un petit travail. De véritables réseaux d'entraide se constituent dans la Ville rose.

Le 1er septembre 1939, la guerre est déclarée. Les mobilisés quittent leur famille. Résignés. Les soldats s'ennuient au front où rien ne se passe, l'ennemi est invisible ; ils attendent leur permission. A Toulouse, la douce vie reprend très vite ses droits. Mais en mai 1940, le réveil est brutal, l'offensive allemande est d'une efficacité redoutable, l'armée française incapable de faire face. La France traumatisée assiste à l'exode, les vieillards, les femmes et les enfants déferlent sur les routes. Puis vient le temps de la honte devant le spectacle du repli dans le désordre des troupes françaises et des colonnes de prisonniers hagards encadrés d'Allemands vainqueurs. Le 14 juin 1940, les troupes allemandes triomphantes défilent sur les Champs-Élysées. Hitler, qui n'a jamais cru à une victoire aussi facile, pose place du Trocadéro. Quant au maréchal Pétain qui fait don de sa personne à la Nation humiliée, il obtient le 10 juillet 1940 les pleins pouvoirs d'une Troisième République à l'agonie.

Toulouse se retrouve en zone libre. De juin 1940 aux premiers mois de 1941, six à sept mille juifs cherchent refuge en Haute-Garonne. En octobre 1940, les décrets antisémites du gouvernement de Vichy accroissent la pression sur les familles juives. La Ville rose devient une plaque tournante. Certains tentent de gagner l'Espagne pour s'échapper aux Etats-Unis, d'autres espèrent se cacher dans un village de la région. Se procurer des faux papiers y est relativement facile, de véritables officines se constituent dans la ville et ses environs, notamment à Moissac.

Les jeunes camarades de la classe de Marguerite Long font appel à Madeleine, ils sont de passage quelques jours à Toulouse, cherchent à fuir le pays ou à se cacher. Annette Haas, fille d'un grand bijoutier parisien, Marie Ka Kassafouglo, une jeune Grecque, Teremy, un pianiste aveugle, et bien d'autres encore logeront dans une des chambres de service de la rue d'Alsace-Lorraine qu'Hippolyte et Célina Lioux mettent gratuitement à disposition.

Fin 1941, c'est au tour de Lazare Lévy de se réfugier avec sa famille à Toulouse. L'ancien professeur du Conservatoire de Paris écrit à Madeleine pour la prévenir de son arrivée. Il a trouvé un logement dans les environs. La jeune femme le reçoit à plusieurs reprises chez elle, et pour lui manifester son soutien et son estime, l'accueille très officiellement au Conservatoire comme invité d'honneur de sa classe. Elle lui fait auditionner ses élèves. Le paria retrouve pour quelques minutes sa dignité de professeur et de compositeur. Madeleine lui confie aussi quelques-unes de ses élèves en leçon particulière, une manière de l'aider financièrement. Lazare Lévy survivra dans la clandestinité jusqu'à la Libération.

Theodore Fried, un peintre juif d'origine hongroise, arrive clandestinement à Toulouse début 1942. Il doit se cacher et cherche un logement. Les Lioux, contactés, acceptent de le dépanner quelque temps en lui prêtant une de leurs chambres. Dans un sous-sol de l'immeuble, le peintre installe son laboratoire-atelier. Pour gagner sa vie, il réalise des portraits. Madeleine se fait photographier. L'œil du peintre et du photographe fixe son regard grave. Theodore Fried pourra quitter la France et s'installer à New York.

Le 11 novembre 1942, les Allemands pénètrent en zone libre. Pour Toulouse l'expansive qui se réveille sous la botte nazie, la journée est glaciale. Si les Toulousains, attachés à leur mode de vie, ne boudent pas longtemps leurs terrasses de café, les apparences sont trompeuses. Depuis 1941, l'hostilité grandit à l'égard du régime de Vichy et de l'occupation allemande. Les premiers groupes actifs se constituent autour de Silvio Trentin et de sa librairie de la rue du Languedoc, de Jean Cassou et de Pierre Bertaux. Le film de propagande *Un an de révolution nationale* qui sort en octobre 1941 dans les salles de projection de la Ville rose est sifflé par les spectateurs. En juin 1942, place du Capitole, des étudiants chantent *La Marseillaise* et défilent, se ralliant rapidement une foule de manifestants. Le 10 octobre 1943, l'avocat général Lespinasse est abattu par des maquisards. La Résistance s'organise activement dans la ville et sa région autour des grands mouvements nationaux. Toulouse sera avec Lyon la capitale de la Résistance.

Chez les Lioux, on n'aime pas Pétain et l'on juge la révolution nationale inepte. La poignée de main du vieux maréchal à Hitler à Montoire scandalise. Hippolyte est furieux des décrets antisémites. Même s'il n'en parle jamais, il n'oublie pas ses origines marranes. Célina, elle, déteste l'ambiance générale et se renferme. Ils refusent d'avoir une radio et ne lisent plus les journaux. Hippolyte continue de se rendre au billard pour se distraire en fin d'après-midi, mais il devient méfiant et se garde bien d'exprimer ses opinions.

Le Conservatoire de Toulouse fonctionne normalement. Madeleine n'a pas d'élèves juifs. L'un d'eux, dont les parents tiennent un café renommé place Lafayette, lui lance un jour : « Vous savez, Mademoiselle, les Allemands sont des clients très bien élevés ! » Furieuse, le professeur rétorque en ordonnant un exercice. D'autres attitudes légères la choqueront. Chez les sœurs Carita, son coiffeur, quelques jeunes beautés se vantent de leur succès auprès d'officiers en uniforme vert-de-gris. Madeleine refuse d'entendre. Elle ne sort pas le soir et se moque du couvre-feu. Les étoiles jaunes la révoltent. La musique est son refuge.

Le choc de la révélation

En février 1942, une ancienne camarade du Conservatoire de Toulouse, Nicole de Fournas, convie Madeleine à un petit dîner. Au dernier moment, furieuse d'avoir accepté – elle n'y connaîtra personne –, elle veut se décommander. Célina dissuade sa fille de faire preuve d'une telle incorrection : « C'est trop tard, il faut y aller ! »

Au restaurant, ils sont huit. Madeleine arrive la dernière, s'assoit à la place restée libre. Salue rapidement son voisin qui se lève : « Roland Malraux. Ravi de faire votre connaissance. » « Roland est le frère d'André », lui souffle-t-on. Grand, brun, les yeux gris, le front haut, une allure d'aventurier romantique, le jeune homme tourne le dos à son autre voisine de table. Seule Madeleine l'intéresse. Ils ne participent pas à la conversation générale. Roland, taquin et enveloppant, ne perd pas de temps : « Vous ne me connaissez pas mais moi je vous connais. Nous avons échangé quelques mots sur le quai de la gare, un jour de pluie, vous rentriez des sports d'hiver et j'ai réussi à obtenir votre nom. La semaine dernière, j'ai assisté à votre concert au Jardin Royal. Vous avez joué merveilleusement un de mes morceaux préférés de Debussy, *En bateau*. Depuis, je ne pense qu'à vous être présenté. Je vous dois la vérité, Nicole de Fournas m'a aidé à organiser ce dîner. » Madeleine est troublée – la voix chaude du jeune homme, son charme, cette spontanéité déroutante – elle tente une question neutre : « Et que faites-vous à Toulouse ? – Chargé de mission auprès de l'intendant aux affaires économiques de la région. Mais parlez-moi de vous, Madeleine, votre vie, le piano, la musique, qu'aimez-vous tant chez Satie et Debussy ? » La jeune femme tremble légèrement. Impossible de résister à cette manière très personnelle d'être direct et délicat, subtil et gai. Roland lui raconte ses voyages en Allemagne et en Union soviétique, évoque à peine son célèbre aîné. Il s'exprime avec simplicité, dans un style poétique et vivant. Son originalité, sa beauté d'archange frappent Madeleine. Elle est profondément émue. C'est la première fois.

Roland la raccompagne. Devant la porte, il lui glisse doucement : « Il faut se revoir » et l'embrasse. Un baiser ardent, sensuel. Madeleine est bouleversée. En temps de guerre, l'urgence impose ses règles. Les rencontres amoureuses se suivent, rapprochées, impatientes. Roland et Madeleine vont au concert. Il n'aime pas la piscine. Ils parlent sans fin, littérature, musique. Il vénère Tolstoï, elle préfère Balzac. Elle joue pour lui Chopin qu'il aime tant. Ils rêvent des voyages qu'ils feront après la guerre ; Madeleine s'imagine à Florence contemplant les Botticelli de la Galerie des Offices, Roland l'emmènera en Orient-Express jusqu'à Istanbul. Elle découvre son studio de célibataire. Ils s'aiment. Passionnément. Fusion des corps et des âmes.

Un soir, peu de temps après leur rencontre, à la fin d'un dîner entre amis, une jeune femme saisit la main de Madeleine : « Votre vie sera longue, très longue. Vous aimerez deux frères et vous les perdrez tous les deux. » Agacée, Madeleine ne s'attarde pas. Beaucoup plus tard, elle repensera à cette étrange prédiction.

CHAPITRE 3

Roland, un original

Novembre 2011. Dans sa petite chambre toute simple, Madeleine a posé sur la coiffeuse une seule photographie, celle de Roland en grand format noir et blanc. Il est beau et romantique, la mèche rebelle, les traits fins, le sourire grave, une ombre triste passe dans ses yeux. C'était à l'été 1942. Pour la vieille dame de quatre-vingt-dix-sept ans, l'émotion est intacte. Roland semble être là, près d'elle, protecteur et lointain. L'amant pour l'éternité.

*

Le fruit de l'adultère

Roland est un enfant de l'amour et du scandale. Il voit le jour le 14 mai 1912 à Suresnes. Un bâtard selon la loi et la morale de l'époque qui porte à l'état civil le patronyme maternel, Godard. Sa mère, Marie-Louise dite Lilette, une jeune fille de la bonne bourgeoisie, s'est laissé séduire par un homme marié, père d'un enfant, un déserteur de foyer conjugal. Jolie blonde aux yeux verts, Lilette est gaie et confiante dans la vie. Passionnément éprise, au mépris des conventions, elle rompt avec sa famille et vit au grand jour avec son beau Fernand de trente-cinq ans ; elle aura de lui un deuxième fils hors mariage en 1920, Claude. Et ne deviendra Madame Fernand Malraux qu'en 1922.

Un père fantasque

Grand, les yeux clairs, la moustache élégante, Fernand est un séducteur, qui à défaut de les rendre heureuses, aime les femmes et multiplie les conquêtes. Bon viveur et nonchalant, sujet à des crises de mélancolie, fanfaron, un brin mythomane, il se rêve davantage qu'il n'agit, se déclare, au gré des papiers officiels et des rencontres, industriel, employé de banque, administrateur de sociétés, courtier en Bourse, inventeur de brevets pour ampoules incassables et pneus increvables. Il vit au-dessus de ses moyens, les problèmes d'argent et les dettes s'accumulent. A Orléans, dans la maison où la petite famille s'est installée, il passe ses après-midi sur la terrasse, assis, le regard au loin ; un jour, son fils Roland, âgé de huit ans, s'approche doucement de ce père rêveur avec une question bien innocente : « Papa, est-ce que je peux t'aider à regarder le jardinier travailler ? » Fernand, qui a de l'humour, rapportera souvent ce mot d'enfant[1].

Sa vie a toujours été compliquée. A dix-huit ans, il se rebelle contre le joug paternel, rejette la vie provinciale et bourgeoise de Dunkerque ; Fernand rêve

---

1. Cité par Alain Malraux dans *Les Marronniers de Boulogne*, Bartillat, 1978, p. 93.

d'aventures et s'engage dans la cavalerie. De retour à la vie civile, il provoque l'indignation de sa famille et de la bonne société du Nord, en rompant brutalement ses fiançailles avec une riche héritière quelques mois avant le mariage, pour une jeune fille rencontrée en vacances à Malo-les-Bains, sans dot, aux origines modestes, mais très belle. Berthe Lamy est une grande brune, la prunelle violine et grave, elle subjugue Fernand qui l'épouse sur-le-champ, dans la plus stricte intimité, le 24 mars 1900 à Paris, à la mairie du 18e arrondissement. Le 3 novembre 1901, un fils naît, André. Mais le bonheur sera de courte durée. Les épreuves accablent Berthe, la mort à trois mois de son second fils, des fausses couches à répétition, un mari volage et absent, des fins de mois difficiles. La jeune femme, déçue, trahie, blessée, repousse Fernand avec ces mots terribles : « J'en ai assez d'avoir des enfants morts. » Le couple se sépare en 1905. Et Berthe se réfugie avec son fils André chez sa mère qui tient une épicerie à Bondy.

Fernand continue à voir régulièrement André, il l'emmène au restaurant ; hâbleur, il se raconte – ses hauts faits de guerre, ses exploits en Bourse, ses inventions qui vont faire de lui un millionnaire. Du héros, il n'a que l'allure mais il réussit à faire rêver son fils, le futur Malraux, qui étouffe d'ennui et de médiocrité dans la petite épicerie de Bondy.

En 1915 – l'homme sait être courageux et élégant –, lors d'une permission, il se rend à la mairie pour reconnaître Roland, en affirmant être célibataire car la loi interdit à un homme marié de se déclarer père d'un enfant adultérin. Une fausse déclaration passible d'une lourde peine de prison, mais Fernand regagne les tranchées en laissant derrière lui, si le pire advenait, une situation nette. Claude, son troisième fils, qui naît en 1920, sera un Malraux dès son premier jour, car son père a divorcé de Berthe. Même s'il n'est pas encore remarié à Lilette, il peut reconnaître l'enfant.

Au milieu des années vingt, Fernand accumule les ennuis. Il ne résiste pas au charme de la ravissante Gaby, sa belle-sœur, une riche veuve qui a perdu son fils unique et qu'il a accueillie à Orléans. Lilette ne tardera pas à découvrir que son mari la trompe avec sa sœur sous le toit familial. Elle qui par goût du bonheur a fermé les yeux sur les frasques de son époux ne supporte pas la trahison suprême. Furieuse, elle met sa sœur à la porte et demande le divorce. Pour se venger, Gaby menace de raconter à la police le secret familial, la reconnaissance illégale de Roland. Elle accuse également son beau-frère de l'avoir ruinée. Gaby n'est pas la seule victime de Fernand. Malgré sa belle assurance, le boursicoteur n'a pas tenu ses promesses. Non seulement il perd tous ses avoirs en Bourse, ceux de Gaby mais il entraîne dans sa chute sa belle-fille Clara, la femme d'André, qui lui avait confié une partie de sa dot, une belle somme à faire fructifier. La crise de 1929 anéantit ses chimères d'argent facile.

Le suicide du père

En 1930, Fernand quitte Orléans et s'installe dans un petit appartement rue de Lübeck, dans le

16ᵉ arrondissement de la capitale. Pour la première fois de sa vie, il ne réussit plus à donner le change. Il menace de se suicider. Une manière de laver son honneur, de tirer sa révérence avec panache. Pour ne pas le laisser seul à broyer du noir, Roland s'installe chez son père qui se lasse bien vite de la cohabitation. Quelques jours après le départ de son fils, il écrit une lettre à Lilette pour désigner son frère Maurice tuteur de Roland et sa sœur Marie tutrice de Claude. Puis il se suicide. Un tuyau à gaz grand ouvert dans sa chambre. Avec le sens de la mise en scène jusqu'au dernier instant, il écrit sur sa porte « Prière d'éteindre votre cigarette avant d'entrer » ! Il laisse derrière lui de si importantes dettes que ses fils renonceront à leur héritage.

Roland a dix-huit ans lorsque Fernand se suicide. Quel regard porte-t-il sur ce père flamboyant et fantasque ? Contrairement à André qui ne le connaît pas intimement, Roland a vécu au quotidien avec Fernand et marque ses distances. A Madeleine, plus tard, il confiera ses réserves. Son père le déçoit. Roland est très proche de sa mère qui l'appelle tendrement Kysou. Il la devine malheureuse et veut la protéger. Lilette est une femme douce, délicieuse à vivre, fantaisiste, coulante et tendre avec ses fils, désordonnée et primesautière. Avec Claude, son cadet de dix ans, Roland se sent responsable. Il est l'aîné, s'inquiète de ce frère au tempérament imprévisible qui aurait eu besoin d'une forte autorité paternelle, couvre ses frasques d'adolescent, tente de le sermonner, le chapitre comme il peut. Mais Lilette ferme les yeux et ne résiste jamais très longtemps au charme de son cadet.

Ce père déroutant, lunatique, original, quasi marginal, a profondément marqué Roland. Son suicide, ultime pirouette face à ses responsabilités, est vécu comme un désaveu, un rejet brutal. De Fernand et de cette enfance particulière, il héritera les traits marquants de sa personnalité : la fantaisie, l'originalité, la facilité à se forger un personnage, la séduction et le succès auprès des femmes, la perception aiguë de la fragilité de l'instant et un certain panache. Roland grandit vite, il apprend à penser par lui-même, à voir son père tel qu'il est, à taire son dépit et à afficher une apparente gaieté. Très jeune, il compose avec le poids du secret familial et des filiations compliquées, avec la double vie paternelle et les non-dits, les mensonges. De ces années, il gardera un certain recul vis-à-vis de la loi et la capacité à la contourner, guidé par une liberté de pensée et d'agir en marge de l'ordre établi et de la société bourgeoise de l'époque.

Un frère, ce héros de légende

Celui qui va ouvrir à Roland des horizons insoupçonnés, c'est son demi-frère André. Il ne fait sa connaissance que très tard, en 1922, à Orléans. Il a dix ans. André, vingt et un ans, vient présenter sa jeune épouse, Clara Goldschmidt. Fernand et Lilette sont eux aussi des jeunes mariés, ils viennent enfin de régulariser leur situation. Les trois frères se voient pour la première fois. André découvre la seconde épouse de son père. Cette famille recomposée avant l'heure enchante Clara, la non-conformiste, qui écrit dans ses Mémoires : « Tout ce que je découvrais de ma belle-famille m'était sympathique. » Lilette est chaleureuse, Fernand pérore, les garçons sont beaux, un peu bruyants. On passe à table tard, la maîtresse de maison n'est ni très organisée ni très pointilleuse sur les horaires. On rit, on parle fort. Seul André, qui n'est pas encore le grand Malraux, reste sombre et en retrait. Toute sa vie, il nourrira des rancœurs voire un rejet à l'égard de sa famille : son père, un éternel perdant, le déçoit ; sa mère, une petite-bourgeoise bigote, inculte et étriquée, l'horripile. Ses origines modestes ne sont pas à la hauteur du destin dont il rêve, ni de ses ambitions de jeune héros romantique. Après cette journée, les deux frères se verront peu.

Roland s'ennuie dans sa pension de jésuites près de Paris, il s'évade grâce à ce grand aîné aventurier-romancier dont il suit avec passion les exploits : l'expédition en Indochine en 1923, l'arrestation et l'inculpation à Pnom Penh à la suite du vol de bas-reliefs et de statues du temple de Banteay Srei au Cambodge. Roland est fasciné par l'énergie de Clara qui, rentrée à Paris, demande à Fernand de l'aider à financer la défense d'André dont le procès est prévu en 1924 à Saigon et qui obtient des plus grands écrivains et intellectuels leur signature pour une pétition en faveur de Malraux. L'adolescent lit avec passion les premiers romans de ce frère admiré, *Les Conquérants* (1928), *La Voie royale* (1930). Il imagine André discutant philosophie, art et politique des nuits entières avec ceux qui sont devenus ses proches, André Gide, Paul Valéry, Pierre Drieu la Rochelle, Emmanuel Berl. En compagnie d'André et Clara, il voyage en chambre, suit sur une carte leur itinéraire, Constantinople, Ispahan, Syrie, Irak, Afghanistan, Inde, Birmanie, Chine, Japon. A ses camarades de classe qui le questionnent sur Malraux, quelle fierté de pouvoir répondre avec l'assurance tranquille de ceux qui sortent du lot !

L'Allemagne, le voyage initiatique

La mort de Fernand en 1930 rapproche les deux frères. André s'intéresse à Roland qu'il juge vif et intelligent. Clara a adopté son jeune demi-beau-frère dès leur première rencontre. Très sensible à son charme, sa fantaisie, sa curiosité, elle ressent pour lui une profonde affection. Clara et André sont reconnaissants à Lilette de les avoir accueillis avec chaleur alors que la mère d'André, rejetant sa belle-fille juive d'origine allemande, avait refusé d'assister à leur mariage. Roland vient d'obtenir son baccalauréat, sans éclat particulier. Une distinction rare cependant à une époque où ils ne sont que quinze mille bacheliers par an ; André, l'aîné tutélaire, ne l'a même pas présenté. Le jeune homme ne sait pas à quelles études se destiner et confie ses doutes et interrogations à Clara dans l'appartement de la rue du Bac où le couple s'est récemment installé. « Tu es doué pour les langues, tu parles très bien l'anglais, si j'ai un conseil à te donner, c'est de partir en Allemagne perfectionner ton allemand. Je peux en parler au professeur Erich Auerbach à Marbourg, un ami de ma famille[1]. »

---

1. Voir Clara Malraux, *Le Bruit de nos pas*, tome 5 : *La Fin et le commencement*, Grasset, 1976, p. 175.

Roland y passera l'année 1931-1932. Il est à bonne école, Auerbach est une grande figure intellectuelle, docteur de philologie romane et professeur à la faculté de philologie de l'université de Marbourg, spécialiste de Dante et de Vico, théoricien de la littérature occidentale. Le jeune Malraux loge chez les Pritzelwitz, une famille de la bonne bourgeoisie locale. Il découvre la cité médiévale avec ses maisons à colombages, son église gothique, les ruelles et innombrables escaliers d'une ville à flanc de colline, dominée par une forteresse du XIe. Marbourg, qui rayonne autour de son université fondée en 1527, la plus ancienne université protestante d'Allemagne, réputée dans toute l'Europe, séduit les étudiants qui apprécient le charme et la gaieté de ses brasseries bondées et de ses nombreux kiosques à musique. Pour Roland, c'est l'apprentissage de la liberté après les années d'internat. Il sort beaucoup, vit ses premières histoires d'amour, aussi intenses que fulgurantes. Sans être inscrit à l'université, il se forme et progresse intellectuellement, tel un autodidacte doué, guidé par le professeur Auerbach, qui l'introduit dans les milieux universitaires. Le jeune homme lit pour la première fois Thomas Mann, Gerhart Hauptmann, s'initie à la pensée philosophique de Schopenhauer et de Nietzsche, découvre les opéras de Wagner. Mais c'est la situation politique de l'Allemagne qui le passionne. Et l'alarme.

L'histoire déroule, implacable, sa chape grise. La République de Weimar est moribonde, ses gouvernements se succèdent, impuissants face à la crise économique et ses six millions de chômeurs.

Les violences et les exactions des milices nazies qui visent les juifs et les communistes se multiplient. Aux élections du 31 juillet 1932, le parti d'Hitler remporte 14 millions de voix et 237 sièges au Reichstag. Dans les milieux intellectuels et éclairés que fréquente Roland, c'est la consternation. Le jeune Malraux ne le sait pas encore, mais peu de temps après son retour en France, le professeur Auerbach sera interdit d'enseignement par les lois antisémites de Nuremberg ; il se réfugiera à Istanbul avant de gagner les Etats-Unis où il mourra en 1957.

Pour Roland, ce séjour en Allemagne est un déclencheur. Un révélateur. Face au nazisme, parce qu'il en saisit la spécificité, il décide de devenir journaliste ; sa vocation est née, il veut alerter, réveiller les consciences, porter l'indignation. Il sera un témoin engagé dans son siècle. Parallèlement, sa conscience politique s'éveille ; il rallie la gauche et s'enthousiasme pour la révolution russe et le modèle soviétique. Roland rejoint ceux qui dans les années trente voient dans le communisme un rempart contre le nazisme et une alternative aux démocraties qui semblent si fragiles politiquement et inefficaces face aux ravages de la grande crise de 1929.

Dans l'intimité de Gide

A Maria Van Rysselberghe, sa confidente, André Gide confie : « Marc et moi nous avons pris comme secrétaire le jeune frère de Malraux, beaucoup pour faire plaisir à Malraux ; il est du reste agréable et s'en tire bien[1]. » André Malraux lui a vanté les qualités de Roland, il sera capable de traduire son courrier ainsi que la presse anglaise et allemande. Le jeune homme, de retour en France, doit gagner sa vie et met de côté ses rêves de journalisme. En février 1933, il découvre l'univers du très célèbre écrivain. Un étrange phalanstère.

Au sixième étage du 1 bis rue Vaneau, un bel immeuble haussmannien, Gide s'est installé en 1927 sur le même palier que ses grands amis, les Van Rysselberghe. Au bout de son appartement, après la bibliothèque, quelques marches en bois plus bas, Marc Allégret s'est aménagé un studio. Les deux hommes vivent une relation passionnée depuis 1919. Les Allégret sont des amis de longue date des Gide. Le père de Marc est pasteur et a été le précepteur d'André Gide. Impuissants et douloureux, les parents de Marc ainsi que l'épouse, Madeleine Gide, ont assisté au jeu de séduction qui s'est épanoui, de moins en moins discret, lors des visites de voisinage d'un long et bel été normand, autour d'une orangeade ou d'un thé, sous les arbres centenaires. Marc n'a que dix-neuf ans. A l'automne, il rejoint Gide à Paris. En 1927, en voyage au Congo avec André, le jeune Allégret tourne un documentaire qui marque le début de sa carrière dans le cinéma. Ami du producteur Pierre Braunberger, il devient un des premiers grands réalisateurs du cinéma parlant. Il tourne des comédies avec Fernandel, dirige Raimu, Jean Gabin et Joséphine Baker. Avec Man Ray, il

---

1. Maria Van Rysselberghe, *Les Cahiers de la Petite Dame*, 1929-1937, Gallimard, 1974, p. 285.

se découvre un talent pour la photographie et développe ses clichés dans son atelier. Grand, brun, le teint hâlé, les yeux bridés, d'un abord réservé, avec son charme oriental il séduit garçons et filles. S'il invite une actrice à passer la nuit chez lui, il la fait partir discrètement afin de pas provoquer la jalousie d'« Oncle André » ! Car chaque matin, un rite unit les deux hommes. Marc prépare le plateau du petit déjeuner, œuf coque, marmelade, thé et toasts qu'il prend avec Gide dans sa chambre. Immuablement, ils commencent la journée ensemble.

Sur le même palier, vit Maria Van Rysselberghe, « la Petite Dame » comme l'appelle Gide, devenue l'amie indispensable, la correctrice et la confidente. Vigie trapue, habillée de noir, le chignon serré, elle glisse dans un discret bruissement de robe d'un appartement à l'autre ; les portes sont ouvertes. Rien ne lui échappe. Elle veille, attentive à son grand homme et, à son insu, tient la chronique de sa vie. Sa mission sur cette terre. Cette vie en communauté a fini par lasser son mari, Théo Van Rysselberghe, peintre reconnu qui s'est réfugié dans le Midi. Depuis 1923, un secret intime unit Maria et Gide, un enfant, Catherine. Gide est le père, Maria la grand-mère. Roland assiste aux départs pour les promenades au Luxembourg, la petite fille donnant sagement la main au sulfureux écrivain de l'époque, en cape et chapeau. André Malraux lui avait dévoilé avant d'entrer rue Vaneau l'histoire sue de quelques intimes. Elisabeth Van Rysselberghe, la fille de Maria et Théo, qui connaît Gide depuis l'âge de neuf ans, est une adepte de la liberté morale et sexuelle. Célibataire, féministe, elle veut à trente-trois ans un enfant sans père, affranchie de l'autorité d'un mari et hors du carcan familial. Gide le provocateur est séduit, il suggère Marc Allégret dans le rôle de l'étalon. Les essais infructueux se répétant, il s'y emploiera lui-même. Avec succès. A la grande surprise des amis au courant de l'histoire comme Roger Martin du Gard qui la qualifie d'« expérience de laboratoire ». Et avec la bénédiction de Maria, qui vit par procuration filiale l'union de chair avec son grand homme. Théo, son mari, est furieux. André Gide reconnaîtra Catherine en 1938 à la mort de Madeleine, son épouse délaissée qui l'attend à Cuverville, en Normandie. Pauvre Madeleine, qui par abnégation et amour a accepté un mariage non consommé et renoncé à la maternité, et qui apprendra l'existence de Catherine par une lettre anonyme. Elle ne fera aucun reproche à André et n'en parlera jamais.

Roland croise rue Vaneau le jeune marxiste et anticolonialiste Pierre Herbart, aux discours enflammés. Son influence est déterminante sur Gide pour l'engager en faveur de l'Union soviétique. Intime et protégé de Jean Cocteau avant qu'André Gide ne le prenne sous son aile et l'aide à publier chez Gallimard ses premiers romans, Herbart épouse en 1931 Elisabeth et devient ainsi le beau-père de la fille de Gide ! Une situation familiale aussi originale qu'amorale pour l'époque mais qui ne choque nullement Roland, le non-conformiste, habitué dès l'enfance à vivre en dehors des cadres établis ; rue Vaneau, il observe d'un œil amusé et s'adapte à cette baroque comédie humaine.

Chez Gide, l'ambiance est bohème et studieuse. L'indifférence aux problèmes matériels est la règle. Dans toutes les pièces, le désordre règne, la poussière s'accumule, les mégots débordent des cendriers, l'air est enfumé et confiné car l'écrivain craint les courants d'air. Dès l'entrée, revues et livres s'entassent, un portemanteau croule sous une pile de capes et de chapeaux. Dans la salle à manger, qui sert de bureau et s'ouvre sur la tour Eiffel et le dôme des Invalides, des souvenirs de voyage s'entassent pêle-mêle, un fouillis de dossiers, livres, et journaux est éparpillé sur les meubles ou jonche le sol. Le style est hétéroclite, tapisseries de prix côtoient gravures quelconques, fauteuils gothiques et Restauration, meubles en acajou. Dans la bibliothèque qui donne sur Matignon, le décor est africain avec masques, statuettes et défenses d'ivoire. Le maître de maison est souvent au piano, il aime Chopin ; il peut recevoir en robe de chambre et charentaises sur son étroit lit de cuivre, dans sa chambre grisâtre aux estampes japonaises, au milieu d'un fatras de livres, de cravates, de bouteilles de sirop et de boîtes de médicaments. Les habitués passent à l'improviste, Roger Martin du Gard, Jean Schlumberger, Ramon Fernandez, les Groethuysen, Thomas Mann.

Gide, baptisé « Bypeed » par sa chroniqueuse, est aimable, taquin avec son secrétaire, Roland, qui doit trier et répondre à l'imposant courrier que l'écrivain reçoit chaque jour : lettres de sollicitation pour les grandes causes, déclarations enflammées de folles admiratrices, critiques offusquées et menaces des pères la morale, manuscrits illisibles de génies méconnus, demandes d'appui des réfugiés d'Allemagne et de l'Est, mais aussi des fleurs et des cadeaux parfois bizarres, comme cette robe de chambre du Béloutchistan. Roland doit également filtrer les visites importunes, répondre au téléphone et tenir l'agenda, traduire la presse allemande alors que les événements se précipitent depuis l'accession au pouvoir d'Hitler. Le jeune secrétaire est actif et ne démérite pas. Il garde la maison lors des fréquents déplacements de Gide dans le Midi, souvent à Roquebrune chez Dorothy Bussy, sa traductrice en anglais et riche mécène. Roland sait aussi se transformer en homme à tout faire, mi-secrétaire, mi-valet de chambre. Maria écrit qu'en en mai 1933 « ses malles sont à moitié faites, il [André Gide] les achève en coup de vent, aidé par le jeune Malraux[1]. »

Roland au cinéma

En 1934, une nouvelle expérience s'offre à Roland, il devient l'assistant de Marc Allégret, réalisateur du *Lac aux Dames* d'après le roman à succès de Vicki Baum. Colette rédige les dialogues, assistée d'une jeune scripte, Françoise Giroud, la future journaliste. Le film sera un succès. Il offre son premier grand rôle à la sensuelle Simone Simon qui devient pendant le tournage la maîtresse d'Allégret, et que Jean-Pierre Aumont, acteur principal, en petit maillot de maître nageur la majeure partie de l'action,

---

1. *Les Cahiers de la Petite Dame, op. cit.*, p. 301.

décrit froidement : « Simone Simon semblait être mise au monde pour jouer les ingénues pures et perverses à la Colette. »

Sur le plateau, Roland fait une rencontre décisive, celle de Colette de Jouvenel qui est la seconde assistante à la réalisation ; la fille de la grande Colette et d'Henry de Jouvenel, politicien et journaliste. Dès son plus jeune âge, la destinée de « Bel Gazou » n'a rien de banal, des parents doués et célèbres, très libres jusqu'au divorce, une mère ni très conventionnelle ni très attentionnée, entourée d'amies particulières et initiant aux jeux de l'amour son beau-fils Bertrand. A vingt-deux ans, les cheveux courts et plaqués blond platine, Colette est vive, drôle, impertinente, piquante. Elle préfère les femmes. Avec Roland, c'est un coup de foudre amical, une reconnaissance mutuelle immédiate. Ils ont le même âge, ont grandi hors des sentiers établis ; l'originalité, l'insolence et l'anticonformisme sont leur marque de distinction.

La gaieté de Roland frappe Denise Tual, chargée du montage du film : « Il apportait avec ses vingt ans son univers farfelu ; il employait déjà ce mot que peu de gens connaissaient. Son esprit saugrenu, son sourire rayonnant, son grand charme nous avaient tous conquis. (...) Roland Malraux n'arrivait pas à prendre son travail d'assistant avec gravité, c'était plutôt un jeu pour lui[1] »... Le jeune homme apparaît séduisant mais aussi léger, désinvolte. Tous s'étonnent qu'il ressemble si peu à son frère André.

---

1. Denise Tual, *Au cœur du temps*, Carrère, 1987, p. 139.

Roland compose-t-il un personnage ? La gaieté qu'il affiche et qui frappe tous ceux qui le rencontrent serait-elle une protection ? Pour exister en se différenciant de son aîné tutélaire, mais aussi pour dissimuler son malaise de n'être que « le frère de » propulsé sans compétence particulière dans ces milieux. L'humour et la fantaisie seraient une parade, le moyen de se faire accepter. Selon Madeleine, Roland a surtout l'élégance de ne pas se prendre au sérieux. *Roland était un garçon expansif, qui avait de l'esprit, il s'exprimait avec une grande facilité et il était peut-être plus léger que son frère, mais il n'était pas superficiel. Il était profond, sensible. C'était sa façon à lui d'être gentleman.* L'autre particularité du jeune Malraux est sa beauté qui suscite aussi bien des passions féminines que des approches viriles. Ce physique de jeune premier l'encombre et ce n'est peut-être pas un hasard si celle qui devient sa plus proche amie, Colette de Jouvenel, n'aime pas les hommes et s'il ne tente pas, malgré les facilités qui lui sont offertes, une carrière d'acteur.

Roland est-il heureux rue Vaneau ? Il avouera plus tard à Madeleine avoir été parfois agacé au sein de cet univers particulier, et avoir repoussé les avances de Gide et de certains de ses amis. Madeleine se souvient : *Sur ce point, Roland était ironique vis-à-vis de Gide. Il était sur la défensive. Mais cela s'est bien passé parce qu'il avait de l'humour et beaucoup de repartie.* Pour le jeune frère de Malraux, ce travail de secrétariat, certes auprès de l'illustre écrivain, ne peut s'éterniser, il songe à d'autres horizons, le combat politique et le journalisme.

Roland dans les petits secrets d'André

Fin mars 1933, Roland, les bras chargés de fleurs, se rend à la clinique, il fait la connaissance de sa nièce. Cet enfant a été voulu par Clara à trente-six ans, douze ans après son mariage avec André. Le bébé blond aux yeux gris ravit sa mère, beaucoup moins son père qui rejette cette responsabilité et appelle sa fille « l'objet ». Les Malraux lui choisissent le prénom Florence, en souvenir de la ville qu'ils ont tant aimée au début de leur amour. Roland est très attendri, attentionné pour sa belle-sœur et le nouveau-né. Derrière la gaieté affichée, ils se comprennent à demi-mot. Aucune allusion aux infidélités d'André ni aux malentendus au sein du couple. Rien ne doit troubler le grand bonheur.

Roland est très proche de Clara, il aime son intelligence, son esprit bondissant. A partir de 1933, le couple Malraux vit plus ou moins séparément mais Roland est un fidèle de la rue du Bac, il écoute sa belle-sœur se plaindre et tente de jouer les go-between. Leur complicité est grande et devant André, pour l'irriter, Clara parle allemand à Roland.

Le 7 décembre 1933, Malraux reçoit le prix Goncourt pour *La Condition humaine*. C'est la consécration, la gloire à trente-deux ans. Une foule d'admirateurs se presse chez Lipp, les photographes accourent, les flashs crépitent. Roland est là. Dans les petits secrets de son aîné, il reconnaît Josette Clotis, sa maîtresse, qui semble perdue, bousculée. Roland prend soin d'elle, l'assoit, lui apporte un verre. Derrière les amabilités, les sentiments sont ambivalents. Pour Roland, Josette est « un loir blond et paresseux ». Pour Josette, Roland est « un charmant garçon un peu braque qui l'agace par sa légèreté impertinente », surtout quand il l'appelle « Ma belle-sœur » ! Elle le juge fantaisiste, lui trouve un sourire narquois et se méfie de son regard de défi[1].

Malraux a rencontré Josette chez Gallimard. A vingt-deux ans, auteur d'un premier roman, *Le Temps vert*, qui raconte la vie d'une institutrice auvergnate, elle tient une petite rubrique mondaine dans l'hebdomadaire d'Emmanuel Berl, *Marianne*. Grande, aux formes sculpturales, la jeune femme a des allures de provinciale un peu gauche et une pointe d'accent du Sud ; son physique d'actrice lui a valu le titre de reine de la plage de Palavas-les-Flots. Fille unique et adorée de Joseph Clotis, fonctionnaire aux Contributions indirectes, franc-maçon notoire, et d'Adrienne, elle a grandi à Beaune-la-Rolande. Josette est une ambitieuse montée à Paris, grisée de s'habiller chez Lanvin qui lui prête des robes, de fréquenter le Tout-Paris littéraire. On lui attribue des amants connus, Gaston et Michel Gallimard, Emmanuel Berl. André n'est pas indifférent à ses charmes et se laisse séduire. Coquette et féminine, Josette sait minauder et l'écouter admirative. Elle attend vibrante d'impatience ses billets et ses visites à l'hôtel d'Orsay ou au Royal Condé, elle prépare la chambre amoureusement avec champagne et bouquets de fleurs. Avec Josette au début, André se repose, heureux homme adulé et vénéré. Sa jeune

---

1. Suzanne Chantal, *Le Cœur battant*, Grasset, 1976, p. 199.

beauté blonde est l'extrême opposé de l'intellectualisme et de la verve de Clara. Autant Josette aime les produits de beauté, les robes et les bijoux, le confort, les recettes de cuisine et les grands restaurants, autant Clara est négligée, déteste faire la cuisine, se moque de son intérieur, et ouvre à toute heure sa porte à ses amis, réfugiés intellectuels d'Allemagne et d'Europe centrale pour des discussions sans fin. Tandis que l'une dorlote son homme, l'autre le provoque et ironise. Mais la paix d'André est de courte durée, Josette aspire à la reconnaissance, elle veut devenir Madame Malraux.

L'espoir à l'Est

Roland est de tous les combats antifascistes des années trente. Il ne se contente pas d'assister son frère et André Gide dans leur compagnonnage contre l'hitlérisme, il agit pleinement. C'est un engagement personnel et total. Depuis son séjour en Allemagne, le jeune Malraux rejette le nazisme, le fascisme, le colonialisme, le capitalisme. Il est fasciné par l'expérience soviétique.

Rue du Bac, chez Clara et André mais aussi rue Vaneau chez Gide, Roland rencontre un personnage central du Paris intellectuel des années trente, Bernard Groethuysen. Mi-russe, mi-allemand, philosophe, grand ami de Jean Paulhan, « Groeth » pour les intimes a publié chez Gallimard *Origines de l'esprit bourgeois en France* (1927). Ce quadragénaire barbu et débraillé, cigarette aux lèvres, est « un génie intellectuel[1] » selon Malraux. Chez Gallimard, il conseille et traduit, il a fait connaître en France Heidegger et Kierkegaard. Proche de Malraux et de Gide, il les initie à la culture germanique, leur explique Marx et leur présente des réfugiés antifascistes. Notamment Manès Sperber, juif et communiste allemand, professeur de psychologie, en mission à Paris pour le Komintern, qui devient un compagnon intellectuel de Malraux. Au cours de soirées enfumées, deux ou trois fois par semaine, chez l'un ou l'autre, autour d'un repas frugal, on discute sans fin : sur la spécificité du nazisme, le communisme, la guerre d'Espagne, la Révolution française, l'individu face à l'Histoire, mais aussi Kafka, Freud, l'avenir du roman. Si Groeth est un homme de l'ombre, non encarté et absent des tribunes, sa compagne, Alix Guillain, mi-française mi-anglaise, est une pasionaria du PCF, journaliste à *L'Humanité*, ardente antifasciste et fervente admiratrice de Lénine et Trotski dont les portraits trônent au-dessus de son lit. Alors que l'Histoire s'accélère, à l'heure des radicalisations et des tensions exacerbées, les Groeth exercent une très grande influence sur Gide et Malraux, ils les aiguillent vers le communisme. Roland, lui, en est convaincu depuis son séjour en Allemagne : seule la grande nation soviétique peut lutter contre la barbarie nazie. Il écoute, avec l'exaltation de la jeunesse, Alix et Groeth louer le paradis soviétique, la patrie de la justice et de l'égalité, le bonheur et l'ad-

---

1. Cité dans le *Dictionnaire Malraux*, CNRS Editions, 2011, p. 333.

hésion de son peuple, le plan quinquennal garant du progrès et de la prospérité. Groeth aime bien le jeune frère de Malraux, sa fougue et sa curiosité, avec affection il s'adresse à lui en allemand.

Clara présente à Roland les poètes et écrivains Johannes Becher, Edmund Schlesinger, Erich Noth, Gustav Regler, tous proscrits par les nazis. Rue du Bac, on parle allemand, on discute des heures, le jeune Malraux aiguise son esprit, se construit intellectuellement et politiquement. Lorsque sa belle-sœur devient la dame patronnesse des réfugiés qui affluent à Paris, Roland la soutient activement. De tous les milieux, de tous les métiers, venant d'Allemagne, de Tchécoslovaquie, d'Autriche, de Pologne, ils fuient le nazisme parce qu'ils sont juifs ou communistes, ils ont tout perdu et découvrent une France frileuse, inquiète et gravement touchée par la crise de 1929. Clara se bat tous les jours pour leur trouver un logement, un petit travail qui permette de survivre et leur obtenir des papiers. Toujours prêt à aider, Roland sert de traducteur lors des démarches administratives, dépanne une nuit avec un matelas chez lui rue de l'Université, insiste auprès de Gide en faveur d'un protégé pour décrocher une commande de traduction. Roland sait être si persuasif que l'écrivain, en général très regardant sur la dépense, aide financièrement et avec largesse les réfugiés de Clara. Actif et sensible, le jeune Malraux veut venir en aide concrètement et ne se laisse pas uniquement séduire par les grands discours.

Roland est de tous les meetings et manifestations antinazis. Le 21 mars 1933, à la suite de l'arrestation de Dimitrov et de Thaelmann accusés d'avoir incendié le Reichstag, une grande manifestation publique est organisée à Paris. Roland est présent, ardent et indigné. André prend la parole. Le 4 janvier 1934, Roland accompagne Gide et Malraux à Berlin comme traducteur. C'est Alix Guillain qui les a convaincus de tenter de rencontrer le président Hindenburg et le ministre de la Propagande, Joseph Goebbels, pour obtenir la libération de Dimitrov. Mal préparé, le voyage sera un échec. Les Français n'auront pu rencontrer aucune personnalité de premier plan. Le 6 février 1934, Roland, qui exècre les ligues de droite antiparlementaires et nationalistes, suit inquiet les événements de la journée d'émeutes à Paris. Il redoute une tentative de coup d'Etat de l'extrême droite française. Au défilé de contre-manifestation du 9 février, il avance le visage grave, près d'André, de Clara, des Lagrange, des Martin-Chauffier, des Cassou avec ce peuple de gauche qu'il juge digne, déterminé, vigilant. Roland le léger, le séducteur, le farfelu découvre le sentiment de camaraderie dans la lutte solidaire.

Le temps de l'engagement politique est venu. André Malraux adhère à l'Association des écrivains et artistes révolutionnaires créée en 1932 par les jeunes communistes Paul Vaillant-Couturier et Maurice Thorez pilotés depuis Moscou[1]. L'AEAR

---

1. L'Association des écrivains et artistes révolutionnaires (AEAR) est la Section française de l'Union internationale des écrivains révolutionnaires créée à Moscou en novembre 1927 pour lancer les bases d'une nouvelle littérature prolétarienne, promouvoir l'art populaire et former des écrivains ouvriers.

rallie plus de 500 adhérents en quelques mois dont Jean Guéhenno, Romain Rolland, Henri Barbusse, André Breton, Paul Nizan ou Jean Giono. Aidé de Roland, Malraux convainc Gide de présider le premier grand meeting de l'AEAR. Dans la salle du Grand Orient de France, rue Cadet, le 21 mars 1933, Gide, Malraux et Guéhenno sont à la tribune. On se donne du « camarades », on appelle à l'action. Malraux chauffe la salle : « Depuis dix ans, le fascisme étend sur l'Europe ses grandes ailes noires… » et montre la voie, il faut « se tourner vers Moscou, vers l'Armée rouge ! ». Gide, qui hésitait à venir, se lance, il voit « dans l'établissement de la société soviétique une illimitée promesse d'avenir ». Applaudissements, sifflets d'enthousiasme. Roland est là, exalté, heureux de vivre intensément, certain de mener le combat juste, découvrant la beauté de l'engagement. Comme les Herbart, il félicitera chaleureusement Gide, et ne prêtera pas attention aux scrupules de l'écrivain qui confie dès le lendemain matin à ses proches de la rue Vaneau : « Je ne me dissimule pas que c'est un pas grave, cela vous engage terriblement et quand je dis cela, vous m'entendez, il ne s'agit pas de ma personne, mais de la pensée[1]. »

L'été suivant André Malraux est invité au premier Congrès des écrivains soviétiques qui se tient à Moscou. C'est l'occasion d'un long voyage avec Clara en Russie soviétique, Stalingrad, Moscou, la Sibérie. Les Nizan – Paul qui dirige le journal *Littérature internationale*, et Henriette –, fervents communistes en poste à Moscou, chargés de l'accueil des

---

1. *Les Cahiers de la Petite Dame*, *op. cit.*, p. 293.

écrivains français du congrès, les escortent. Ils visitent crèches, usines et kolkhozes modèles, assistent à des défilés sportifs, rencontrent Gorki dans sa datcha. Clara est loin d'être éblouie. Les slogans officiels, les discours mécaniques, les rencontres organisées et surveillées, la vue d'une misérable femme à la recherche de son mari « déplacé », les files d'attente devant les magasins, les confidences désabusées de l'écrivain Isaac Babel l'alertent. A son retour, elle ose dire ses doutes à Roland qui l'écoutera d'une oreille distraite, aveuglé par ses rêves et convaincu que la Révolution russe a besoin de temps et que les erreurs sont inévitables. Notre Révolution française ne s'est-elle pas réalisée avec son lot de crimes et d'injustices ? Et seul le communisme pourra résister au fascisme et le combattre.

Si Roland est un compagnon de route du communisme, un témoin engagé et confiant dans l'avenir de l'URSS, il ne s'encarte pas. Non plus que Clara, André et Gide.

En 1935, Roland doit se plier à ses obligations militaires. Il choisit les chasseurs alpins et rejoint sa compagnie dans l'arrière-pays niçois. Le grand béret posé fièrement sur la tête, il prend la pose lors d'une halte sur un chemin rocailleux. A peine esquisse-t-il un sourire au milieu de ses camarades à la mine joviale, il paraît plus grand, plus mûr, il a l'allure naturelle de celui qui prend le dessus. Conscient des menaces qui pèsent sur l'avenir, il ne peut considérer les exercices militaires comme un jeu. L'œil sombre et mystérieux, légèrement cerné, trahit aussi ses pensées pour la femme au nom célèbre qui l'attend dans sa villa près de Juan-les-Pins. La liaison extraconjugale, passionnée, compliquée n'a que quelques semaines et doit rester secrète.

Journaliste à Moscou (1936-1937)

Mars 1936. Les frères Malraux filent en trois jours de train vers la capitale soviétique. André écrit à Josette une petite lettre qui évoque joliment le voyage : « Donc en définitive, je suis en direction de Moscou. Je voyage avec Kysou, qui est dans l'autre couchette, et quand je me fais des rêves et crois que c'est vous qui êtes là-haut, l'austère réalité remet les choses au point, malgré les gares polonaises où les musiques militaires jouent pour les descentes de train des officiers (…)[1]. »

Roland est heureux. Il va enfin devenir journaliste. Grâce à Pierre Herbart, le mari d'Elisabeth Van Rysselberghe et beau-père de Catherine Gide, qui a pris la succession de Paul Nizan en décembre 1935 à la tête de *Littérature internationale* à Moscou et qui lui a proposé de le rejoindre. Organe de l'Union internationale des écrivains révolutionnaires (UIER), la revue, fondée en 1933, publie des traductions de textes russes et des comptes rendus de livres français. Herbart a confiance dans le jeune Malraux, il l'a observé à l'œuvre rue Vaneau, ils ont souvent discuté politique. Le nouveau patron de *Littérature internationale* qui mesure depuis son arrivée les

---

1. *Le Cœur battant*, op. cit., p. 75.

ambiguïtés et la complexité de sa tâche à Moscou, est certain que le jeune homme saura s'adapter.

Roland, de son côté, dans sa cabine, rêve, impatient de découvrir le pays de la Révolution, le pays d'un avenir meilleur pour l'homme, le pays de son auteur favori, Tolstoï, mais s'est-il posé les questions cruciales dignes des héros de *Guerre et Paix* sur la responsabilité individuelle et l'Histoire ? Croit-il qu'il sera libre d'enquêter et de témoigner ? S'est-il interrogé sur les notions de manipulation, de propagande, d'autocensure, d'objectivité ? Craint-il d'être déçu par la grande nation soviétique ? Le cas Serge[1] a-t-il éveillé sa curiosité ? L'étrange assassinat de Kirov, le rival de Staline, qui a provoqué la première vague d'arrestations, l'a-t-il alerté ? Autant d'interrogations que Roland élude avec la jeunesse de ses vingt-quatre ans, porté par la foi en la terre promise.

Le 18 mars 1936, les frères Malraux rendent visite à Maxime Gorki dans sa datcha au bord de la mer Noire. Koltsov, le directeur de la *Pravda*, et l'écrivain Isaac Babel qui sert de traducteur les accompagnent. Gorki, l'écrivain modèle du régime, est un vieux monsieur qui s'écoute, il monologue sur la vie et la mort ; on évoque l'Union internationale des écrivains révolutionnaires, Malraux tente de défendre les livres de James Joyce que le célèbre Russe, dans la ligne du Parti, méprise. La rencontre

---

1. Proche de Léon Trotski, opposant à Staline, l'écrivain Victor Serge est arrêté et déporté en Oural en 1933. Une campagne internationale menée par Trotski, relayée par de nombreux intellectuels, lui permettra de quitter l'URSS en 1936.

est décevante. Premier contact mitigé avec un héros soviétique pour Roland.

A Moscou, les Malraux logent à l'hôtel Métropole. André participe à la réunion du présidium de l'Union des écrivains soviétiques qui doit préparer le travail de l'Union internationale des écrivains révolutionnaires et lancer une revue avec Gorki, Thomas Mann, et André Gide comme membres de la rédaction en chef. Quelques jours plus tard, il emmène son jeune frère chez le metteur en scène Vsevolod Meyerhold avec Boris Pasternak. Une photo les montre, assis dans le salon de la datcha entourant leur hôte, discutant de la future adaptation au théâtre de *La Condition humaine* sur une musique de Prokofiev. Meyerhold sera bientôt désavoué par le régime et la pièce ne verra jamais le jour.

Avant de rentrer à Paris, André confie son jeune frère à la jolie guide et traductrice Boleslava Boleslovskaïa, « Bosle », dont le charme slave et les longues jambes l'avaient séduit lors de son premier voyage, à la grande fureur de Clara. Roland, le séducteur au cœur tendre, s'enflamme. L'amour à Moscou a le goût de l'interdit et du danger. Il est très mal vu pour une Soviétique de s'afficher en compagnie d'un étranger, les hôtels sont surveillés. Roland comprend vite qu'il faut être prudent, discret. Avec Bosle, il apprend le russe amoureux et littéraire. Pour la revue *Littérature internationale*, le couple traduit des textes en français dont « Lettre du peuple kirghize au camarade Staline », une ode lyrique à la gloire du petit père des peuples. Le jeune Malraux ne s'attarde pas sur les considérations politiques ni sur le ridicule du texte !

Trop occupé à ses succès féminins en digne fils de Fernand, et tout ébloui par une nouvelle conquête, la princesse et camarade Galitzine, aussi belle que mystérieuse. Si Roland s'enthousiasme pour la beauté des femmes russes, pour la première ligne ultramoderne de métro, pour le plan quinquennal, et se fait fièrement photographier sur la place Rouge en chapka, il ne peut ignorer la lugubre réalité, les vêtements crasseux des Moscovites, l'odeur de chou et de transpiration dans les tramways, les queues interminables devant les magasins d'Etat, les bandes d'enfants miséreux et abandonnés dans les rues enneigées. Impossible d'échapper au climat de suspicion et de peur qui tombe sur Moscou, à l'angoisse de l'arrestation sur un visage. Chaque jour, à partir d'août 1936, les colonnes de la *Pravda* relatent les grands procès, les purges et les exécutions. Comme d'autres sympathisants en terre soviétique, Roland fait l'amère expérience des impressions en demi-teinte. Même s'il ne veut pas encore se l'avouer.

Le désenchantement

Les intellectuels de la capitale soviétique le dessillent. Il rend souvent visite à Pasternak, le poète et romancier de quarante-six ans à l'allure étrange : « un Buster Keaton, à longues dents, maladroit, bafouilleur, mais manifestement habité par le génie[1] » selon Malraux. A Roland qui aime sa poésie

---

1. Cité dans le *Dictionnaire Malraux, op. cit.*, p. 619.

complexe et mystérieuse, il se confie. Les soirées sont longues, la vodka coule. Pasternak dit sa déception, reproche aux bolcheviks d'avoir trahi l'idéal communiste. Célébré comme « premier poète » du pays, il étouffe sous la reconnaissance officielle et le régime totalitaire. Un remords le mine, il l'avoue : juste après l'arrestation en 1934 de Mandelstam – pour seize vers satiriques écrits sur le régime ! –, Staline l'a appelé au téléphone, en personne, et lui a demandé ce qu'il en pensait, si les deux poètes étaient des amis. Pauvre Pasternak tétanisé qui n'ose rien dire et bafouille de peur. La honte et le remords l'empêchent d'écrire pendant des mois. En dépression, retiré dans sa datcha près de Moscou, il traduit Shakespeare, Goethe, Schiller, Verlaine. Roland est touché. Déstabilisé. De tous ceux qu'il côtoie à Moscou, Pasternak, le futur auteur du *Docteur Jivago*, hésitant entre compromission et indignation, sera le seul qui survivra au régime de Staline.

Roland fréquente également beaucoup Isaac Babel, le protégé de Gorki. Son roman *Cavalerie rouge* (1926) est un succès littéraire depuis dix ans dans le monde entier. L'écrivain, homme chauve aux petites lunettes rondes cerclées de fer, est réputé pour son humour, son intelligence vive et spontanée, son tempérament exubérant. Il écrit peu depuis le début des années trente, ce que le pouvoir lui reproche. Babel s'inquiète. Avec Roland, il s'épanche librement. En 1936, une violente campagne de dénigrement est menée dans les colonnes de la *Pravda* contre Meyerhold. Le réalisateur Eisenstein et le compositeur Chostakovitch sont également visés. Accusés de « formalisme petit-bourgeois » et d'« hermétisme » ; en octobre 1937, accusé de trotskisme, l'écrivain Pilniak est arrêté. Et lui, Babel, sera-t-il le prochain ? La peur est palpable à Moscou.

Une surprise attend Roland à *Littérature internationale*, la présence de collaborateurs un peu particuliers, chargés de la censure, tatillons et intrusifs, qui interviennent dans le choix et le contenu des publications en comité de direction. Les discussions sont interminables à chaque article. « Il a fallu que je menace de démissionner pour obtenir la publication de dix pages de Pasternak ! lui raconte Herbart furieux. J'ai même eu droit à une convocation au Komintern, ils ont voulu m'intimider, l'entretien a été bizarre[1]. » Le directeur l'avertit, la revue est placée sous l'autorité et la surveillance de la *Pravda* et de son directeur Michel Koltsov, « un drôle de type, pas antipathique ». Pour Roland, le rideau se lève sur la réalité, les rêves de jeune homme s'évanouissent.

En juin 1936, André Gide est accueilli en grande pompe à Moscou. Il a longuement hésité, choqué par la lutte et la répression que mène le régime contre l'homosexualité. Herbart l'accompagne en avion depuis Paris. Roland les escorte dans la capitale soviétique. Le pays est en deuil, Maxime Gorki, l'écrivain officiel, est mort le jour de leur arrivée. Suprême honneur, il est demandé à Gide de prononcer l'éloge funèbre sur la place Rouge, devant Staline et les caciques du régime, le 20 juin 1936.

---

1. D'après Pierre Herbart, *La Ligne de force*, Gallimard, 1958.

Le papier préparé en toute hâte à l'hôtel avec l'aide d'Herbart et Roland est emphatique et consensuel : « Le sort de la culture est lié dans nos esprits au destin même de l'URSS. » Gide entame ensuite un tour du pays jusqu'en septembre. Le programme est chargé : visites d'établissements sportifs et culturels, d'écoles, de kolkhozes, de barrages hydrauliques et d'hôpitaux. Gide et ses compagnons de route, pourtant tous communistes convaincus, sont gênés par l'accueil officiel et le manque de liberté. Un des leurs, Eugène Dabit, meurt à Sébastopol. A son retour, Gide livre ses impressions dans son journal le 3 septembre 1936 : « Un immense, un effroyable désarroi », et évoque son « indicible malaise »[1] à la lecture des procès de Moscou. Il décide d'écrire sa déception dans *Retour de l'URSS*, qui paraîtra en novembre 1936. Herbart s'alarme, se rend à Barcelone pour demander conseil à Malraux : faut-il dissuader Gide de publier un tel pamphlet en pleine guerre d'Espagne alors que la Russie soviétique s'apprête à aider les républicains espagnols ? Gide n'attend pas l'avis de Malraux. Le livre, à peine sorti, fait l'effet d'une bombe, les propos sont clairs : « En URSS, il est admis d'avance et une fois pour toutes que sur tout et n'importe quoi, il ne saurait y avoir plus d'une opinion (…). Et rien plus que cet état d'esprit, ne met plus en péril la culture[2]. » En juin 1937, avec *Retouches à mon « Retour de l'URSS »*, Gide

---

1. André Gide, *Journal*, tome 2, *1926-1950*, La Pléiade, 2001, p. 540.

2. André Gide, *Retour de l'URSS*, Folio-Gallimard, 2009, p. 45.

répond aux critiques et dénonce les grands procès et les purges. C'est la rupture définitive avec le communisme. Herbart lui aussi démissionnera du Parti.

Ce livre, un « brûlot », provoque la colère des autorités soviétiques qui placent Roland, l'ancien secrétaire de Gide, sous une surveillance accrue. Même si le jeune homme n'a commis aucune erreur aux yeux du régime, on commence à se méfier de lui. On le surveille. Les archives du Komintern sont claires, on se demande « si sa participation au travail de la revue *Littérature internationale* est utile » ; on note dans ses articles de « nouvelles nuances » qui « dictent à la rédaction la nécessité de l'utiliser avec de grandes précautions ». Estimant qu'« il ne serait pas sage de rompre avec lui définitivement étant donné les relations avec son frère, grand écrivain français », on décide de lui confier la rédaction d'articles exclusivement consacrés à des œuvres d'art[1].

Roland perçoit-il que le vent tourne ? Malraux le presse-t-il de rentrer ? En décembre 1937, le charme est rompu. Il regagne Paris, lucide et déçu, sa foi dans l'idéal marxiste est ébranlée. Inquiet pour ses amis russes, révolté par les purges. Mais la position de Roland n'est ni claire ni confortable. Sincèrement de gauche, il est pris en étau, quel est son devoir ? Dire, n'est-ce pas trahir ? Faire le jeu du fascisme ?

Roland tranche. En accord avec André. Il serait irresponsable d'affaiblir le régime soviétique en

---

1. Rapport confidentiel de T. Rocotov au service du personnel du Komintern, 29 novembre 1937, cité par Olivier Todd dans *André Malraux, une vie*, Folio-Gallimard, 2002, p. 298-299.

pleine guerre d'Espagne et à la veille d'un conflit mondial qui semble à tous inéluctable. C'est le fascisme qui est le mal absolu à combattre. Les deux frères prennent leurs distances avec Gide. S'ils optent pour le silence, c'est par réalisme politique et non parce qu'ils sont aveuglés par la foi rouge.

L'Histoire ne leur donnera pas raison.

Bosle, Babel, Kolstov, Meyerhold et bien d'autres compagnons de route seront arrêtés et fusillés.

Franco écrasera les républicains espagnols.

Le pacte germano-soviétique d'août 1939 mettra un terme brutal aux illusions malruciennes.

Renaud de Jouvenel et la presse communiste

Colette de Jouvenel présente à Roland son demi-frère Renaud. Né en 1907 hors mariage, fils d'Henry de Jouvenel (1876-1935) et d'Isabelle de Comminges, il ne sera reconnu par son père qu'en 1928. Une situation familiale qu'il a du mal à accepter ; il jalouse son demi-frère, le très en vue journaliste Bertrand de Jouvenel (1903-1987). Colette de Jouvenel aime Renaud, de six ans son aîné, lui aussi négligé par ses parents. Ils ont vécu une enfance ballottée, compliquée, confiés de longs mois à une nurse anglaise à Castel Novel, la propriété familiale en Corrèze. Complices et solidaires, ils ont, adultes, les mêmes groupes d'amis, où se mêlent mondains et fêtards. Renaud protège et soutient sa demi-sœur dans les moments difficiles, notamment son divorce après quelques semaines d'un mariage fiasco, et il accepte pleinement son homosexualité. Il adopte son ami Roland, apprécie le farfelu anticonformiste, mais aussi le frère du grand Malraux et le journaliste qui revient de Moscou.

En 1933, Renaud épouse une héritière, Arlette Louis-Dreyfus, la fille de la troisième et dernière épouse de son père Henry de Jouvenel. Le couple richissime affiche ses convictions marxistes. Renaud, avocat de formation, dirige plusieurs revues d'obédience communiste, *Grand-Route*, *Le Cahier bleu* et *Les Volontaires*. Il publie des livres aux Editions sociales internationales, la maison d'édition du Komintern en France. Mécènes rouges, ils financent des expositions d'artistes allemands communistes réfugiés en France qu'ils accueillent chez eux ; de grandes figures du Parti comme Aragon et Elsa Triolet séjourneront plusieurs fois dans la propriété familiale, Castel Novel. Le couple Jouvenel participe à toutes les réunions et manifestations antifascistes et communistes des années trente. Renaud, avec l'argent de sa femme, rachète Castel Novel, hypothéqué à la mort de son père Henry en 1935. Avec le soutien moral de Colette. Bertrand, l'aîné, le fils légitime, proche du PPF et de Doriot, journaliste à *Paris-Soir*, est furieux. Les demi-frères, que tout oppose, ne se parleront plus. Renaud, provocateur, est heureux de se proclamer « châtelain et communiste ».

Roland, l'ami de Colette et de Renaud, l'habitué de Castel Novel, collabore à la revue *Les Volontaires*. Dans le numéro 4 de mars 1939, illustré par Mayo et Tal Coat, Renaud est l'auteur d'un article prosoviétique, « Choisir ses alliés », qui affirme : « Quant à l'URSS, on ne saurait imaginer qu'elle puisse avoir des buts de conquête quelconque. Nous pensons que la Paix n'a pas de meilleur défenseur, ni la démocratie. » Roland, quelques pages plus loin, prend la défense de « L'Ethiopie invaincue », dénonce l'occupation de l'Italie fasciste qui recourt au gaz moutarde et aux exécutions sommaires et publie une lettre des résistants éthiopiens qui ont levé une armée de dix mille hommes. Le jeune Malraux écrira aussi sur la guerre d'Espagne pour *Ce soir* dirigé par Aragon, dont Nizan est chargé des pages de politique étrangère.

L'évolution de Roland est nette, il plaide désormais en faveur de ceux qui prennent les armes, de ceux qui résistent physiquement au fascisme. Après le temps des grands discours puis du réalisme politique, vient celui du combat et de l'action.

En août 1939, le jeune homme rejoint son bataillon de chasseurs alpins à Grasse pour une drôle de guerre sans combats ni ennemis visibles jusqu'à sa démobilisation le 26 juillet 1940. Roland a déjà fait son choix, il luttera contre l'occupant nazi.

CHAPITRE 4

Avec Roland

Juin 2011. Dans son salon aux deux pianos, où s'entassent les partitions et les albums d'art, une collection de boules de verre, les photographies éparses d'une vie, le canapé de repos en velours jaune d'André à Boulogne, la vieille dame s'agite, inquiète : « Enfin, voilà mon agenda ! C'est Roland qui m'a offert le premier, je n'en avais pas auparavant. J'ai gardé la couverture en cuir, elle ne m'a jamais quittée, je la réassortis chaque année. C'est l'unique objet qui me reste de lui, j'y tiens beaucoup. » Vestige de leur amour, il accompagne depuis soixante-dix ans chaque journée de Madeleine.

*

La passion

L'hiver 1942, sans regrets ni nostalgie, la jeune Madeleine tourne les pages des années grises et provinciales ; avec Roland si solaire, si vivant, elle se révèle à elle-même. Elle aime éperdument. La vie a changé de rythme, le temps s'accélère, intense. Les carcans sautent. Le professeur de piano écoute ses élèves d'une oreille distraite, commente mécaniquement ; elle est ailleurs, entièrement tendue vers les promesses du prochain rendez-vous. La jeune fille de la bourgeoisie se moque des conventions et vit sa passion librement. Dès qu'ils le peuvent, les amants volent quelques jours, sillonnent en train et à bicyclette le Sud-Ouest et la Provence, logent dans des petites auberges en se déclarant, comme l'exige la loi de l'époque, mari et femme ; ils se découvrent émerveillés, impatients. Le 4 mai 1942, Roland écrit une carte postale de Cordes à André, lui déclarant son bonheur avec « une adorable fille[1] » qu'il compte bientôt lui présenter ; Madeleine, pas timorée, ni timide, signe le petit mot.

Les parents Lioux s'inquiètent. Leur fille aurait-elle perdu la tête ? Ne s'engage-t-elle pas trop vite ? Et ces Malraux qui ont la réputation d'être communistes ! Ces intellectuels parisiens sont-ils fiables ? Lors des présentations dans le salon de la rue d'Alsace-Lorraine, ils s'étonnent. Le jeune homme leur paraît excentrique. Son langage pittoresque et fantaisiste, son regard tour à tour charmeur et grave où affleure l'insolence, et ce passé auprès du sulfureux Gide et à Moscou comme correspondant de la presse rouge, tout les déconcerte. Mais Hippolyte et Célina se rendent vite à l'évidence, ils n'ont plus leur mot à dire. Madeleine a vingt-huit ans et est passionnément amoureuse.

---

1. *Les Marronniers de Boulogne*, *op. cit.*, p. 137.

Le secret de Roland

De ses liens avec l'illustre aîné, Roland dévoile à Madeleine quelques pans. Peu à peu. Avec pudeur. Un secret inaliénable le lie à son frère. L'histoire tient de la tragédie et du vaudeville. A l'automne 1940, alors qu'André est prisonnier des Allemands près de Sens, Josette Clotis enceinte se retrouve seule à Paris. Roland lui rend visite, l'invite à déjeuner, lui remonte le moral et la rassure, il réussira à faire évader son frère. Josette est au désespoir, révoltée à l'idée de mettre au monde un bâtard « né de père inconnu ». Elle a failli avorter, reproche amèrement à André de ne pas avoir divorcé, rend la « méchante Clara » responsable de ses malheurs. Le 5 novembre 1940, l'enfant naît, un garçon, il s'appellera Gauthier. Roland décide de se déclarer comme le père officiel. La maîtresse se calme. Elle n'accède pas au statut d'épouse légitime mais son fils devient un Malraux. La fausse déclaration est passible de lourdes peines et rend légalement le jeune Malraux responsable à vie de l'enfant. Loin d'être choquée, Madeleine admire le courage et le panache de Roland et s'imagine avec candeur une Josette éternellement reconnaissante.

Avec cet acte transgressif de franc-tireur au grand cœur, Roland s'inscrit dans l'histoire familiale. En digne fils de son père. Et en homme libre qui ne craint ni la loi ni la morale de son époque. Avec la volonté de protéger l'enfant adultérin que la société marque au fer rouge. Roland ne prend pas cette décision par attachement à Josette qui ne l'a jamais ébloui. Son geste est une offrande à André, une déclaration d'amour et une preuve de gratitude au grand frère protecteur, le père de substitution, le héros de son enfance. Mais les conséquences sont lourdes, le nœud familial se resserre. Inexorablement.

André, un aîné parfois décevant

Par une carte postale du 20 août 1942, Roland annonce à André sa prochaine visite à La Souco dans le Midi avec sa « fille-pianiste[1] » du 6 au 13 septembre. La villa rose de Roquebrune appartient aux Bussy, lui est peintre, elle traduit les auteurs français en langue anglaise, ils se piquent de mécénat et recevaient avant la guerre André Gide, Rudyard Kipling, Somerset Maugham, Virginia Woolf. En décembre 1940, ils prêtent la maison gracieusement à André qui se réfugie en zone libre. Josette et le petit Gauthier le rejoignent. Roland y passe de nombreux séjours et joue le factotum de son frère ; il se rend régulièrement à Paris, règle ses affaires à la NRF, se fait confier un manuscrit, *L'Etranger*, signé d'un inconnu, Camus, vend un bas-relief assyrien et quelques objets tibétains, tente de récupérer les pellicules du film d'André sur la guerre d'Espagne, *Sierra de Teruel*, dont la sortie a été interdite en septembre 1939. Débrouillard, il sait se procurer quelques fausses cartes de ravitaillement et ses retours à La Souco sont fêtés ;

---

1. *Les Marronniers de Boulogne, op. cit.*, p. 139-140.

Josette n'est jamais déçue, il n'a pas oublié les épingles à cheveux, les crèmes et le parfum Blue Grass d'Elizabeth Arden, les savonnettes Guerlain tant attendus.

A Madeleine, Roland décrit longuement le charme de La Souco : le salon en belvédère dont les cinq hautes fenêtres donnent sur l'Italie et Monaco, le jardin d'oliviers et d'orangers, avec ses magnolias, ses clématites et ses giroflées surplombant la mer, entretenu par le dévoué jardinier ; sur la terrasse ensoleillée les premiers pas du petit Gauthier alias « Bimbo » avec sa nurse et les longs apéritifs l'été ; mais aussi les bains de mer avec Josette, sculpturale et nue, tandis que Malraux, pudique et désapprobateur, s'enferme dans son bureau ; les « zénanas », selon le terme choisi par André pour qualifier les interminables confidences de sa maîtresse à son amie de cœur et habituée de la maison, Suzanne Chantal ; les visiteurs de la rive gauche repliés sur la Côte d'Azur, Gide, les Lacan, les Berl, les Gallimard, les Martin du Gard, les Sperber, les Martin-Chauffier et Drieu la Rochelle qui se posent quelques heures ou quelques jours. Roland n'oublie pas Luigi, le majordome en gants blancs, un magicien de la table grâce à ses virées nocturnes en Italie à bicyclette pour se ravitailler en poulets, salamis et panettone.

Dans ce huis clos au décor azur et blanc de tragédie grecque, les scènes de ménage les plus banales éclatent au quotidien. Josette crie, pleure, boude. André se tait. Elle lui reproche sans cesse de ne pas divorcer, et écrit son désespoir à Suzanne Chantal :

« Je trébuche sur le piédestal de Sainte Concubine d'André Malraux et j'y suis fort mal à mon aise[1]. » Josette se plaint d'être délaissée, André écrit reclus dans son bureau et les gestes de tendresse sont rares. La maîtresse de maison est également furieuse de tous ces visiteurs qui ne parlent que de Résistance et de clandestinité, Emmanuel d'Astier de La Vigerie, Claude Bourdet, Roger Stéphane, Edouard Corniglion-Molinier. Mais elle se rassure, André n'est pas prêt au combat, il termine *Les Noyers de l'Altenburg* qu'il dédie à son fils, reconnaissance élégante du père écrivain, et il commence une biographie de Lawrence d'Arabie. Roland le sait, Josette se méfie de lui. Elle se froisse de la complicité qui lie les deux frères. Se sent exclue. Avec le jeune Malraux, André se déride enfin. Les repas deviennent gais. Roland sort beaucoup dans la région, raconte les potins, fait sa cour à la belle et très brune Zon Bonzon, choisit les bonnes bouteilles à la cave. Lorsque La Souco est vidée de ses meubles par sa propriétaire, c'est Roland qui court les antiquaires et les brocanteurs de la région. Si la conversation devient sérieuse, Josette s'inquiète, elle sait que « son jeune beau-frère », introduit dans la Résistance, veut convaincre André de s'engager. Elle profite de la moindre occasion pour interrompre leurs conciliabules. Josette est obnubilée par deux idées fixes, garder son grand homme dans ses rets et obtenir le divorce avec Clara.

Début septembre 1942, Roland et Madeleine quittent Toulouse, chargent leurs bicyclettes dans

---

1. *Le Cœur battant, op. cit.*, p. 247.

le train, destination Cannes d'où ils pédalent et grimpent jusqu'à La Souco. Cela doit être la présentation officielle à l'aîné tutélaire. Epuisés, ils arrivent sous un soleil de plomb. La porte est close. Personne. Tout est fermé. Josette et André ont quitté la maison. Roland est furieux. Madeleine se souvient : *Il avait des choses importantes à dire à son frère. Et il voulait me présenter. Sans compter toutes les babioles dans sa valise pour Josette. Nous n'avons pas du tout apprécié. Par la suite, André n'a jamais été très net là-dessus. Il ne m'en a jamais parlé.* Comment expliquer cette absence ? Josette et André ont-ils voulu éviter le jeune frère qui presse son aîné de prendre contact avec la Résistance ? Leurs préoccupations sont en fait très prosaïques. Leur attitude très égoïste. Ils meurent de faim et sont partis, sans se soucier de l'arrivée annoncée de Roland et de sa « fille-pianiste », profiter de quelques jours d'agapes chez les Chevasson dans l'Allier puis chez les Berl en Corrèze. Depuis quelque temps, la vie dans le Midi est difficile, la nourriture manque et ils envisagent un nouveau refuge à la campagne.

Deux mois plus tard, lorsque les bottes nazies fouleront la zone libre, que les Italiens occuperont la Côte d'Azur, Luigi rendra son tablier et il deviendra plus prudent pour Malraux, évadé de son camp de prisonnier, et dont le nom figure sur la liste Otto des écrivains proscrits, de quitter la région. Grâce à Emmanuel Berl, il a fait la connaissance, lors de son séjour en septembre 1942, du notaire de Saint-Chamant, Franck Delclaux, qui lui propose de louer une partie du château fortifié qui domine le village. L'installation se fait en décembre 1942. L'endroit est spartiate mais a du charme. Une ferme attenante nourrit la petite famille et Josette consacre ses journées à réaliser les recettes du *Jardin des Modes*, terrines, conserves et clafoutis. Elle attend un second enfant, rêve d'une fille qui s'appellera Corinne. C'est presque le bonheur.

Les présentations à André (novembre 1942)

Madeleine, anxieuse, presse le pas. Elle se rend à l'hôtel particulier de la marquise de Panat, 5 rue Fermat, où Roland loue un petit meublé. Elle va enfin faire la connaissance d'André. Depuis le 11 novembre 1942, les Allemands réquisitionnent le rez-de-chaussée et une partie du premier étage. Il faut emprunter l'entrée de service, traverser les salons déserts et sinistres où s'entassent la vaisselle, les tableaux et le mobilier sous housse de la propriétaire qui s'est réfugiée à la campagne. Roland, pour ne pas éveiller les soupçons, n'a pas déménagé.

Madeleine frappe doucement à la porte. Les frères Malraux l'attendent. Le célèbre aîné s'avance. La quarantaine, longue mèche sur les yeux gris sombre, il serre la main, le geste nerveux, les traits tirés. Pas d'amabilités mais un examen de passage, les questions s'enchaînent, le ton est froid, distant : « Que lisez-vous ? Connaissez-vous Apollinaire ? Aimez-vous Darius Milhaud ? » La jeune femme ne montre pas sa surprise et répond calmement avant de sortir de son sac son exemplaire de *La Condition humaine* : « Je vous l'ai apporté pour une dédicace. J'en serais très heureuse. » En fait Madeleine n'aime pas ce roman, trop tourné vers l'action, trop emphatique, mais elle ne lui avouera jamais. L'atmosphère se détend. André sourit, enfin. Et croque une fine silhouette farfelue inspirée du mille-pattes ; un de ses fameux petits « dyables » ! L'attention, originale, touche la jeune femme. C'est le premier dessin d'une longue série mais elle ne le sait pas encore. En présence des deux frères Madeleine est saisie d'un trouble que les années n'estompent pas : *André et Roland ont en commun des expressions dans le regard. Ils ont aussi ce panache indéfinissable. Une insolence. Mais Roland est beaucoup plus beau que son frère. Il est gai, moins secret et mystérieux qu'André. Ce qui me frappe, c'est leur complicité. Ils sont dans leur monde et dialoguent par allusions et demi-mots.*

La deuxième rencontre se déroule dans un café de la place Lafayette. Si, cette fois, André est d'un abord plus aimable et qu'il apporte à sa future belle-sœur un cadeau, celle-ci ressent un profond malaise : *Il m'offre* La Danse des morts *d'Honegger sous la direction de Charles Munch. Le titre m'a choquée, interrogée. Dans la période trouble et si dure que nous vivions, c'était lugubre. Violent. Et cette œuvre n'était vraiment pas extraordinaire sur le plan musical !* Madeleine tait ses sentiments. Roland n'en saura rien. André non plus. Elle perçoit que pour percer et entrer dans le monde mystérieux des Malraux, le non-dit est la règle.

Clara à Toulouse

Avec sa fille Florence, Clara a fui dès juillet 1940 Paris occupé, et après une étape dans le Lot à Lauzès, a gagné Toulouse. Là, avec peu d'argent, elle loge successivement dans une chambre meublée et envahie de cafards, une caserne de pompiers destinée aux réfugiés, une serre au fond du jardin d'une pension pour personnes âgées. Elle survit grâce à quelques traductions et cours d'allemand. Autour d'elle, se reconstitue un groupe d'amis réfugiés à Toulouse, pour la plupart résistants et juifs : le futur Edgar Morin, Léo Hamon, Jean Cassou, Georges Friedmann. Clara entre rapidement en résistance. Au professeur Camille Soula qui soigne Florence, anémique, et qui assure avec un groupe de volontaires le passage de la frontière vers l'Espagne, elle propose ses services, puis fréquente la librairie Trentin, haut lieu de la Résistance régionale, et fin 1941 rejoint le Mouvement de résistance des prisonniers de guerre et déportés (MRPGD), vaste organisation de propagande et de renseignements. Clara, au mépris de sa propre sécurité, et avec l'énergie d'une pasionaria, débarque à l'improviste à la préfecture pour réclamer à grand bruit des papiers pour les réfugiés qui arrivent à Toulouse. Mettant dans l'embarras Roland, l'adjoint du préfet aux affaires économiques, qui se sent obligé de sortir de son bureau et de régler comme il le peut les dossiers brandis par sa belle-sœur.

Roland est un fidèle de Clara, il lui rend visite régulièrement, lui glisse un peu d'argent et quelques fausses cartes de rationnement, apporte des pralines à Florence ; évasif, il donne des nouvelles d'André en se gardant bien de lui raconter la vie à La Souco avec Josette et l'enfant. Lorsqu'en janvier 1941, Malraux lui donne rendez-vous au café Lafayette, place Wilson, Clara accourt, rêvant de réconciliation ; le coup est rude, il lui demande à nouveau le divorce ; elle refuse, son nom de jeune fille Goldschmidt les mettrait en danger, elle et leur enfant. André n'insiste pas. A la fureur de Josette. En mars 1941, alors que l'exige la loi, Clara décide de ne pas se déclarer comme juive et entre dans la clandestinité. Au mois de mai 1941, elle fait baptiser Florence pour la protéger. Au printemps 1942, à Montauban, ce sera la première communion. Roland, à la demande de sa belle-sœur, joue une fois encore le père de substitution. En fidèle et serviable clone de son aîné mais aussi en frondeur défiant les autorités. Une photographie immortalise la cérémonie : le couple improbable de parents, lui beau et jeune à côté de Clara à l'âge indéterminé et mal fagotée, entoure Florence dont la couronne de roses blanches bringuebale sur les cheveux…

Roland présente Clara à Madeleine à l'hiver 1942. La légitime Madame André Malraux les invite à déjeuner dans son deux pièces qui dispose d'une petite terrasse où Florence peut prendre l'air. La fillette est chétive, elle a le regard profond et interrogatif des enfants précoces. Clara, quarante-cinq ans, semble fatiguée, les traits marqués, elle a teint ses cheveux en blond bon marché pour, pense-t-elle, passer inaperçue. Dès qu'elle parle, ses yeux brillent, son visage s'anime. L'accueil est chaleureux, un buffet frugal a été dressé. Caustique, la maîtresse de maison se plaint de Malraux – « Madeleine, Roland vous a raconté comment nous avons fait évader André de son camp de prisonniers. En guise de remerciement, il vient à Toulouse me demander le divorce ! »

Roland ne lui avait rien dit. Un nouveau secret familial se dévoile. L'évasion d'André, prisonnier de guerre en novembre 1940, grâce à son frère et son épouse. Madeleine apprend que Clara s'est débrouillée pour rassembler l'argent – il faut absolument libérer André avant son transfert en Allemagne –, que Roland, le 1er novembre 1940, en pleine nuit, muni de faux papiers et de vêtements civils, se rend à l'auberge de Collemiers où Malraux, drôle de prisonnier sans barreaux, a sa chambre. On lui raconte le trajet à pied jusqu'à Sens. Comment Roland, avec deux billets de train mais un seul laissez-passer qu'il donne à son frère, fait diversion en engageant la conversation en allemand avec les soldats en faction sur le quai de gare et en grimpant, l'air détaché, dans le train. Le passage des deux frères sans encombre de la ligne de démarcation à Bourges avant de gagner Montluçon puis la Côte d'Azur. Malraux réfugié à Hyères chez les Clotis qui jouent les beaux-parents aux petits soins. Roland l'a rassuré, Drieu la Rochelle obtiendra un *Ausweiss* pour Josette qui le rejoindra bientôt. Jamais Malraux ne rendra hommage au courage et au sang-froid de son frère qui l'a fait évader. Ce silence choquera Madeleine. *André ne m'en a jamais parlé en vingt ans de mariage. Et dans les* Antimémoires, *il raconte son évasion sans dire un mot de Roland ! C'est révoltant ! Il se composait un personnage et reconstituait à sa façon les faits ! Malraux, l'aîné, le grand homme, ne souhaitait pas se sentir l'obligé de Roland, le petit frère !* A presque cent ans, la vieille dame n'a pas pardonné.

La mariée était en noir

Roland fait sa demande. Les jeunes fiancés préviennent, ils ne souhaitent ni déjeuner ni dîner de fiançailles. A Célina de l'expliquer à la famille et de recueillir les perfidies des vieilles tantes provinciales à propos du passé rouge des Malraux et de l'attitude choquante de leur nièce avant le mariage. Sur un point les codes bourgeois sont respectés, Roland offre à Madeleine un joli rubis qui vient de sa mère. Ils se choisissent des alliances dans la bonne bijouterie de Toulouse. Les fiancés ne veulent pas de cérémonie religieuse mais un mariage civil, sobre et dans la plus stricte intimité. Une formalité. Les circonstances légitiment ce choix, les Malraux recherchent la discrétion, Roland, homme de l'ombre, particulièrement. On fait comprendre aux parents Lioux que leur présence n'est pas indispensable. Célina se vexe et se réfugie avec ardeur dans la préparation des faire-part annonçant que sa fille est devenue Madame Roland Malraux ; ils seront expédiés à la mi-janvier.

Au moment de fixer leur date de mariage, Roland, en accord avec Madeleine, a proposé à André et Josette d'attendre pour convoler la naissance de leur second enfant prévue en mars 1943 afin de pouvoir le reconnaître comme il l'avait fait pour Gauthier. Cette fois-ci, Josette refuse le subterfuge. Par dépit. Pour acculer Malraux à la réalité. Cet enfant sera officiellement un bâtard, et elle, sa maîtresse, une fille-mère. Une situation qui la révolte. Elle s'exaspère de plus en plus violemment contre André qui n'a pas su obtenir le divorce.

8 janvier 1943. Mairie de Tulle. Onze heures. Le temps est glacial. Humide. Quatre personnes entrent dans la mairie. La mariée est en noir, strict tailleur, gantée et chapeautée avec une légère voilette sur ses yeux bruns finement soulignés, le sourire aux lèvres rouge carmin ; elle tient fermement la main de Roland, en costume croisé de ville, ému et toujours charmeur. Roland et Madeleine logent à l'hôtel de Tulle depuis hier. La veille ils ont dîné à Saint-Chamant. A droite de Madeleine, devant le bureau du maire, sous le portrait du maréchal Pétain, son témoin et beau-frère, André, protecteur mais jamais chaleureux. Près de Roland, Emmanuel Berl frileusement emmitouflé dans sa cape et son cache-nez, l'œil rieur. Berl et sa femme Mireille, tous les deux juifs, sont réfugiés en Corrèze à quelques kilomètres. Grâce à Roland qui leur a trouvé une petite location.

Né en 1892, Berl est un enfant de la grande bourgeoisie parisienne juive liée aux Bergson et aux Proust. Son cousin est le poète Henri Franck, proche de Maurice Barrès, sa cousine, Suzanne Franck, « Aryenne d'honneur », a épousé le collaborateur Fernand de Brinon, fondateur du Comité France-Allemagne et représentant du gouvernement de Vichy auprès des autorités allemandes à Paris.

Philosophe, essayiste, romancier, ami de Drieu la Rochelle, de Gaston Bergery, proche à un moment des surréalistes Aragon et Breton, Berl rencontre Malraux dans les années vingt chez Daniel Halévy qui dirige la collection des « Cahiers verts » chez Grasset et publiera *Les Conquérants* en 1928. Les deux hommes s'apprécient. Berl dédie en 1929 à Malraux son *Mort de la pensée bourgeoise*. De 1932 à 1937, il est le directeur de l'hebdomadaire lancé par Gallimard, *Marianne*, de tendance gauche modérée.

Pacifiste convaincu mais prônant une France fortement armée, aussi farouchement antisoviétique qu'antifasciste, hostile à l'entrée en guerre en Espagne et favorable à la conférence de Munich car selon lui la France n'est pas prête à entrer en guerre, les positions de l'électron libre Berl indignent de nombreux amis dont Clara et André. Sur le plan moral, sa conduite et ses positions choquent autant qu'elles amusent ; il se vante d'être un habitué des maisons closes, épouse une prostituée en 1928 et dénonce le snobisme de ceux qui affichent leur homosexualité. Son quatrième mariage en 1937 avec la chanteuse à succès Mireille sera le bon, avec des hauts et des bas, il durera quarante ans.

En 1940, favorable à l'armistice, Berl rédige les deux discours du maréchal Pétain des 22 et 25 juin aux célèbres envolées, dont la fameuse « La terre, elle, ne ment pas ». Le 25 juillet, Berl quitte Vichy pour Cannes. Fin 1941, il s'installe avec Mireille à Argentat en Corrèze dans la maison du facteur Bouyou et de sa femme qui les protègent et leur louent deux chambres ; il y écrit son *Histoire de l'Europe*.

En 1943, alors que les Malraux se sont installés à quelques kilomètres, ils se voient très peu. Les deux hommes ont de longues conversations mais sont rarement d'accord ; Malraux, le héros ténébreux, est souvent irrité par Berl, le brillant vibrionnant.

Quant aux femmes, elles sont à l'opposé. Josette est imposante, haute silhouette aux formes arrondies ; émotive, extravertie, elle se plaint, ressasse, l'horizon limité à ses frustrations dont elle rend responsable Malraux. Mireille, petite, menue, les traits fins, au charme piquant et à la forte personnalité, est à trente-six ans une vedette, sa tournée aux Etats-Unis a été triomphale. Elle a composé avec Jean Nohain le tube des années trente *Couchés dans le foin*. En 1940, comme les autres chanteurs juifs, elle est interdite d'antenne. Réfugiée à Argentat, Mireille s'engage immédiatement dans la Résistance et fera partie du Comité de libération. En cette matinée froide du 8 janvier 1943, elle tient compagnie à Josette, enceinte de six mois ; elles font les cent pas devant la mairie, place de la Cathédrale. Josette refuse d'assister au mariage. Elle endossera dans la douleur le rôle de paria qu'André lui impose. Comment ose-t-on lui demander de se réjouir d'un événement auquel elle n'a pas droit ? Dix ans qu'elle aime Malraux, bientôt deux enfants et elle devrait se contenter de ce rôle de maîtresse docile et asservie ? Mireille tente de la calmer, mi-compatissante, mi-lassée.

Dans la salle des mariages, devant ce singulier quatuor, l'adjoint au maire ne s'étonne de rien et officie, expéditif. A Tulle, le témoin du marié peut être juif, celui de la mariée un évadé et un écrivain mal vu des autorités d'occupation. La région est le refuge des proscrits du moment. Groupes et réseaux de résistance se multiplient. Les Corréziens savent se taire. Ils sont nombreux à lutter, chacun à sa manière et à son niveau. Le préfet de la Corrèze Bernard Lecornu couvre les maquis. Jules Lafue, le trésorier-payeur général, abrite chez lui plusieurs familles de juifs, leur fournit de faux papiers, les aide à gagner l'Espagne. Lui et sa fille Madeleine seront « Justes » parmi les Nations, ainsi que quarante-cinq autres Corréziens. On sait aussi de qui il faut se méfier. Les « collabos » et les délateurs de la région le paieront au prix fort à la Libération. Fusillés sommairement à bout portant sur le pas de leur porte ou pendus à la sortie des villages. En ce jour de janvier 1943, les jeunes mariés quittent la mairie, Roland tient le livret de famille aux pages vierges. Qu'écrira l'avenir ? Un voile d'appréhension enveloppe la mariée, elle pressent que leur amour est menacé : *Je suis heureuse mais j'ai le sentiment d'être sur le fil de la vie. Les Allemands sont partout, ils peuvent nous arrêter à chaque instant. Je ressens aussi une sorte d'autorité sur moi-même.* Madeleine a une force dans l'adversité, la maîtrise de soi.

Un simple déjeuner est organisé dans un restaurant de Tulle. Les Delclaux, le notaire et sa femme, qu'André a baptisée Rosine, rejoignent les Malraux et les Berl. Rosine est devenue une grande amie de Josette qui souffre de solitude à Saint-Chamant, elle la distrait avec sa collection complète des *Marie-Claire* et ses bavardages. A peine perceptibles, certains indices n'échappent pas à Roland : il en est convaincu, André a une aventure avec la femme du notaire. En temps de guerre, c'est parfois l'ennui que l'on cherche à tuer.

Les traditions sont respectées. Les jeunes mariés partiront en voyage de noces. Rentrés à Toulouse à peine sortis de table, ils prennent le train le lendemain matin, les bicyclettes sur le dos en direction de Villeneuve-lès-Avignon. Ils logent dans un mas provençal transformé en hôtel. Le parc est beau. Les clients sont rares, on murmure dans la salle à manger vide et mal chauffée. Atmosphère de France occupée. On se méfie. On s'épie. Madeleine et Roland font abstraction. Ils découvrent la région, Les Baux-de-Provence, Arles, Avignon, Uzès, le pont du Gard. La nature est sauvage, déserte. Les amants avancent lentement, silencieux, côte à côte sur les routes bordées d'arbres hauts, majestueux jusqu'au ciel d'azur ; ils rêvent de se fondre dans le paysage. D'immobiliser le temps. Ce n'est pas du bonheur mais une joie profonde. Parfois, le visage de Roland devient concentré, intérieur, grave ; il glisse qu'il a un rendez-vous, il reviendra dans deux heures, qu'elle ne s'inquiète pas. Madeleine doit comprendre. Ne pas poser de question. Ils ne parlent plus de l'après-guerre et ne font plus de projets, ils veulent vivre l'instant. Ardemment. Envers et contre tout.

La Résistance

Madeleine a très vite su que Roland n'était pas un simple attaché de préfecture. Ses rendez-vous mystérieux. Ses silences. Ses déplacements à Paris. Les indices ne manquent pas. Dans cet étrange contexte historique du non-dit, de la suspicion, des engagements et des radicalisations, la Ville rose n'est paisible qu'en apparence. L'été 1942, Maurice Sarraut, le directeur de *La Dépêche de Toulouse*, résiste aux pressions de Laval, il refuse de publier un article qui rappelle la tradition antisémite de l'Eglise catholique. Le 13 août 1942, monseigneur Saliège, archevêque de Toulouse, dénonce les déportations, les familles séparées pour une destination inconnue : « Pourquoi le droit d'asile dans nos églises n'existe plus ? Les Juifs sont des hommes, les Juives sont des femmes. (…) Ils sont nos frères comme tant d'autres. Un chrétien ne peut l'oublier » ; sa lettre est lue dans toutes les églises du diocèse, distribuée sous forme de tract, lue sur Radio Londres. Malgré l'interdiction des autorités.

Mariée, Madeleine doit obtenir une nouvelle carte d'identité. A l'antenne de police de la préfecture, on lui demande de restituer l'ancienne, celle qui porte son nom de jeune fille. Elle ne l'a pas sur elle. L'oubli est de bonne foi. En l'apprenant le soir, Roland s'écrie : « Surtout gardez-la et ne la rendez pas ! » A ces mots, Madeleine se fige, elle ressent le danger mais refuse la peur. Roland n'en dira pas davantage, pour la protéger. C'est la loi du silence.

Depuis octobre 1941, Roland sert de secrétaire et d'interprète auprès de Christian Cardin, l'intendant des Affaires économiques de la région de Toulouse. Dans une lettre du 9 octobre 1941, il raconte à André les circonstances de sa nomination : « Colette

Clément[1] a eu pendant que je me trouvais à Saint-Tropez quelques invités. Entre autres une certaine Mme Cardin, femme d'un inspecteur des Finances que j'avais entrevu, il y a des années. Or M. Cardin se trouve actuellement fort estimé par le gouvernement et aussi intendant des Affaires économiques pour la région de Toulouse. Ce haut fonctionnaire cherchait un collaborateur (…). Colette s'est immédiatement entremise. (…) J'ai fait du charme à la dame[2]. » Deux jours plus tard, Roland se transforme en rond-de-cuir, il remplace un jeune polytechnicien derrière un bureau où s'empilent les dossiers concernant l'approvisionnement et l'organisation du ravitaillement, les questions agricoles et la réglementation du commerce de la région.

Cardin, son patron, est un jeune et brillant inspecteur des Finances de trente-trois ans ; un ancien chef de cabinet du ministre des Finances, Yves Bouthillier, qui a été nommé en juin 1941 à Toulouse. Il restera à ce poste jusqu'en novembre 1944 et ne sera pas épuré, une originalité à l'époque à ce niveau de responsabilité. Selon l'inspection des Finances qui établit à la Libération la liste de ses résistants, Cardin a combattu les armes à la main dans les FFI en 1944. Il sera décoré de la Légion d'honneur à titre exceptionnel en 1950 et pantouflera en 1955 pour une filiale de Paribas.

Cardin entre dans la catégorie des résistants en demi-teintes et tardifs ; il a couvert à son poste

---

[1]. Future résistante FFI, Colette Clément a été proche de Drieu la Rochelle dans les années trente.

[2]. *Les Marronniers de Boulogne, op. cit.*, p. 131.

les maquis très actifs de la région, notamment le maquis de Vabre, leur a rendu des services, transmis des informations avant de les rallier, il a compris que pour Roland son poste à la préfecture est une couverture et une source de renseignements. Son épouse, Annette Simon, est juive, leurs deux enfants naîtront à Toulouse, elle ne sera pas inquiétée. Etonnant parcours en ombres et lumières d'un haut fonctionnaire qui sert l'Etat français promulgateur des honteux décrets antisémites d'octobre 1940 et protège sa femme, qui prête serment au maréchal Pétain et opte pour une attitude conciliante à l'égard de la Résistance locale, qui adopte en public un discours et une attitude de circonstance en inadéquation avec ce qu'il pense et ce qu'il est. Le cas Cardin est révélateur de la complexité de cette époque trouble où l'ambivalence règne, où l'on « pense double », on « agit double[1] ». L'intendant et son épouse invitent Roland et Madeleine à dîner. La conversation est facile. Ils ont le même âge. Annette est charmante, très bonne pianiste, elle prête au jeune Malraux, très souvent en déplacement à Paris, son studio de la rue Lord-Byron. Le silence complice et l'aide logistique des Cardin ont été déterminants, ils ont permis à Roland de s'engager totalement dans la guerre de l'ombre.

Dès 1940, Roland est en contact avec la Résistance, introduit par un ami, Philippe Liewer. Clin d'œil du destin, Liewert est un proche de Jacques Laparra. Avec sa fiancée Marie-Louise Villiers, il s'est rendu

---

[1]. La formule est de Pierre Laborie, *Les Français des années troubles*, Seuil, 2003, p. 25 sq.

aux petites sauteries pour jeunes gens élégants organisées à Boulogne par Madame Laparra alors que Madeleine y est une jeune résidente. Avant guerre, Liewer est journaliste à l'agence Havas, il parle couramment anglais et se lance dans les combats antinazis des années trente. Sa tante chérie, Alice Cerf, auteur et scénariste qui signe sous le nom de plume Jean Alley, est une proche de Clara et d'André Malraux. Claude et Roland l'accompagneront en 1940 au commissariat pour se constituer témoins de moralité et certifier qu'elle n'est pas juive, que son mari, l'avocat et homme d'affaires Simon Cerf, a disparu depuis des années et qu'elle a perdu ses papiers pendant l'exode. Avec sa nouvelle carte d'identité, Alice restera à Paris pendant toute la guerre sans être inquiétée, cachant dans son petit studio de la rue des Saints-Pères des émetteurs et des parachutistes anglais.

Philippe Liewer, juif, se réfugie à Nice, et dès septembre 1940 réussit à se mettre en contact avec un officier anglais. Résolu à poursuivre le combat. Il devient un agent du SOE, le Special Operations Executive qui a été créé par le Premier ministre britannique, Winston Churchill, pendant l'été 1940 pour organiser des actions de sabotage et de renseignements dans les pays occupés par l'Allemagne. Le SOEF, la branche française, qui regroupera quatre-vingt-douze réseaux sur le territoire français, est dirigé à partir de l'automne 1941 par le major Buckmaster, un Britannique, ancien reporter du *Matin* et dirigeant de Ford France de 1932 à 1936.

Roland est un agent du SOEF, l'adjoint de l'Anglais Harry Peulevé. Leur mission, structurer et organiser le réseau Author qui sera rejoint par quatre mille résistants en Corrèze. Roland a la responsabilité des faux papiers, il fait les navettes avec Paris et transporte dans toute la région des valises bourrées de fausses cartes d'identité et de rationnement. Dans le secteur du Havre et de Rouen, Liewer monte le réseau Salesman du SOEF avec Claude Malraux, le plus jeune frère qui devient le spécialiste du sabotage. A la tête de quatre-vingts hommes, Claude fait sauter près de Rouen une usine qui fabrique des alliages pour l'aviation allemande, il cible des relais électriques, attaque des ponts, des hangars, des trains blindés, un dragueur de mines allemand et planifie des déraillements. Roland et Claude sont des soldats de l'armée secrète, courageux, déterminés, intrépides. Ils sont conscients des risques pour eux et pour les autres, ils prennent leurs responsabilités et commandent des hommes. Roland est fidèle à ses combats politiques et intellectuels des années trente, il lutte contre le fascisme et le nazisme. Claude, plus jeune, n'est pas un intellectuel et n'a pas eu l'occasion de voyager, il est porté par une haine farouche de l'occupant allemand. Tous les deux se battent pour une France libre et digne.

L'été 1943

Colette de Jouvenel

L'été 1943, Roland présente Madeleine à sa très chère amie Colette de Jouvenel, qui s'est installée en 1940 dans son château de Curemonte en Corrèze, une forteresse flanquée de hautes tours carrées enserrées de lierre et chèvrefeuille. Le jeune couple arrive à bicyclette. Une surprise attend Madeleine, Roland ne l'a pas prévenue. *Dans l'escalier qui mène au premier étage, je tombe sur trois jeunes femmes cigarette à la lèvre, un verre à la main, assises sur les marches, l'air drogué, à moitié dévêtues ! C'était la première fois que je voyais cela ! Roland m'a dit en riant « Nous sommes tombés dans un lupanar ! ».* Colette, drôle, pittoresque, fantaisiste, trône au milieu de ses dames d'honneur. Mais il ne faut pas se fier aux apparences. Parmi les jeunes beautés, quelques juives qui taisent leur angoisse sont venues se mettre à l'abri chez leur tendre amie. Et la vie à Curemonte est rude et rustique. Très tôt le matin, la châtelaine en pantalon de toile et gros pull en laine, une cigarette roulée aux lèvres, bêche, plante, pique et arrose son potager qui nourrit la maisonnée et quelques villageois. Active depuis 1941 dans la Résistance locale, elle cache les jeunes réfractaires au STO qui veulent rejoindre le maquis et place les enfants de l'OSE[1] dans les familles sûres de la région. Un matin chaud et lumineux, au milieu des fleurs et à l'ombre des arbres fruitiers, le jeune couple Malraux pose devant l'objectif de Colette, assis pour rire en bouddha ou en tendre tête-à-tête sur un petit banc de pierre. Roland semble ailleurs, l'œil rêveur. Madeleine sourit, ingénue dans sa petite robe-tablier à bretelles dont la mode a été

---

1. L'Œuvre de secours aux enfants est une association juive créée en 1912 et qui a sauvé plus de cinq mille enfants pendant la Seconde Guerre mondiale.

lancée par Michèle Morgan. Clichés de l'instant suspendu. Mélancolie du temps perdu.

La visite à Saint-Chamant d'août 1943

Roland et Madeleine passent cinq jours à Saint-Chamant. Ils logent à l'auberge du village. Malraux n'est locataire que d'une partie du château et Josette, qui vient de mettre au monde son second fils, ne tient pas à se fatiguer. Dès leur arrivée, Madeleine est frappée : *André et Josette sont distants avec nous. Ils nous considèrent comme le petit ménage gentil, mignon qu'ils bénissent avec grandeur du haut de leur piédestal.*

Le couple traverse une nouvelle crise. Josette n'a pas eu la fille rêvée qu'elle adulait déjà. Après un long et douloureux accouchement, c'est un petit Vincent qui voit le jour ; sa mère est si déçue et le trouve si laid qu'elle écrit : « C'est trop absurde. Naître pour être le raté de la famille », et quelques lignes plus loin : « C'était presque comme si j'avais un enfant mort[1]. » André ne le regarde pas, il ne l'a pas voulu ; toujours marié à Clara, il ne peut le reconnaître. Vincent portera le nom de famille de sa mère Clotis, avec la mention « né de père inconnu ». Josette demande à Drieu la Rochelle qu'elle admire tant d'être le parrain de son fils dans une lettre bien ingrate pour Roland : « Et André et moi qui sommes sans frères voudrions bien donner aux enfants des sortes d'oncles parfaits[2] », qu'elle signe Josette Malraux.

---

1. *Le Cœur battant*, op. cit., p. 292.
2. Lettre du 24 septembre 1943, citée dans *Les Marronniers de Boulogne*, op. cit., p. 335.

Les frères Malraux s'isolent pour discuter ; ils font de longues promenades dans la forêt. Roland lui apporte les nouvelles du front de l'ombre, il veut l'introduire, lui présenter des contacts. Il est temps. Il faut se décider. Assailli par les tics, André allume cigarette sur cigarette qu'il écrase fébrilement sous sa semelle. Toujours en proie au doute. Les différents mouvements de Résistance seront-ils capables d'adopter une stratégie commune ? Que faut-il penser de ce de Gaulle ? Les moyens en argent et en matériel seront-ils à la hauteur ? Dans quels réseaux s'engager ? Ne faut-il pas craindre les représailles des Allemands sur le sol français ? Il se garde bien d'exprimer clairement les sentiments qui le taraudent. L'insistance du jeune frère ouvrant la voie l'agace. Lui, le grand homme, n'est-il pas en train de se faire donner la leçon ? Son engagement serait-il trop tardif ? Qu'aurait-il à y gagner ? Pourrait-il se voir confier un rôle à la mesure de sa stature et de ses capacités ?

Les femmes surveillent les enfants et apprennent à se connaître. Elles se voussoient. C'est l'usage à l'époque. Josette papote cuisine, mode, layettes. Puis, elle s'épanche et se plaint d'André. Madeleine trouve les mots. *Il fallait toujours la remonter, lui dire : « Cela s'arrangera. Il fait la tête parce qu'il n'a pas pu travailler comme il voulait, cela va lui passer. Tout à l'heure, il sera tendre et vous oublierez tout. »* Confrontation délicate de deux tempéraments opposés. Si l'une est excessive et débordante, l'autre est maîtrisée et nuancée.

Après les adieux, sur le chemin du retour, Roland, qui est parfois ironique à propos d'André, confie à

Madeleine : « Il a du génie mais il est bien décevant ! » Allusion à ses hésitations à l'égard de la Résistance, à ses silences ingrats. Il n'en dira pas plus. Discret et pudique, il ne s'épanche pas sur la vie de son frère, et se refuse à porter un jugement.

Bilan mitigé de ces cinq jours. Le jeune couple, qui a le goût du bonheur et de la liberté, est pressé de se retrouver.

Paris sous l'Occupation

La mission de Roland l'appelle à Paris à partir de février 1943. Il s'installe rue Lord-Byron. Madeleine découvre la capitale sous la botte nazie. Aux murs, des affiches « Donnez votre travail pour sauver l'Europe du bolchevisme » vantent le Service du travail obligatoire, le STO qui envoie les jeunes gens travailler dans les usines en Allemagne ; d'autres placards appellent à l'enrôlement dans la Milice, ces chemises brunes chargées du maintien de l'ordre dont le grand rassemblement de décembre 43, marée humaine bras levé au Vélodrome d'Hiver, sous la direction fanatique de Joseph Darnand, est un succès. Glaçant. Il faut s'habituer aux défilés des vert-de-gris remontant au pas tous les jours à dix heures et demie l'avenue de Wagram pour descendre les Champs-Elysées ; à l'étonnant spectacle de la horde bigarrée de vélos-taxis et de voitures à cheval qui à chaque coin de rue attendent le client ; aux orchestres de plein air d'Allemands en uniforme jouant de la musique militaire ; à l'élégant jardin du

Luxembourg transformé en potager où poussent choux, salades et carottes.

1943, année des contrastes. Les arrestations de juifs s'intensifient et les convois s'ébranlent, implacables, vers la mort. Les bombardements alliés sur la capitale et sa banlieue font leurs premières victimes. Et malgré tout, la vie insolente reprend ses droits. Il fait très chaud au printemps, les terrasses du Colysée et du Fouquet's sont assiégées par les Parisiens assis à côté des officiers de la Wehrmacht ; on se précipite à la piscine Molitor, aux bains Deligny ou sur les berges du pont du Carrousel transformées en plage. Les élégantes portent des chaussures à semelles compensées, des lunettes de soleil rondes, les cheveux mi-longs coiffés de peignes et d'une huppe crêpée sur la tête, elles se peignent les jambes pour imiter la couture des bas de soie qu'elles ne peuvent plus s'acheter ; les zazous, jeunes contestataires excentriques, s'habillent à la mode américaine, se promènent avec leur parapluie quel que soit le temps, amateurs de jazz et de claquettes.

1943, année des tournants historiques. Le 2 février, Paulus, le général en chef allemand, capitule à Stalingrad devant l'Armée rouge ; le 25 juillet, les Alliés débarquent en Sicile et Mussolini est destitué. En France, deux cent soixante mille jeunes réfractaires du STO gagnent les maquis, la Résistance intérieure s'organise et les principaux mouvements de la zone Sud s'unissent dans les Mouvements unis de la Résistance. Le 27 mai, Jean Moulin réussit à créer le CNR, le Conseil national de la Résistance, avec les dirigeants des principaux mouvements, des délégués syndicaux et des représentants politiques qui reconnaissent de Gaulle comme chef politique de la Résistance. A Alger, de Gaulle s'impose comme le triomphateur face au général Giraud ; Roosevelt et Churchill, qui ne l'apprécient pas, sont placés devant le fait accompli, la France c'est lui. Sous son autorité, en novembre, un gouvernement français est constitué, le CFLN, Comité français de la libération nationale.

1943, année de guerre civile. La Résistance intérieure intensifie son action, sabotages, éliminations de miliciens et de dignitaires allemands ; les représailles sont terribles, l'occupant exécute des otages civils, la Gestapo, secondée par la police française, traque les résistants tandis que la Milice sème la terreur.

Pour Madeleine la vie s'organise. A Toulouse du lundi après-midi au jeudi soir, pour ses cours au Conservatoire, à Paris du vendredi matin jusqu'au dimanche soir avec Roland. Les trajets se font de nuit, longs, fatigants, les contrôles de papiers intempestifs, l'occupant est de plus en plus nerveux. La jeune femme voyage sous le nom de Malraux. Roland l'attend sur le quai de la gare. Sans précautions particulières. Bonheur des retrouvailles. Ils aiment ce grand studio de la rue Lord-Byron, au huitième et dernier étage, au confort moderne, lumineux, avec ses portes-fenêtres qui ouvrent sur deux grandes terrasses donnant sur l'Arc de Triomphe. Souvenirs heureux des réveils et des petits déjeuners au soleil. Du sillage de son eau de Guerlain le matin. De sa manière libre de s'habiller. De sa voix énergique et chaude. Du tutoiement réservé à l'intimité amoureuse. D'une Player's Navy Cut fumée en contemplant Paris la nuit tous feux éteints. De sa joie à l'annonce d'un enfant pour l'été 1944 ; il s'imagine déjà en patriarche.

Dans le salon, un demi-queue, très bon, un Steinway. Madeleine travaille Satie. Roland aime par-dessus tout la *Fantaisie en ut mineur* de Mozart, elle la lui joue en boucle.

Célina entreprend le voyage de Toulouse ; elle veut se rendre compte du bonheur de sa fille par elle-même. La cinquantaine élégante, elle pose sur la terrasse, le soleil plein les yeux, à côté de Madeleine suspendue à la balustrade. Rires avec Roland. La belle-mère apprécie son gendre. Heures volées.

L'époque est grave. Chacun le sait. Madeleine est en parfait accord avec l'engagement de Roland. Ils hébergent à de nombreuses reprises de jeunes parachutistes anglais qui dorment par terre dans le couloir ; elle s'éclipse, se promène dans Paris lors des réunions clandestines. Roland ne donne jamais de précisions. Elle devine. Lucide et consciente des risques.

Lilette, Claude, Colette

Roland est heureux de présenter sa « fille-pianiste » à sa mère qui habite dans un petit appartement coquet et fleuri du 17e arrondissement, rue des Dardanelles. Madeleine, qui l'appelle Lilette, est touchée par cette femme un peu démodée et maniérée, très seule et attachée à ses fils. Un peu agaçante aussi avec ses attendrissements et ses « Kysou » à chaque fois qu'elle s'adresse à son aîné, une manie des surnoms que l'on n'aime pas chez les Lioux. Et gentiment évaporée, primesautière, décalée. Les membres de la famille Malraux sont décidément tous marqués du sceau de la singularité.

Autre original, Claude le bourlingueur, le petit frère, dit « le Nho » en famille, qui passe quelques jours rue Lord-Byron. Doté d'un charme insolent d'aventurier, d'un physique d'acteur, Claude est un extraverti, il parle librement de ses missions secrètes, de ses aventures sentimentales, de ses ennuis d'argent. Roland est toujours inquiet : ses fiançailles annoncées avec Catherine Lescudier-Castelli sont-elles sérieuses ? Quelles sont ses dernières tocades, et pourquoi se faire escorter d'un énorme chien-loup ? Ne prend-il pas trop de risques dans la Résistance ? N'est-il pas excessif ? A-t-il mesuré les conséquences de ses actes ? Avant la guerre, Claude passait ses journées au Café de Flore, collectionnait les conquêtes féminines, quelques jeunes filles de bonne famille lui ont gaiement cédé leur vertu. Roland est affectueux et protecteur avec son cadet. André, lui, ne s'est jamais vraiment intéressé à ce demi-frère, trop jeune, léger, téméraire et qui mourra sans avoir eu le temps de le démentir.

Madeleine et Roland rendent également visite à Colette dans son appartement cosy de la rue de Beaujolais au premier étage et qui donne sur les jardins du Palais-Royal. A soixante-dix ans, elle y vit avec son troisième et jeune mari de cinquante-quatre ans, Maurice Goudeket. Victime des lois antisémites, il se fait discret depuis sa libération du camp de Compiègne obtenue *in extremis* et s'autorise quelques infidélités pour se distraire de cette existence morne et recluse. Colette est lourde, bouffie, elle n'a plus rien de commun avec son héroïne Claudine. Une arthrose de la hanche l'empêche de marcher, l'oblige à vivre et écrire dans son « lit-radeau » offert par la princesse de Polignac. Pour recevoir le jeune couple, elle s'est installée dans son salon, près de ses collections de papillons et de boules de verre. La conversation se veut légère, on donne des nouvelles des uns et des autres que les circonstances ont dispersés, de Colette-Bel Gazou à Curemonte, de musique ; la maîtresse de maison évoque ses souvenirs de Stravinsky, Satie, Poulenc, Ravel, les admirateurs de son amie, la chère Misia. C'était le temps des belles années. A Madeleine qu'elle scrute, Colette décrète : « Je vais vous appeler "aveline", vos yeux ont la couleur de ces noisettes sauvages. »

L'arrestation

20 mars 1944, vers dix-sept heures. Un coup de téléphone anonyme et bref rue Lord-Byron les avertit. Claude a été arrêté à Rouen le 8 mars sur la place de la Cathédrale, il est tombé dans un piège. Un rendez-vous lui avait été fixé par un gestapiste qui s'est présenté comme un réfractaire voulant rejoindre la Résistance. La Gestapo, embusquée,

l'attendait. Son radio et une quarantaine de camarades sont capturés simultanément. Un chef de section a parlé, le réseau est démantelé.

Il faut quitter Paris au plus vite. Madeleine et Roland remplissent une grande malle d'affaires personnelles et de documents compromettants. Ils prennent un vélo-taxi avec une petite remorque, direction gare de Lyon pour le train de nuit. A Brive, sur le quai glacial et gris du petit matin, ils s'embrassent. « Faites attention à vous. Soyez prudente. Gardez sur vous votre carte d'identité de jeune fille et cachez l'autre. Dès que je peux, je vous fais signe. Mais je vais devoir me faire discret un certain temps. Ne vous inquiétez pas, tout ira bien. » Ils ne se reverront jamais.

Madeleine continue vers Toulouse. Les Lioux recueillent leur fille enceinte de six mois avec sa grosse malle.

De la gare, Roland file, il a rendez-vous dans la petite maison d'Armand Lamorie, 171 route de Tulle, avec le major britannique Harry Peulevé, Charles Delsanti, ancien commissaire de police à Ussel, et le radio Louis Bertheau. Ils sont en train de communiquer avec Londres lorsque Walter Schmald, le patron de la police allemande à Brive, et quatre soldats en mitraillette font assaut. Pris sur le fait avec leur émetteur, aucune dénégation n'est possible. Ils ont été victimes d'une dénonciation et d'une erreur. Un voisin qui appartient à la Milice épiait les allers-retours suspects, persuadé que la maison servait de refuge à des trafiquants du marché noir. La prise est beaucoup plus importante que prévue pour les Allemands et la Gestapo les réclame immédiatement. Après une nuit à Tulle, ils seront emprisonnés à Limoges pour les premiers interrogatoires. Aucun d'eux ne cédera sous la torture et le réseau Author continuera la lutte.

Madeleine l'apprendra quelques semaines plus tard. André vient lui annoncer : « Roland est en mauvaise posture, il a été arrêté. Claude a été déporté, il aurait été exécuté. » Il lui dit sa décision : il entre à son tour dans la clandestinité et rejoint le maquis corrézien. Pour la jeune femme, la vie bascule. Commencent les années d'attente et d'angoisse. Les années avec une ombre.

CHAPITRE 5

L'attente

> *« Il n'y aurait pas de signes avant-coureurs. Il téléphonerait. Il arriverait. Ce sont des choses qui sont possibles. Il en revient tout de même. Il n'est pas un cas particulier. Il n'y a pas de raisons particulières pour qu'il ne revienne pas. Il n'y a pas de raison pour qu'il revienne. Il est possible qu'il revienne. […] J'ai fini par vivre jusqu'à la fin de la guerre. Il faut que je fasse attention : ce ne serait pas extraordinaire s'il revenait. Ce serait normal. Il faut prendre bien garde de ne pas en faire un événement qui relève de l'extraordinaire. L'extraordinaire est inattendu. Il faut que je sois raisonnable : j'attends Robert L. qui doit revenir. »*
>
> Marguerite Duras, *La Douleur*

Pour Madeleine, vieille dame quasi centenaire, la douleur de l'attente est intacte, enfouie, sacrée, indicible.

*

Tenir

Madeleine ne sait rien. Aucune nouvelle de Roland. Il faut vivre, s'accrocher aux gestes du quotidien, à la routine qui anesthésie, étouffer l'angoisse et la révolte. Renouer avec sa vie d'avant, sa chambre de jeune fille, ses parents, les cours de piano... Et surtout ne pas rêver, ne pas penser, ne pas l'imaginer, ne pas écouter les rumeurs, se persuader qu'il reviendra, lutter pour son enfant, bien vivant, chaque jour plus lourd. Au piano, Madeleine s'acharne des heures ; elle veut la concentration qui force l'esprit et la fatigue physique qui apaise. La beauté spirituelle de Bach, la mélancolie cristalline de Satie l'aident à contenir le vertige de l'angoisse.

Nuit et Brouillard

Après trois mois et demi d'interrogatoires et de tortures par la Gestapo à Limoges, puis à Fresnes à partir du 28 mars 1944, Roland est transféré le 11 juillet 1944 à Compiègne, camp de transit tenu par les SS, destiné aux résistants et aux opposants politiques. Sa fiche d'arrestation datée du 22 mars 1944 indique comme motif : « émetteur clandestin – cas grave ». Considéré comme un résistant dangereux par les nazis, le jeune Malraux est classé NN[1] ; le sigle redouté de ceux qui doivent disparaître sans laisser de traces, condamnés au travail forcé jusqu'à

---

1. *Nacht und Nebel*, Nuit et Brouillard.

la mort, dont les familles n'obtiendront jamais la moindre information.

L'arrivée à Compiègne est presque un soulagement. Les détenus peuvent enfin prendre une douche, se soigner à l'infirmerie, bénéficier de rations améliorées par la Croix-Rouge, arpenter la cour centrale et même choisir un livre à la bibliothèque. Avec la peur du lendemain, ils vont être déportés mais ils ne savent pas où, ni quand. Pour Roland et ses camarades arrêtés avec lui à Brive, Charles Delsanti et Louis Bertheau ainsi que mille six cent cinquante détenus, la parenthèse s'achève brutalement dans la soirée du 28 juillet 1944 ; ils sont jetés hors de leurs baraquements pour l'appel et une marche en colonne jusqu'à la gare.

Tout le long du trajet les volets des boutiques et des maisons sont fermés sur ordre des Allemands. Entassés dans des wagons à bestiaux sous la menace des mitraillettes et des molosses, les déportés n'ont toujours aucune idée de leur destination. C'est le dernier convoi qui partira de Compiègne. Un mois et demi après le débarquement en Normandie et quelques semaines avant la libération de Paris. Les bombardements alliés ralentissent les opérations et désorganisent la machine nazie ; les trains et les rails sont visés, le convoi de Roland doit s'arrêter et stationne des heures en plein soleil. Les Allemands hurlent, nerveux. A Soissons, deux jeunes sont fusillés sur la voie ferrée pour tentative d'évasion. Au bout du voyage infernal, trois jours et trois nuits sans nourriture, ni eau, les portes se déverrouillent le matin du 31 juillet dans un fracas lugubre. Les SS crient des ordres à coups de cravache, les chiens se démènent, furieux. Quatre cadavres sont tirés des wagons. Débarqués en rase campagne, à Bergedorf, hagards, épuisés, comptés et recomptés, mis en rang cinq par cinq, les arrivants gagnent au pas cadencé la place de l'appel du camp de Neuengamme où ils attendront debout des heures.

Le rituel d'accueil peut commencer. Les survivants de l'enfer n'oublieront jamais. Ils témoigneront. Diront les premières heures d'humiliation, de déshumanisation, de chosification. Le mécanisme est parfaitement huilé, bureaucratique. Nus, en file indienne, ils attendent de passer les différentes étapes. La remise du matricule à porter autour du cou, la fouille au corps méthodique, le rasage intégral écartelés sur des tables en bois aux yeux de tous, l'attribution de fripes de récupération des précédents convois et des claquettes à semelle de bois, avant le grand rassemblement sur la place de l'appel, en fanfare militaire avec un SS hurlant. Roland porte le matricule 39498 et le triangle rouge avec un F, « Politique français ».

Neuengamme, oublié de l'Histoire alors qu'il a broyé cent six mille hommes et femmes de toutes nationalités. Onze mille cinq cents Français y ont été déportés, la plupart en 1944, sept mille ne revinrent pas. C'est un camp de concentration et de travail destiné majoritairement aux déportés politiques et résistants, situé vingt-cinq kilomètres au sud-est d'Hambourg. Hitler, dans sa folie titanesque, veut, en 1938, faire de la ville, la deuxième du pays, la « porte ouverte sur le monde » de la future Europe allemande. Le Fürher décide avec son architecte Albert Speer des travaux pharaoniques : mise en valeur des rives de l'Elbe, agrandissement et modernisation du port, construction d'édifices monumentaux et d'un pont gigantesque. Pour bâtir la cité du futur, des détenus sous l'autorité des SS travailleront à Neuengamme dans une briqueterie de cinquante hectares. Le camp de concentration est créé.

En 1944, Neuengamme est devenu une cité de l'esclavage, striée de rails, routes et canaux, balisée de chantiers, mines et usines, s'étendant sur des dizaines de kilomètres autour de son camp central avec ses quatre-vingts kommandos extérieurs, ceinturée de barbelés électrifiés, de miradors et de fossés remplis d'eau. Avec l'effort de guerre totale, des usines d'armement, de pièces détachées, de menuiserie, de tressage de textiles s'y installent pour profiter de la main-d'œuvre exploitable et renouvelable à volonté.

Les anciens soldats de l'ombre, les combattants de la liberté sont devenus des bagnards en pyjama rayé bleu et gris qu'ils ne peuvent pas laver ni changer, levés à quatre heures du matin pour des journées de travail qui commencent à six heures. Un brouet de feuilles de betteraves ou de rutabagas qui rend malade en guise de nourriture. Ces esclaves subissent la contradiction terrible des nazis pris entre la volonté d'élimination par le travail et l'objectif de production maximale de guerre. Certains doivent, quel que soit le temps, marcher des kilomètres jusqu'à leur poste sous les hurlements et les coups de fouet, affectés aux travaux en plein air de déblaiement, de reconstruction, de déminage et à l'extension du camp ; les derniers arrivés sont voués aux tâches les plus dures, extraction de la glaise, chargement de wagonnets avec du sable, travaux de terrassement pour des constructions, transport à la main d'énormes pavés de pierre, port de sacs de ciment de cinquante kilos sur le dos ; les autres, les plus chanceux, rejoignent les ateliers d'entreprise.

Roland est affecté dans les kommandos internes au camp central. Il retrouve quelques Français. Avec Louis Maury et Jacques Bussière, il travaille à la *Klinkerwerk*, la briqueterie, puis à l'atelier de réparation et d'astiquage de calorifères endommagés par les bombardements alliés. Tous comprennent très vite les deux règles de survie, travailler le moins possible en ayant l'air le plus occupé et comprendre immédiatement les ordres. Ceux qui comme Roland parlent allemand traduisent pour leurs camarades. De retour à dix-huit heures trente, harassés, en rang par cinq au pas cadencé sur la musique martiale, ils sont obligés de chanter. A leur retour, les exécutions sommaires et les pendaisons publiques au son de la fanfare leur rappellent chaque jour la menace de mort. Le typhus fait des ravages, les corps sont achevés et jetés dans d'immenses fosses. A Neuengamme, des enfants juifs ont servi de cobayes pour des expériences médicales, des malades ont été gazés en cellule, deux fours crématoires fonctionnent en permanence pour se débarrasser des cadavres. A travers les barbelés, les gamins des villages alentour crachent sur les forçats, les familles en promenade dominicale sont au spectacle.

Paradoxe cruel pour les déportés de l'été 1944 qui s'accrochent à l'espoir d'une libération prochaine : leur camp, un centre névralgique de la puissance industrielle allemande, est pilonné par les bombardements alliés. Les nuits d'attaque aérienne sont leur cauchemar. Pauvres esclaves exténués, enfin endormis sur leur paillasse, réveillés aux hurlements des sirènes, évacués dans le noir, entassés dans des abris aménagés en sous-sol et sans air. Promiscuité étouffante et agressivité entre certains détenus, angoisse de se faire voler dans la cohue la cuillère ou la cordelette qui permet de survivre, nervosité des SS qui se déchaînent à coups de cravache. Et dès les premières lueurs de l'aube, ils savent qu'ils devront déblayer et réparer les destructions.

Résister à l'enfer

En 1944, les nouvelles circulent dans le camp grâce à un radio clandestin et à la récupération des journaux allemands dans les poubelles. Les Français des convois de l'année 1944 apprennent vite les débarquements, la libération de Paris et de Strasbourg. L'espoir fait vivre. Il faut tenir et sortir vivant. Roland et ses compagnons osent rêver de la fin de la guerre et pourquoi pas d'une libération à Noël. La déception est cruelle en ce 25 décembre 1944 qu'aucun des survivants n'oubliera : les SS ont dressé sur la place de l'appel un gigantesque et lugubre sapin, immense gibet de potence, sans bougies ni guirlandes ; les seize mille crânes rasés devront rester plantés devant sans bouger par moins quinze degrés, cinq heures d'affilée. Quatre-vingts mourront sur place. Sadisme des bourreaux nazis.

Quelques jours plus tard, la rumeur de la contre-offensive allemande dans les Ardennes du 16 décembre 1944 au 8 janvier 1945 sera un terrible coup pour le moral. C'est l'amitié et l'entraide qui permettent de résister à l'enfer. Louis Martin-Chauffier, déporté par le convoi du 15 juillet 1944, se souvient d'une dizaine d'amis dont Roland et d'une centaine de bons camarades. Six seulement sont revenus. Né en 1894, ce médecin, chartiste de formation, romancier et journaliste, est un ami des Malraux depuis les années trente, un proche de Clara à Toulouse, un visiteur d'André à La Souco. Entré dans la Résistance en 1940, il devient rédacteur en chef d'un des plus importants journaux clandestins, *Libération*, de 1942 jusqu'à son arrestation par la Gestapo en avril 1944. A son retour, il se battra contre l'oubli et témoignera « pour rappeler les morts aux vivants[1] ». Il dira combien Roland a fait preuve de courage, de lucidité et de bonté. Roger Cornu, déporté par le convoi du 15 juillet 1944, est un autre camarade de Roland. Ce notable rouennais a épousé une juive polonaise et s'est engagé dès 1940 dans la Résistance. Médecin des maquis du Calvados, chargé de la distribution de faux papiers pour les réfractaires du STO, il est arrêté le 25 mars 1944 à la suite d'une dénonciation. A Neuengamme, il est affecté au kommando d'argile puis désigné comme

---

1. Selon la formule d'Angelo Rinaldi.

médecin participant à l'évacuation à destination de Sandbostel. Lui aussi témoignera en souvenir de ses frères disparus. Roland a été exemplaire dans ce monde d'inhumanité, toujours généreux, partageant sa ration de pain avec les plus faibles, courageux, prêt à intervenir et s'exposer parce qu'il parle allemand, traducteur et protecteur des malades français à l'infirmerie. Digne et énergique, il soutient le moral de ses camarades de baraquement et dès qu'il le peut donne des leçons d'anglais et de solfège. Pour rester des hommes.

Louis Maury, le plus proche compagnon d'infortune de Roland, écrira ses Mémoires de déportation[1]. Professeur d'histoire-géographie au lycée technique d'Evreux, il refuse la défaite et devient très vite le chef départemental du réseau « Turma Vengeance » pour venir en aide aux prisonniers évadés et aux parachutistes que sa femme conduit à Paris. Il organise le transport d'armes, les parachutages, les renseignements pour les Alliés et participe à la création des FFI ; il sera dénoncé et arrêté le 19 mai 1944, puis déporté par le convoi du 15 juillet de Compiègne. Louis Maury décrit Malraux « profondément pénétré du drame » de son époque, « sarcastique et froid » avec les SS, modeste, animé d'une force intérieure, volontaire et toujours maître de ses émotions. Avec Jacques Félix Bussière, cinquante ans, l'ancien préfet régional de Marseille, déporté lui aussi par le convoi du 15 juillet, Louis Maury et Roland deviennent

---

1. Louis Maury, *Quand la haine élève ses temples*, SNEP, Louviers, 1950.

inséparables et réussissent à rester ensemble. Ils sont affectés dans les mêmes chantiers où ils font semblant de travailler et incitent les autres à suivre leur exemple.

Roland s'éclipse l'après-midi de l'atelier. Il anime la Résistance intérieure du camp en collectant les informations de l'extérieur et en les diffusant. Il faut se préparer à la libération prochaine, garder le moral et se tenir prêt. Avec sa carte de l'Allemagne camouflée sous sa veste de bagnard et dessinée sur un bout de sac de ciment, Roland a rendez-vous dans les latrines où s'échangent les nouvelles du front militaire ; il est en contact avec les représentants des différentes nationalités, notamment avec des Russes du camp et avec le radio clandestin, et sa carte qui établit l'état d'avancement des Alliés est sans cesse améliorée. Malraux prépare presque chaque jour des bulletins qui circulent oralement de block en block. Tous attendent le « communiqué ». S'il est pris, le journaliste du camp est fusillé ou pendu sur-le-champ. Roland le sait mais poursuit la lutte. Pour se libérer de la peur. En homme libre et digne.

A Neuengamme, les germanistes sont autorisés à écrire en allemand quelques mots aux familles allemandes qu'ils connaissent. La censure et le calibrage du texte sont stricts. Roland écrira quatre cartes à la famille qui l'avait hébergé à Marbourg. Poignants et banals messages de vie qui n'arriveront que beaucoup plus tard à Madeleine, en 1974, et qui sont depuis précieusement conservés dans un petit tiroir secret de son secrétaire.

Sous surveillance

A Toulouse, un jour de mai, deux hommes, béret et imperméable ceinturé, sonnent à la porte. « Ouvrez, Milice française ! » Désagréable surprise pour Madeleine. Il faut se maîtriser, ne rien laisser paraître. Le moindre geste ou rictus peut rendre suspect. Sa carte d'identité au nom de Malraux est cachée dans un placard sous le linoléum d'une étagère, ses chaussures rangées dessus. Que cherchent-ils ? Ils déambulent, parcourent les pièces de l'appartement, et parfois s'arrêtent devant une commode ou un meuble, ouvrent un tiroir. Dans la chambre de Madeleine, ils tripotent les objets posés sur le bureau, manifestement intéressés par une petite dague en argent au manche en ébène qu'ils essaient de sortir de son fourreau ; Madeleine, agacée, le leur prend des mains, l'ouvre d'un coup, les faisant sursauter. Le geste instinctif est d'une insolence intrépide ! Les deux hommes, malgré leur surprise, un sourire supérieur aux lèvres, poursuivent leurs investigations dans la salle à manger, la cuisine, avant d'emprunter l'escalier de service pour jeter un coup d'œil aux chambres de bonne. Enfin, ils partent, affectant une politesse froide. Madeleine est soulagée, ils ont oublié le cellier où se trouve la malle noire de Roland. Elle peut s'inquiéter : ces miliciens sont-ils en repérage pour des trafics d'objets ou en quête de proies pour un chantage lucratif ? On le redoute en 1944. Ou était-ce une visite d'intimidation afin de lui signifier qu'elle était surveillée ? Les Lioux doivent-ils se méfier encore davantage de leurs voisins, auraient-ils été victimes d'une dénonciation ?

André, protecteur de sa belle-sœur

André a promis à Roland de veiller sur sa femme en cas de malheur. Le 5 juin 1944, avec Josette et le petit Gauthier, il a quitté le maquis pour quelques heures et débarque en parka et béret noir rue d'Alsace-Lorraine. A l'improviste. Le ton est grave et autoritaire : « Vous devez partir immédiatement, Madeleine, vous êtes en danger à Toulouse. » Les parents Lioux ne sont pas d'accord. Hippolyte est furieux, c'est un enlèvement ; leur fille est sur le point d'accoucher, une chambre l'attend dans la meilleure clinique de la ville.

En quelques minutes la valise est prête, une layette toute simple y est glissée. Il faut ensuite marcher jusqu'à la gare. Dans le train, la chaleur est étouffante et Gauthier intenable. Madeleine, épuisée, s'endort. Josette fait une scène à André, lui reprochant de regarder sa belle-sœur dormir. Contrariée et jalouse, elle le racontera plus tard à l'intéressée. Un tacot à gazogène conduit par un résistant à béret, un paysan du coin, vient les chercher à la gare de Souillac et les conduit par une petite route escarpée à Domme, un village fortifié perché sur une falaise, dominant les collines boisées et les lacets bordés de peupliers de la Dordogne. « Il n'y a aucun Allemand dans le coin. Le médecin du maquis s'occupera de vous. Ne vous inquiétez de rien, il sera prévenu à temps », leur assure André qui les quitte à la nuit tombée.

Les voilà dans la petite auberge du village, une seule chambre avec un lit pour trois. Gauthier dort du côté de sa mère pour protéger Madeleine des coups de pied. Josette prend beaucoup de place et se lamente : « Nous sommes des prisonnières ici, André nous a mises dans le pétrin, qu'allons-nous devenir ? » Madeleine regrette d'avoir cédé aux injonctions de son beau-frère mais ne dit rien. *Je m'en voulais. Je mettais en danger l'enfant de Roland. J'aurais dû rester à Toulouse, décider moi-même de ma vie.*

Le lendemain matin, le 6 juin, l'incroyable nouvelle du débarquement est placardée sur les murs aux pierres dorées du village. Joie et fol espoir de retrouver Roland. Le petit hospice où sont hébergés des vieillards en face de la mairie, sur la place de la Halle, est tenu par quelques bonnes sœurs ; il dispose d'une salle d'opération correctement équipée. Le docteur Lavergne rend visite à la future mère, l'ausculte et la tranquillise. Madeleine s'installe dans une chambre au rez-de-chaussée avec Josette qui se lamente sans cesse et le petit Gauthier qui ne tient pas en place, crie pour un rien. La chaleur est écrasante. Madeleine est épuisée. *Roland me manquait tellement, j'étais si inquiète pour lui, pour notre enfant. J'étais si mal.* Pour tenir, elle se réfugie mentalement dans la musique, Bach défile dans sa tête.

La naissance d'Alain

Dimanche 11 juin, Alain naît. Le prénom avait été choisi par Roland en hommage au philosophe.

Le jeune Malraux admire le pacifiste engagé, le cofondateur en 1934 du Comité de vigilance des intellectuels antifascistes et l'auteur des *Propos sur le bonheur*, son livre de chevet. Pour Madeleine une ombre ternit le souvenir de ce jour, Josette a voulu assister à l'accouchement. *J'étais furieuse. C'était impudique. Elle ne se prenait ni pour la sœur ou la mère de substitution, ce qui l'animait c'était la curiosité.* Près de soixante ans plus tard, le ressentiment est intact.

Dans ce huis clos étouffant, où se mêlent les appréhensions d'une naissance et l'impatience inquiète du dénouement de la guerre, les tensions entre les deux femmes s'exacerbent. Si Josette est extravertie, envahissante, indiscrète, Madeleine est nuancée, maîtrisée, tout en intériorité. Pauvre Josette, sans doute bien démunie à Domme, dépassée, se sentant responsable malgré elle, subissant la volonté d'André. Et que cela a dû lui être difficile de se rendre à la mairie pour la déclaration de naissance, elle qui a tant souffert de mettre au monde deux fils adultérins ! Sur son état civil, Alain est doté de quatre autres prénoms choisis par Madeleine : André, Roland, Claude et Montgomery en l'honneur du général libérateur. La carte d'identité au nom de Malraux et le livret de famille sont vite cachés sous le matelas de la table d'opération. Les parents Lioux ne sont pas prévenus. Trop dangereux. Une naissance Malraux légitime cette fois-ci mais clandestine.

L'enfant à peine paru, le médecin rejoint précipitamment le maquis. Les combats font rage dans la région. La division Das Reich opère sa remontée sanglante vers la Normandie et quadrille le pays, multipliant les exactions sur son passage : pendaisons et exécutions sommaires des civils, arrestations et déportations dans les derniers trains de la mort, massacres à Tulle le 9 juin, extermination d'un village entier à Oradour-sur-Glane le 10 juin. A Domme, la peur est palpable et les jeunes femmes n'ont pas de nouvelles d'André. Josette s'impatiente, angoissée ; elle ne cesse de comparer son destin à celui de son héroïne fétiche, Scarlett O'Hara, au chevet de Melanie dans *Autant en emporte le vent*. Madeleine est soignée par deux sœurs en cornette qui par pudeur détournent la tête lors de la toilette, et observent des règles d'hygiène et de stérilisation très approximatives ! Tout manque, les médicaments, le matériel médical et la nourriture. La chaleur est accablante. Madeleine ne réussit pas à nourrir son enfant. Le tire-lait provoque un abcès au sein. Alain est à peine alimenté, juste un peu d'eau sucrée puis du lait de vache coupé d'eau. Madeleine est si inquiète et désemparée qu'elle décide de le faire ondoyer par le curé du village. Puis la fièvre redoutée des accouchées s'élève brusquement.

La visite des Allemands

Contrairement à ce que leur avait assuré André, les Allemands arrivent par une belle soirée d'été à Domme. Leur mission, semer la terreur dans les villages et exterminer les maquisards. Le 24 juin, en fin d'après-midi, la place centrale du petit village est envahie de canons, de chars, de camions. Madeleine les aperçoit de son lit. Certains jettent un coup d'œil par la fenêtre. L'angoisse fige les deux jeunes femmes. Josette est horrifiée : « André a fait de nous des otages, nous n'en sortirons pas vivantes. » Le lendemain, le commandant et sa petite troupe inspectent l'hôpital.

Toutes les chambres sont vides, il ne reste plus qu'une seule personne âgée. Les Allemands n'inspectent pas la salle d'opération et Madeleine a près d'elle ses papiers de jeune fille. Ils entrent dans sa chambre. Questions de routine sur les identités de chacun. Elle s'appelle Lioux. Josette, livide, bredouille « Clotis ». Pour une fois, elle ne regrette pas le nom Malraux. Mais Gauthier, que le commandant, un petit rondouillard, prend dans ses bras crie : « Je m'appelle Gauthier Bimbo Malot. » L'Allemand ne comprend rien et les salue. Incroyable mais il n'a été procédé à aucune fouille de l'hôpital ni vérification d'identité. Les Allemands sont pressés, ils repartent le lendemain matin. A l'aube, avant de quitter le village, ils fusilleront une quinzaine d'hommes valides, le plus jeune a seize ans. Le crépitement lugubre résonne dans la vallée. Comme un avertissement. Madeleine est bouleversée.

Malraux, le héros résistant

C'est l'arrestation de Claude et de Roland qui a décidé André à sortir de sa torpeur, de ses doutes et de ses hésitations. Lui qui avait été si sceptique sur l'engagement de ses amis, sourd aux encouragements de Roland, qui avait tant déçu en novembre 1943 Serge Ravanel, jeune colonel FFI de vingt-quatre ans envoyé par le CNR pour le convaincre d'adhérer à la Résistance, renoue enfin avec un destin à sa mesure.

Sur la résistance de Malraux, de nombreuses zones d'ombre subsistent. Biographes et historiens s'interrogent notamment sur les premiers mois. Comment le colonel Berger, du nom de son héros des *Noyers de l'Altenburg*, a-t-il réussi à s'introduire si tardivement dans les réseaux et à prendre en trois mois la main sur la brigade Alsace-Lorraine ? Comment a-t-il pu s'imposer alors qu'il est le dernier arrivé et fédérer les chefs de maquis anglais, gaullistes et communistes ?

C'est grâce à Roland qui, pour le convaincre, lui avait présenté des contacts et donné de précieuses informations qu'il a pu entrer si facilement en relation avec les réseaux anglais. Et depuis l'arrestation de ses deux frères reconnus pour leur courage et leur détermination, le nom de Malraux est un sésame dans les milieux de la Résistance. Avec habileté et intelligence, en y allant au culot, en exagérant voire en affabulant, en jouant de son charisme, il se forge la réputation d'être celui qui a des liens privilégiés avec Londres pour les parachutages ; il s'impose ainsi aux chefs de maquis qui deviennent ses obligés pour obtenir des armes et de l'argent. Vis-à-vis de Londres, il assoit sa légitimité en imaginant et en montant une structure « PC interallié » à laquelle s'agrègent quelques officiers anglais (George Hiller, Cyril Watney, Jack Poirier) qui, fin juin, réceptionne les fournitures d'armes. Il réussit à persuader les Anglais de pilonner la division Das Reich et définit une stratégie coordonnée des maquis pour la région. Début juillet, Malraux alias Berger et le commandant Jacquot qui devient son second réussissent un coup de maître, ils convainquent les Anglais du SOE de programmer un des parachutages les plus importants de l'histoire de la Résistance, qui se fera le 12 juillet à Urval. Malraux devient incontestable, les chefs de maquis les plus réservés à son égard, notamment les communistes, font acte d'obédience. Malraux-Berger a assis son autorité à l'intérieur et vis-à-vis des Anglais.

Malraux écrira la légende dorée de sa résistance tout au long de sa vie. Quitte à travestir la réalité. Les inexactitudes abondent dans les *Antimémoires,* et, plus surprenant encore, dans le dossier militaire qu'il a rédigé lui-même, contrairement aux usages de l'époque. L'écrivain-soldat trousse l'histoire ; il déclare avoir participé à la Résistance dès décembre 1940, commis des actes de sabotage, commandé des hommes dès 1942, ses brigades variant allègrement selon les versions de quatre cents à quatre mille hommes. Les faits héroïques dont il se targue sont en fait ceux de ses frères, Roland et Claude. Il s'attribue des titres aussi divers que fantaisistes, « commandant FFI interrégional », « délégué national du CNR » ou « chef de la mission interalliés » et affirme avoir exercé son autorité sur les forces de trois départements, la Dordogne, la Corrèze et le Lot, ce qui est incompatible avec l'organisation de la Résistance. La version de Malraux sera validée par le général de Gaulle dans le deuxième volume de ses *Mémoires de guerre*[1] et dans les états de service établis lors de la remise en 1948 de la très haute décoration britannique, le Distinguished Service Order (DSO). Son passé de résistant est un nœud malrucien où s'emmêlent les fantasmes du romancier égotiste, le courage du héros au combat et le poids étouffé de la culpabilité fraternelle.

Convalescence à Fayrac

Peu de temps après le départ des Allemands de Domme, André, parka et béret sur la tête, anglaises aux lèvres, rend visite aux deux jeunes femmes, accompagné d'un camarade belge, Raoul Verhagen. Malraux qui vit dans les châteaux de la région avec sa petite garde rapprochée, a installé récemment son QG au château de Fayrac chez une famille belge réfugiée après la violation de la neutralité de son pays en 1940, les Huffman, dont les hommes sont sous ses ordres. Josette ne veut pas rester une minute de plus, elle part à bicyclette avec Raoul Verhagen, neuf kilomètres jusqu'à Fayrac, et tombera plusieurs fois, arrivant les genoux en sang. Malraux rejoint ses troupes dans le maquis. Madeleine, qui n'est pas transportable, reste seule, enfin tranquille. Lavergne l'opère, la septicémie est évitée de justesse.

La sœur du propriétaire de Fayrac, Hélène Huffman, qui avait obtenu, comme beaucoup de jeunes

---

1. Charles de Gaulle, *Mémoires de guerre*, tome 2 : *L'Unité : 1942-1944*, Plon, 1956.

filles de bonne famille à l'époque, son diplôme d'infirmière, se rendra pendant une semaine à bicyclette au chevet de Madeleine, pour lui faire ses pansements, apporter un peu de nourriture et du réconfort. Un matin, début juillet, un homme d'André vient les chercher dans une petite voiture bringuebalante. Madeleine découvre Fayrac, un château fortifié du XVIe siècle avec ses deux ponts-levis et ses douves au milieu de la verdure. Elle peut enfin se reposer. La maison est chaleureuse et gaie. Les Huffman sont une famille nombreuse catholique, accueillante et simple, la maîtresse des lieux a un jeune enfant. Madeleine, qui est installée dans une grande chambre avec sa salle de bains, doit rester alitée. André, protecteur, vient la saluer le soir avec Josette. Rosine Delclaux, l'épouse du notaire qui a amené son filleul Vincent, passe quelques jours à Fayrac. Josette et les enfants regagnent Saint-Chamant fin juillet tandis que Madeleine reste seule avec Alain jusqu'à la mi-août. Parenthèse en clair-obscur, les joies douces de la maternité, les longues journées d'été, l'attente impatiente de la fin de la guerre contrastent avec la violence ambiante, les exactions des Allemands, les premiers règlements de comptes dans les villages environnants et l'angoisse grandissante quant au sort des absents.

Retour à Toulouse

Le 15 août, Madeleine rentre chez ses parents après un épuisant et périlleux voyage en tortillard avec Alain et une nurse, Juliette dite Zézette. Bonheur des retrouvailles. Les Lioux font la connaissance de leur petit-fils.

Rue d'Alsace-Lorraine, une surprise l'attend, Josette s'y est réfugiée, folle d'inquiétude pour Malraux qui a été arrêté le 22 juillet 1944 à l'entrée de Gramat. Avec quelques résistants dans une traction aux insignes de la France libre et drapeau tricolore, il est tombé sur une colonne motorisée allemande. Fusillades. La voiture a roulé dans le fossé. Blessé à la jambe droite, Malraux est emmené à Toulouse. Dans ses *Antimémoires*, il met en scène l'interrogatoire de la Gestapo. Les Allemands le prennent pour Roland, ils se sont trompés de dossier et mettent du temps à comprendre que ce n'est pas lui, André, qui est parti dix-huit mois en Union soviétique et un an en Allemagne. Enfermé à la prison Saint-Michel, il est libéré au départ des troupes allemandes de Toulouse le 19 août et arrive chez les Lioux. A peine rentré, il parle de reprendre le combat. Josette pleure, crie son désespoir. Célina, qui lui a prêté sa chambre, commence à se lasser de la présence de la jeune femme. *C'était un peu lourd pour ma mère qui n'aimait ni les bavardages, ni les plaintes. Et Josette n'arrêtait pas de se lamenter : « André me laisse tomber ! Il va mourir ! On ne se mariera jamais ! Il ne veut pas divorcer ! Méchante Clara ! »* Chez les Lioux, rancœurs et douleurs sont tues.

Hippolyte, à qui la présence de la belle Josette ne déplaît pas, a lui aussi été arrêté quelques semaines auparavant au Café du Capitole dans la salle des billards avec une quinzaine de joueurs, à la suite d'une dénonciation. Madeleine a pu l'apercevoir, parqué dans une pièce grillagée à la prison Saint-Michel. Après cinq jours d'angoisse, il a été libéré.

Madeleine reprend des élèves. Vie de repli, d'attente et de silences, longues heures au piano. *Avec la musique, je peux exprimer l'inexprimable, je m'efface de moi-même. J'ai des bouffées d'angoisse mais je suis portée par l'espoir.* Elle veut y croire : Roland est vivant, il verra son enfant.

La mort de Josette

André se rend quelques jours à Paris fin août. La capitale est libérée. Il prend des contacts et monte sa future brigade Alsace-Lorraine pour reconquérir l'est du pays. Josette l'accompagne, impatiente de retrouver ses boutiques de luxe, son coiffeur, de commander des robes, des chaussures et des produits de beauté. Ils déjeunent chez Prunier, à la Tour d'Argent. Rue de la Paix, André lui offre son premier bijou, un saphir qu'elle considère comme sa bague de fiançailles ; il n'a plus de soucis d'argent. Le temps du bonheur est pourtant bien loin. Le couple se déchire. Les accalmies sont rares, la tension aiguë. André est distant, silencieux. Josette se déclare lasse, démolie et multiplie les reproches. Elle ne veut pas le perdre, que deviendrait-elle s'il mourait au combat ? L'épousera-t-il enfin après la guerre ? L'aime-t-il encore ? Pour toujours ? Pourquoi ces silences cruels ? Il est furieux lorsqu'il apprend qu'elle se déplace à Paris avec une fausse carte d'identité au nom de Malraux. C'est Roland qui lui avait remis le faux document en février 1944, à l'époque ce n'était pas une imprudence, sa femme Madeleine présentait d'ailleurs, lors des contrôles, ses papiers d'identité d'épouse. Le nom Malraux n'est devenu dangereux qu'après l'arrestation des deux frères, fin mars 1944.

Josette retourne à Saint-Chamant, déprimée mais avec tous ses achats. De son côté, le 9 septembre 1944, André alias colonel Berger, prend le commandement de la brigade Alsace-Lorraine, qui rassemble près de trois cents hommes dont vingt-deux officiers, pour libérer l'Alsace.

Le 11 novembre 1944, Madeleine reçoit un télégramme de Rosine, la femme du notaire de Saint-Chamant. La confidente de Josette, la passade d'André et la marraine de Vincent a écrit : « Etat Josette alarmant, venir toute urgence. » Au téléphone, Madeleine apprend que tout est fini. A la gare de Saint-Chamant, Rosine l'attend et lui montre le lieu du drame, elle lui raconte ce qu'elle a vu. Depuis quelques jours en séjour chez sa fille, Madame Clotis ne cessait de harceler Josette, de lui reprocher de ne pas avoir réussi à épouser Malraux, les disputes et les cris étaient permanents. Dans un accès de fureur, la mère a décidé de repartir précipitamment en prenant le premier train. Josette l'a installée dans le wagon, une dernière explication houleuse et le train s'est mis en branle. Josette a sauté, s'est pris le pied dans le marchepied, sa sandale compensée en liège coincée, elle a glissé sous le wagon, les deux jambes broyées. Une ambulance l'a transportée à l'hôpital de Tulle. L'équipe médicale a tardé à la prendre en charge. Rosine a veillé sur elle et éloigné sa mère en pleine crise nerveuse. Josette a attendu André et demandé à être maquillée pour être belle à son arrivée. Son état s'est aggravé brusquement et elle est morte dans les bras de Rosine. Malraux, qui s'est précipité d'Alsace, arrive trop tard. A Domme, se souvient Madeleine, Josette parlait souvent de sa mère, qu'elle n'aimait pas, avec ces mots terribles et prémonitoires : « Ma mère est le drame de ma vie ! »

Josette est enterrée à Tulle. Sans sa mère, sous le choc. Un déjeuner réunit ensuite André, Madeleine, Hippolyte et Anne-Marie Lioux, ainsi que Monsieur Clotis, chez les Delclaux à Saint-Chamant. *André ne s'épanche pas. Il parle de tout mais pas de Josette. Il a de l'appétit et apprécie le vin du notaire*, note Madeleine qui l'observe. L'attitude de Malraux est troublante. Ce déni tient-il de l'insensibilité, de la pudeur, de la parade orgueilleuse ? Est-il en conformité avec l'attitude du chef militaire et la posture de celui qui se compose un personnage ? Ou bien révèle-t-il la culpabilité de celui qui n'aimait plus ? Pense-t-il à ces enfants qu'il n'a pas voulus et dont il est désormais l'unique responsable ? L'idée l'effleure-t-il que cet accident fatal est peut-être l'acte manqué de celle qui souffrait, l'ultime reproche de Josette ?

André repart au combat à la tête de ses troupes en Alsace. Vincent reste chez sa marraine. Gauthier ira chez ses grands-parents Clotis. Rosine ferme Saint-Chamant, rassemble les affaires et les papiers de Josette. Une grosse malle est destinée aux Clotis à Hyères. Quelques papiers iront à André qui ne les regardera jamais. Ils passeront de cave en cave. Beaucoup plus tard, bien après la mort des garçons, Madeleine et Florence décideront d'un commun accord de les brûler. Par discrétion et pudeur.

Le colonel Berger et ses mille quatre cents hommes participent en novembre à la libération de Dannemarie, du mont Saint-Odile, de Mulhouse et de Strasbourg. La brigade est courageuse, les combats farouches et Berger frôle plusieurs fois la mort. Actes forts et symboliques dignes d'un héros de roman, Malraux ramène au jour le *Retable d'Issenheim* de Grünewald qui avait été caché par les Allemands dans les caves du Haut-Koenigsbourg et rouvre au culte la cathédrale de Strasbourg dont il charge l'aumônier de sa brigade, Pierre Bockel. Début janvier, les Allemands attaquent Strasbourg assiégé, la brigade Alsace-Lorraine au sud de la ville résiste bien, les assaillants se replient en février. La brigade est dissoute le 16 mars 1945 et, le 1er mai à Stuttgart, le général de Lattre remet à Malraux la croix d'officier de la Légion d'honneur. Si l'entrée en résistance est tardive, le courage du colonel Berger et sa capacité à commander et fédérer des hommes au combat ne sont pas contestables.

L'attente à Paris

Le 7 novembre 1944, Madeleine participe à un concert à Toulouse en hommage à l'Armée rouge et au soulèvement d'octobre 1917, elle joue trois pièces de Chostakovitch et les *Mouvements perpétuels* de

Poulenc. Elsa Triolet et Louis Aragon, Vladimir Jankélévitch et de nombreux réfugiés à Toulouse pendant la guerre y assistent. La jeune femme se laisse porter par l'ambiance générale d'effervescence et d'espoir.

Pour retrouver la trace de Roland, elle se rend à Paris en janvier 1945. Au ministère de la Défense, rue Saint-Dominique, le général de Gaulle préside le Gouvernement provisoire de la République française (GPRF). La tâche est immense, fin de la guerre et libération du territoire national, épuration, nationalisations, reconstruction des routes, rails, gares, ponts, ravitaillement, préparation des prochaines élections. Madeleine trouve refuge chez les Pardo, un couple chaleureux et non conformiste. Roland Pardo est un grand ami de Roland ; issu d'une famille d'antiquaires, il ouvrira sa galerie d'art boulevard Haussmann. Géraldine, sa femme, est proche de Simone de Beauvoir ; leur fils Frédéric, un bébé en 1944, deviendra peintre. Madeleine, qui n'a aucune nouvelle de Roland depuis son arrestation, se rend au Commissariat aux prisonniers, déportés et réfugiés, avenue Foch, pour obtenir des informations. En vain. Elle apprend que Paris sera le centre de rapatriement des deux millions et demi de Français attendus, prisonniers de guerre, requis du STO et déportés. Après quelques allers et retours à Toulouse, Madeleine décide de chercher un appartement dans la capitale.

La vie est rude. L'hiver 1944-1945 est glacial, Paris est sous la neige. Il faut toujours faire la queue avec ses tickets de rationnement devant des magasins mal achalandés ; les plus riches continuent à s'approvisionner illégalement au marché noir. Le temps s'éternise, lourd d'angoisse et d'impatience, pour ceux qui attendent le retour d'un absent. Et pourtant, l'heure est à l'optimisme. On se grise de liberté et de rêves pour l'avenir. La capitale vibre d'énergie. On débat des futures réformes, d'une société nouvelle. La mode change, les élégantes lancent le long et portent des manteaux jusqu'aux chevilles. Au printemps, pour la première fois les femmes voteront pour les élections municipales. Dans ce Paris à nouveau bouillonnant, Madeleine souffre, en proie à la cruelle incertitude. A tout moment du jour et de la nuit, surgit la terrible, l'inéluctable interrogation : Roland rentrera-t-il ? Ce doute aigu qui envahit, qui fait si mal, que l'on se reproche aussitôt comme une trahison. La jeune femme se ressaisit. Quand reviendra-t-il ? Dans quel état ? Sonnera-t-il à la porte sans prévenir ? Quels seront nos premiers mots ?

Au long de ces mois douloureux, une femme la soutient avec tact, Suzanne Roquère, veuve d'un héros de la guerre, qui a refait sa vie avec Edouard Corniglion-Molinier, un proche de Malraux. Elle a vécu l'inimaginable et n'en parle jamais. Avec cran et pudeur. Son mari, Paul-Jean, militaire de carrière dans l'aviation, a rallié Londres à vingt-quatre ans dès juin 1940 et participé à toutes les campagnes africaines. Amoureuse intrépide, elle le rejoint à Damas dans des conditions périlleuses en juin 1942. Début 1943, le couple quitte l'Afrique du Sud pour regagner Londres, le trajet est dangereux sur un paquebot sans escorte qui sera torpillé le 13 mars 1943 au large des côtes d'Afrique. Les passagers sautent à la mer, vingt-six d'entre eux réussissent à s'accrocher à un petit radeau de fortune et dérivent durant des heures dans une eau glaciale ; certains lâchent prise, épuisés, Paul-Jean disparaîtra en pleine mer sous les yeux de Suzanne. Après trois jours d'épouvante, la lutte pour la vie est terrible, deux hommes tentent de couler la jeune femme pour récupérer son gilet de sauvetage, cinq naufragés seulement survivront grâce à une corvette anglaise qui leur jette des cordes au milieu des requins. Suzanne, des morsures de barracudas sur tout le corps, est une miraculée. Elle rejoindra les rangs de la Résistance à Londres où elle rencontrera Edouard Corniglion-Molinier.

Avec son physique de *latin lover*, très brun, l'élégante moustache à la Cary Grant, le cheveu gominé, le regard de velours, Corniglion, l'insatiable séducteur aux multiples conquêtes, est un aventurier-baroudeur et un entrepreneur touche-à-tout, un mondain épinglé des plus hautes distinctions militaires. A seize ans, il maquille son état civil pour faire la Première Guerre mondiale dans la chasse aérienne. Dans les années vingt, il achète les Studios de la Victorine à Nice, le Hollywood français, et produit *Drôle de drame* de Marcel Carné. Avec Malraux, en 1934, ce passionné d'aviation joue les explorateurs et survole le désert du Yémen à la recherche du royaume de la reine de Saba. En 1936, il est pilote de chasse dans le camp des républicains espagnols et finance le film de Malraux *Sierra de*

Teruel. La guerre est à sa mesure. Il s'illustre en 1940 en abattant dans les airs deux bombardiers allemands. L'armistice du maréchal Pétain l'indigne, et après plusieurs péripéties, il rejoint Londres début 1941. Commandant des Forces aériennes françaises libres et victorieuses au Moyen-Orient, promu général d'aviation en décembre 1944, il descendra triomphalement le 26 août les Champs-Elysées aux côtés de De Gaulle et de Chaban-Delmas.

En 1945, le beau général a eu un enfant de Suzanne, une petite Anne née à Londres qui est élevée à Paris par un ballet de nurses. Même si elle espère se faire épouser, Suzanne est une grande bourgeoise aux idées larges. Elancée, brune, elle a du chic et sait en jouer. Avec Edouard, ils forment un couple très en vue à Paris et reçoivent beaucoup avenue Raphaël. Les dîners sont raffinés, fleurs et chandeliers, mets abondants malgré le rationnement, serviteurs discrets et efficaces ; le Tout-Paris gaulliste s'y presse. Lorsque André Malraux, vieux camarade de Corniglion, est en permission, il fait partie des invités avec sa belle-sœur Madeleine.

Un soir, Madeleine est placée à table à côté de Gaston Palewski, un habitué de la maison. Héros de la guerre et pilote de chasse comme son hôte et ami, il a rejoint Londres lui aussi dès 1940 et combattu les forces italiennes de l'Est africain à la tête des Forces françaises libres. Il glisse à sa voisine : « Malraux vous a raconté ses exploits avec Corniglion au-dessus du royaume de la reine de Saba ? Ils ont vu la mort de près, une plongée de mille huit cents mètres dans une tempête de grêle. Corniglion a remonté l'engin, accroché au volant, la sueur au front mais sans se démonter. » La blonde épouse de Chaban-Delmas le coupe : « L'aventurier sans peur n'a pas oublié d'avoir le sens des affaires. Connaissez-vous la dernière tocade de notre cher Corniglion ? Il lance avec son ami Bleustein-Blanchet le journal du Gotha et des événements mondains, *Point de Vue,* je crois. Il ne doute pas une seconde de son succès et il ne faut pas l'interroger sur le sujet, on ne peut plus l'arrêter ! » Madeleine observe son voisin de table, André l'a prévenue, Palewski est le plus proche collaborateur du général de Gaulle, son directeur de cabinet. De ce mondain d'origine polonaise amoureux de l'aristocratie française, cultivé et esthète, séducteur et charmeur, la rumeur court que sa maîtresse, une romancière anglaise aussi distinguée que fantaisiste, Nancy Mitford, l'a rejoint à Paris.

Madeleine découvre ces milieux parisiens d'après-guerre que l'histoire a meurtris et révélés à eux-mêmes, dont les codes et les valeurs ont été chamboulés par les drames ; les vrais héros ne plastronnent pas, ceux qui ont vécu le pire ne se plaignent jamais, le courage consiste désormais à se taire ; et à chacun s'impose un nouveau devoir, l'urgence de vivre et de réinventer un monde meilleur. En sortant de table, la maîtresse de maison s'adresse à la pianiste : « Ma chère, jouez-nous quelque chose, je vous prie, j'ai la prétention de croire que mon Pleyel n'est pas trop mauvais. » En toute simplicité. Ce sera *Poissons d'or* de Debussy.

Suzanne conseille à son amie une agence pour trouver un appartement. Les offres sont rares dans la capitale de l'hiver 1944-1945 et Madeleine se décide rapidement pour un meublé de cinq pièces à l'angle du quai d'Orsay et du boulevard de La Tour-Maubourg. L'appartement est banal mais spacieux avec trois grandes chambres. Elle est locataire, ses parents lui envoient de l'argent. Malraux, lorsqu'il est en permission, y loge. Elle loue un piano, vite installé dans le salon, et reprend contact avec Lazare Lévy, rentré lui aussi à Paris et espérant chaque jour le retour de son fils déporté ; plusieurs fois par semaine, chez lui, elle travaille les pièces de Debussy. L'attente douloureuse les unit.

L'arrivée de Vincent

Madeleine est surprise et touchée. Avec André lors de sa dernière permission, ils ont parlé de l'avenir des enfants et pris une décision, la jeune femme prendra en charge le petit Vincent qui n'a pas deux ans jusqu'au retour de Roland. Après plusieurs courriers et quelques coups de téléphone, Rosine, qui aurait bien gardé son filleul, fixe une date. André les attend sur le quai de la gare. Le trajet en train a été long et fatigant, l'enfant blond, ébouriffé, aux petites jambes maigres, le regard gris sombre, est grincheux, fermé ; il ne quitte pas la main de sa marraine et ne reconnaît pas son père. Madeleine l'adopte immédiatement. Cet enfant l'avait profondément émue à Fayrac. Josette lui avait confié son fils au pied de son lit avant de descendre dîner. En bas, la table était bruyante et nombreuse. Oublié sur son pot, dans la chambre d'une inconnue qu'il avait fixée longtemps de ses grands yeux tristes, il s'était endormi son pouce à la bouche. A son arrivée quai d'Orsay, Madeleine le prend dans les bras et le conduit vers Alain. Ils seront élevés comme des jumeaux, même nurse, même chambre, mêmes jeux et promenades dans une grande poussette offerte par Suzanne. Les premiers mots de Vincent, doux et timides, seront pour Madeleine : « Maman ».

A partir d'avril, les séjours parisiens de Malraux sont de plus en plus fréquents. Sa guerre est finie, sa brigade est dissoute. L'appartement de Madeleine devient le point d'ancrage familial. Le 21 avril 1945, André, accompagné de sa belle-sœur pianiste, assiste aux concerts de La Pléiade organisés par Gallimard à la première audition de deux œuvres, les *Trois petites liturgies de la présence divine* d'Olivier Messiaen et *Un soir de neige* de Francis Poulenc sur un poème de Paul Eluard pour chœurs *a cappella*. Les *Quatrains valaisans* de Darius Milhaud sont également au programme. Après le concert, Denise Tual, l'organisatrice de ces soirées musicales, réunit quelques amis chez elle rue de Rivoli. André et Madeleine en sont. Introduite par son célèbre beau-frère et légitimée comme épouse d'un héros de la Résistance, la jeune provinciale est immédiatement adoptée par la haute société cultivée parisienne du moment dont elle adopte les codes en fine observatrice, avec le tact et la circonspection qui conviennent.

Quelques mois plus tard, en novembre 1945, ce sera à Madeleine de se produire dans le cadre des concerts de La Pléiade, encouragée par André qui l'incite à reprendre sa carrière de concertiste. Le programme est difficile et novateur. La pianiste veut sortir de l'oubli Erik Satie en jouant les *Gymnopédies* et Denise Tual lui demande d'interpréter *Les Illuminations* de Benjamin Britten inconnu du public parisien, en duo avec le ténor Georges Jouatte. Au moment des applaudissements, André paraît très satisfait de la prestation de sa belle-sœur. Madeleine, heureuse de son succès, est bien loin de s'imaginer qu'elle ne jouera plus devant un public avant vingt et un ans.

Cruelle attente

Au printemps 1945, les Français effarés découvrent dans les journaux et les actualités cinématographiques les premiers reportages sur les horreurs des camps. Les images de Buchenwald libéré par les Américains le 11 avril 1945, la terrible vision des charniers et des squelettes ambulants glacent d'effroi ceux qui attendent un être cher. Le 14 avril 1945, arrive en gare de l'Est le premier convoi de femmes libérées de Ravensbrück en présence du général de Gaulle et de nombreux journalistes. C'est la stupéfaction. Chaque jour, désormais, des bus bondés de revenants émaciés en pyjama circulent dans Paris. Un cortège de morts-vivants aux yeux hagards et exorbités qui racontent l'inconcevable.

L'hôtel Lutetia, le palace Art nouveau de la rive gauche, à peine débarrassé de ses occupants allemands, est réquisitionné le 29 avril 1945 pour devenir un centre d'accueil des rapatriés. On ne dit pas « déportés » à l'époque. La consigne officielle est de ne pas établir de distinction ni de hiérarchie parmi les malheureux qui rentrent. Le décor de luxe sous les lustres Lalique doit paraître bien étrange à ces rescapés de l'enfer. Durant cinq mois, c'est la cohue dans le grand hall où se bousculent les volontaires, les scouts et les infirmières empressés, les dames patronnesses exaltées, les fonctionnaires routiniers, les parents angoissés qui brandissent des photographies, les journalistes à l'affût, les membres du COSOR (Comité des œuvres sociales des organisations de la Résistance) et les médecins affairés. Les arrivants, décharnés, incrédules, sont perdus, bousculés, assaillis de questions. Une épouse ne reconnaît pas l'être aimé transformé en squelette de trente-cinq kilos. Une mère anxieuse qui cherche son fils passe devant lui plusieurs fois. Un père survivant n'ose se présenter à ses enfants reconnus dans la foule, de peur de les effrayer.

Dès leur arrivée, les déportés sont dirigés vers le service de douche et de désinfection. Ils subissent ensuite des examens médicaux par un médecin, un dentiste, des radios. Les plus fragiles sont envoyés à l'hôpital. Puis c'est l'interrogatoire, souvent mal vécu, des services de renseignements par des officiers enquêteurs et des fonctionnaires zélés qui les interrogent sur leur histoire depuis l'arrestation. On débusque les faux déportés, collaborateurs en fuite, et on traque les kapos. On leur demande des informations sur leurs camarades de camp dont ils ne connaissent très souvent pas le nom. Au bout de ce marathon, il leur est enfin procuré une pièce d'identité et une fiche de rapatriement. Ils peuvent se reposer dans une des trois cent cinquante chambres avant de repartir chez eux. Mais tous n'ont pas un foyer qui les attend.

Madeleine chaque jour se rend au Lutetia, elle scrute les visages, consulte les listes, interroge les nouveaux venus. Sur les grands panneaux, elle a épinglé une photo de Roland avec son nom et sa date de naissance, l'adresse et le numéro de téléphone pour la joindre. Dans la cohue, elle reconnaît Colette de Jouvenel, devenue reporter pour le journal *Fraternité*, qui arpente les couloirs de l'hôtel, bouleversée par son enquête et très inquiète pour Roland. Madeleine retrouve Simone Martin-Chauffier, compagne d'infortune qui elle aussi espère derrière les barrières ; elles tentent de se réconforter et un jour le miracle se produit, Simone reconnaît son mari dans un convoi de fantômes qui revient de Bergen-Belsen. Mais Louis n'a aucune nouvelle de Roland. Pour ceux qui assistent à la joie des retrouvailles, c'est le chagrin absolu et cruel de repartir sans informations, le sentiment d'injustice et d'envie mais aussi l'espoir qui renaît, plus fort que tout, « peut-être que moi aussi demain je vais le retrouver ». Le pire est d'assister à l'effondrement d'une famille qui apprend la mort d'un proche, et parfois, terrible, leur regard de douleur et de reproche aux rescapés comme s'ils étaient coupables d'être en vie. Et toujours pour Madeleine l'attente, parquée derrière les barrières du Lutetia, bravant le flot de fausses nouvelles et de rumeurs et luttant contre des sentiments ambivalents, partagée entre la terreur de l'annonce fatale, l'espoir du retour et l'appréhension de l'arrivée.

Comme les autres épouses qui vivent l'absence insupportable, Madeleine achète le quotidien *Libres*, du Mouvement national des prisonniers de guerre et déportés, qui a pour chef François Mitterrand et qui publie des listes des déportés libérés et des avis de recherche des familles. Elle se rend aussi au 16 rue d'Artois, au Service de recherches du Centre d'accueil des internés et déportés politiques qui reçoit des milliers de demandes de nouvelles, les réponses sont le plus souvent négatives. Au programme national de la TSF, on entend en boucle les avis de recherche des familles. Les informations, les listes sont truffées d'erreurs et provoquent de tragiques déceptions. Henri Frenay, le ministre des Prisonniers, Déportés et Réfugiés, appelle son ministère le « ministère de la Souffrance ».

Un matin, le 17 mai 1945, les enfants jouent dans leur chambre avec la nurse, Madeleine est au piano. On sonne à la porte. Une infirmière en tenue, une volontaire de la Croix-Rouge, se présente, la mine sinistre : « Monsieur Malraux est-il là ? J'ai un message pour lui. Au sujet de son frère Roland Malraux, il figure malheureusement sur la liste des disparus. » A ces mots, Madeleine se fige, livide. A la funeste visiteuse qui lui demande « Vous avez besoin d'aide ? », elle ferme la porte au nez : « Non, vous pouvez partir. » L'annonce est brutale, cruelle.

Madeleine n'appellera pas ses parents, ni André. Plus tard. Elle veut être seule. Submergée par la violence de sentiments contradictoires. La douleur aiguë et la révolte indignée devant l'inacceptable mais aussi l'espoir fulgurant qui transperce. Infime, mais là, si précieux. Elle s'y accroche. Il n'y a pas de preuve, pas de corps, il en rentre tous les jours. Il faut attendre la confirmation.

La tragédie du Cap Arcona

Le 19 avril 1945, devant la poussée des Alliés, les valides du camp de Neuengamme sont évacués vers le nord, convoyés vers le port industriel de Lübeck par train et à pied ; entassés dans des wagons de marchandises sans nourriture, ni eau, ni tinette, ou jetés en colonnes sur les routes, avec une balle dans la nuque pour ceux qui chancellent, épuisés, les cadavres laissés sur le bas-côté. Une marche de la mort sous les bombardements alliés et l'acharnement des SS furieux de leur défaite annoncée. En une semaine, plus de huit mille hommes quitteront Neuengamme pour Lübeck. Ordre est donné de les embarquer à bord de navires marchands réquisitionnés.

Les Allemands veulent gagner la Suède et utiliser les survivants comme des otages vis-à-vis des Alliés. La Croix-Rouge suédoise est sur place et essaie de livrer des colis. Les évacués s'entassent dans trois navires. Deux sont marchands, le *Thielbek* et l'*Athen*. Le *Cap Arcona* est un paquebot de luxe qui peut recevoir mille trois cent soixante passagers et son commandant refuse d'embarquer. Vainement. Les SS, très nerveux, hurlent et tirent. Roland se retrouve dans un premier temps au fond des cales de l'*Athen* qui tombe en panne et transfère sa cargaison humaine sur le *Cap Acorna* déjà surchargé. Avec ses six mille cinq cents détenus et cinq cents SS, c'est un camp flottant. Un mouroir.

Les hommes sont jetés, poussés dans la fosse métallique. Dans le noir et le chaos, Louis Maury et Roland se sont cherchés et enfin retrouvés. Ils échangent leurs dernières paroles. Roland rappelle à son camarade sa promesse d'un bon restaurant en Normandie s'ils arrivaient à s'en sortir vivants. Ultime boutade au goût amer. Bousculades. Les frères se perdent. Au fond des cales, dans le noir, se concentrent la dysenterie, les poux, et les odeurs insoutenables, sans nourriture, ni eau, ni médicaments, ni air. Le sol est jonché d'excréments, d'agonisants et de cadavres. Les détenus n'ont aucun repère de temps, et ne savent pas ce que l'on va faire d'eux. Les Russes et les Polonais se bagarrent. On crie dans toutes les langues. Ceux qui essaient de sortir sont abattus à la mitraillette. Ces déportés qui ont survécu aux tortures, au camp, aux marches d'évacuation perdent tout espoir.

Le 1er mai, l'*Athen* récupère deux mille détenus du *Cap Arcona*, trop lourd pour démarrer et prendre le large. Parmi ces pauvres hères épuisés et transbahutés sous les coups et les cris, beaucoup de Français mais pas Roland.

Le 3 mai 1945, le responsable de la Croix-Rouge suédoise tente de prévenir le QG britannique de la présence de milliers de détenus à bord des navires de la baie de Lübeck. Il faut empêcher les avions d'assaut britannique de les bombarder. L'information n'est pas transmise. Vers quatorze heures trente, une escadrille britannique passe à l'attaque, huit avions chargés chacun de huit fusées ciblent le *Cap Arcona* qui a quitté le port, en pleine baie, provoquant un immense incendie ; le paquebot se couche sur le flanc. Dans les cales, les hommes sont asphyxiés dès les premières minutes de l'incendie. L'eau monte. C'est l'affolement, le piétinement des plus faibles, la lutte pour les échelles, les cris de désespoir. Roland n'a pas pu s'extraire de l'enfer.

Les SS tirent sur ceux qui atteignent le quai. Quelques-uns sont en cabine, s'ils en ont le courage et la force, ils se jettent à la mer et regagnent à la nage sous les tirs de la RAF le port de Neustadt. Beaucoup seront fusillés sur la plage par les SS. Maury aura plus de chance, il nagera vers la côte et sera repêché par les Anglais, il pèse trente-cinq kilos. Sur le *Cap Arcona*, trois cent quatorze miraculés échappent à la mort dont douze Français qui rentreront fin mai à Paris. Des deux mille huit cents déportés qui s'entassent dans les cales du *Thielbek*, cinquante réussiront à se sortir des mitraillades, des flammes et de l'eau, bravant la panique dans un dernier sursaut de survie. Les deux mille prisonniers de l'*Athen* qui ont été débarqués du *Cap Arcona* surchargé auront plus de chance, ils seront sauvés, le navire accosté au port a sorti son drapeau blanc. Roland aurait pu être de ceux-là. C'est la tragédie navale la plus coûteuse en vies humaines, sept mille trois cents déportés ont perdu la vie. Sacrifiés alors qu'ils avaient survécu à l'enfer concentrationnaire, que Hitler s'était suicidé et que cinq jours plus tard l'armistice était signé. Et oublié, leur martyre ne figure pas dans les livres d'histoire.

C'est en songeant à son frère Roland, mort en héros libre, que Malraux écrit ces lignes poétiques et tragiques : « Dans une cabine de paquebot dont le hublot venait d'être emporté ; devant ma vie irrémédiablement finie, qui ne serait jamais autre que ce qu'elle avait été, j'éclatais d'un rire sans fin[1]. » Sublimation par la plume de la douleur de l'arrachement et d'une sourde culpabilité.

La fin de l'espoir

Les derniers déportés arrivent fin août à l'hôtel Lutetia dont la réquisition est levée en septembre. Ceux qui ne sont pas rentrés ne reviendront jamais. Très vite le silence se fait autour des rescapés. On ne peut, on ne veut les croire. Ils se taisent. En proie à la culpabilité à l'égard des camarades morts, à l'amertume face aux résistants de la dernière heure, à la honte de raconter ce qu'ils ont enduré. Un mutisme qui arrange tout le monde, conforme à une génération qui ne se raconte pas. Les Français désirent tourner la page des années noires de l'Occupation, les politiques veulent la réconciliation nationale. La France est à reconstruire.

Claude est mort. Fusillé au camp de Gross-Rosen en Pologne avec dix-huit autres jeunes officiers de la section F du SOE. Sur le lieu de l'exécution, une

---

1. André Malraux, *Œuvres complètes*, tome III, La Pléiade, 1996, p. 161-162.

plaque leur rend hommage, dévoilée le 10 mai 2002 par sir Michael Rose, général et président du Special Forces Club de Londres.

L'été 1945 a le goût du désespoir pour Madeleine. Elle ne veut aucune cérémonie religieuse pour Roland et ne cherche pas à connaître les détails de sa mort. Une part d'elle-même l'attend toujours. L'infime espoir qui mine et anime.

Madeleine ne s'intéresse pas à l'Amicale de Neuengamme qui met en contact les familles de disparus avec les rescapés et publie un bulletin, dont le premier numéro sort en septembre 1945, *N'oublions jamais*. Elle n'assistera pas à l'inauguration du monument de Neuengamme au cimetière du Père-Lachaise le 13 novembre 1949 et ne participera pas aux pèlerinages sur les vestiges du camp organisés pour les proches. Sa douleur n'appartient qu'à elle.

CHAPITRE 6

La cristallisation

Une fin d'après-midi ensoleillé de septembre 2011, dans le salon-sanctuaire du boulevard Delessert, Madeleine se poste devant les gravures de Fautrier qui tapissent un pan de mur, près du piano à queue laqué noir : Regardez-les bien, elles illustrent L'Enfer de Dante. Je ne pourrais me passer de leur présence. *Etranges et beaux compagnons que ces dessins aux tracés nerveux de spirales et de figures fantomatiques dont les bruns évoquent les ténèbres, les ocres les bûchers et le bleu outremer les eaux funestes*[1]. *Un hymne au mystère de la mort qui habite depuis tant d'années la maîtresse des lieux.*

*

Le tournant de Boulogne

En ce début de juin 1945, André a donné rendez-vous à Madeleine dans un café de la rue de Bellechasse. Il veut lui parler tranquillement, loin des

---

1. Ces planches ont été commandées en 1930 par Malraux et Gaston Gallimard pour un projet d'illustration d'art des trente-quatre chants de *L'Enfer* de Dante ; le livre ne sera pas publié.

enfants et de la nurse. En beau-frère responsable. Il ne croit plus au retour de Roland. Direct, il la bouscule : « Que comptez-vous faire ? Rester à Paris ou retourner à Toulouse reprendre votre carrière de pianiste ? » Madeleine n'hésite pas : « Je reste. Vous savez, j'attends toujours un peu Roland. Il n'y a pas de preuves. Je garde l'avenue d'Orsay. Dans tous les cas, ma vie ne sera pas à Toulouse, je n'ai plus envie d'être professeur de Conservatoire. » Sous la tranquille assurance de sa belle-sœur, André devine le désarroi et lance : « Et que diriez-vous de venir vous installer quelque temps avec moi dans un grand appartement où vous auriez toute la place pour votre piano et où les enfants seraient au large. » Cette idée, il la caresse depuis quelques jours. La meilleure solution pour le moment selon lui.

Malraux est cerné par les fantômes. Josette mais aussi Drieu la Rochelle suicidé[1], son ami Raymond Maréchal exécuté par les Allemands, ses frères Roland et Claude morts en héros, ses hommes de la brigade Alsace-Lorraine tombés au combat. En cherchant un grand appartement qui puisse accueillir la famille éclatée et blessée, il honore ses dettes vis-à-vis de ses morts, il élèvera les enfants de sa maîtresse et protégera la veuve et l'orphelin de son frère ; une noblesse de sentiments qui présente certains avantages, elle lui permet de fuir l'angoisse du vide et de retenir Madeleine. Malraux ne peut se passer d'une femme à demeure ; les vestales Lamy, puis Clara et Josette ont chacune accepté de passer leur vie à

---

1. Malraux est l'exécuteur testamentaire de Pierre Drieu la Rochelle.

l'attendre. En 1945, André n'est pas dans la dépendance amoureuse, il voit en Madeleine une figure familiale et une présence féminine qui le rassure.

Se loger à la Libération tient de la gageure. Le 30 juin, Suzanne Roquère présente à André des amis, les Renard, propriétaires à Boulogne d'une belle maison dont une partie est à louer. Conçue par l'architecte Jean-Léon Courrèges en 1926-1928, elle est située en plein cœur du quartier chic des Princes, au 19 bis avenue Victor-Hugo[1]. A l'angle de l'ancienne pension Laparra rue du Chalet[2], tel un signe du destin pour Madeleine. André n'hésite pas une seconde, il veut ce duplex composé du premier et du deuxième étage et propose de payer sur-le-champ dix ans de loyers d'avance. A quarante-cinq ans, il se pose. Fini les chambres d'hôtel, les meublés, les expéditions d'aventuriers, les cantines et les maquis de soldat. Pour Madeleine, c'est une étape dont elle ne mesure pas immédiatement la portée, elle n'est plus chez elle. La jeune femme vit au jour le jour. Sous le choc. Comme aseptisée, Madeleine se laisse porter, elle n'a plus l'énergie d'être actrice de sa vie. En ce jour de déménagement, à la mi-juillet, elle déambule un peu perdue dans l'immense salon-atelier d'artiste sur deux niveaux aux hautes verrières qui ouvrent sur le jardin ombragé de marronniers. Malraux lui fait la visite : « Ma chambre et mon bureau seront là, près de la grande pièce qui pourra accueillir votre piano. Votre chambre est au-dessus près de celles des enfants. Cette disposition vous convient-elle ? »

---

1. Aujourd'hui avenue Robert-Schuman.
2. Devenue la rue Salomon-Reinach.

Le ton est prévenant mais Madeleine a compris, elle n'a pas son avis à donner.

L'hôtel particulier, mélange Art déco et XIXe, de style hollandais selon André, en brique rose, avec ses bow-windows et ses hautes cheminées n'est pas particulièrement discret, son style est indéfini, baroque. L'escalier en acajou massif donne le ton, il en impose avec sa boule de rampe en bouquet sculpté de roses et son blason Art déco, ses murs tapissés de cuir de Cordoue. L'enfilade des salles de réception, la hauteur des plafonds, les parquets en bois précieux, la luminosité et les jeux de décoration qu'offrent les paliers, décrochements, alcôves, balustrades, sont dignes d'un plateau de tournage hollywoodien à la George Cukor pour *Les Invités de huit heures*. Et les chambres du second, les escaliers de service, les couloirs, les offices offrent la possibilité de disposer d'une nombreuse domesticité et de loger les enfants sans être dérangé. Dans ce cadre luxueux, le petit banlieusard de Bondy règle ses comptes avec les années étouffantes de banalité rythmées par le tintement du grelot de la porte et du tiroir-caisse de l'épicerie familiale. La scène et le décor qu'il se choisit à quarante-cinq ans sont enfin dignes de son personnage.

André achète, pour sa chambre, des meubles espagnols Grand Siècle noirs, un imposant fauteuil et un lourd bureau chargé de serrures ornementales. Lui habite en bas dans la pièce qui s'ouvre sur les salons. Madeleine est au deuxième étage, dans une chambre confortable et lumineuse. Près des enfants et de la nurse qui ont leur coin à eux, indépendant avec salles de bains.

Madeleine cherche un piano. Les modèles en vente sont rares à la sortie de la guerre. Chez Pleyel, elle tombe en arrêt devant un prototype présenté à l'Exposition universelle de 1937, un double queue sur lequel Jean Wiener et Clément Doucet ont joué leur duo qui mélangeait génialement avant la guerre le classique et le jazz. Elle le loue dans un premier temps avec son argent, Malraux lui proposera plus tard de l'acheter. Habillé d'acajou, il ressemble à un immense et haut billard avec un clavier à chaque extrémité et trouve sa place dans la grande pièce donnant sur la chambre-bureau alcôve d'André. Il sera décapé et cérusé pour mieux se fondre avec l'harmonie ambiante des blancs.

En cet été 1945, pour la première fois de sa vie, la « fille-pianiste » joue moins, submergée par un vague à l'âme inexprimable. Madeleine sort peu, ne lit plus les journaux, elle se met entre parenthèses. Il faut vivre au jour le jour, les plaies à vif, avec cet infime espoir qui resurgit, impossible à étouffer, « on ne sait jamais, peut-être demain, Roland… ». Et toujours, se ressaisir. Taire sa souffrance.

Lilette, la mère de Roland, est très malade, atteinte d'un cancer foudroyant. Hospitalisée dans une clinique à Neuilly, sa belle-fille lui rend visite chaque jour. André prend tout en charge financièrement. Lilette est très seule, à part Madeleine, personne ne vient la voir. La mort de ses fils l'a anéantie. Elle ne se plaint jamais et se laisse aller doucement vers le grand inconnu. Elle mourra en serrant la main de Madeleine.

Le revirement gaulliste

Malraux rompt avec ses compagnons de route des années trente. Dans son discours à la Mutualité en janvier 1945, il s'oppose fermement à la mainmise des communistes sur la Résistance. Désormais, il dénonce les crimes, les arrestations et les disparitions de ses amis écrivains et artistes russes mais aussi le comportement des envoyés soviétiques pendant la guerre d'Espagne, le pacte germano-soviétique, la légende des soixante-quinze mille fusillés communistes, les menaces d'hégémonie soviétique sur le monde. Pour Malraux en 1945, le seul rempart contre le péril rouge, c'est le général de Gaulle.

En juin 1945, à l'occasion de deux dîners chez Corniglion, Malraux joue le grand jeu devant son ami Gaston Palewski, le directeur de cabinet du général de Gaulle, et le lieutenant Claude Guy, aide de camp du Général. Ses tirades prédisent les nouvelles relations entre le peuple et les gouvernants, les changements que vont apporter la pratique des sondages très courue aux Etats-Unis, la diffusion de la télévision qui va permettre d'éduquer les masses et aux politiques de s'adresser à elles directement. Corniglion et Palewski pressent Claude Guy d'organiser une rencontre entre Malraux et le Général.

A la mi-juillet, un coup de téléphone du lieutenant Guy annonce sa visite à Boulogne pour le lendemain à onze heures du matin. Il fait beau et chaud. Le bureau de Malraux est baigné de lumière. L'aide de camp ne laisse rien paraître de son étonnement devant le luxe du salon et, très solennel, s'enquiert :

« Le général de Gaulle vous fait demander, au nom de la France, si vous voulez l'aider. – La question ne se pose évidemment pas[1] », répond, cérémonieux, l'intéressé. En fait, Claude Guy et Gaston Palewski ont monté de toutes pièces le rapprochement, ils ont raconté à de Gaulle que Malraux proposait ses services. Malraux, de son côté, est certain de répondre à un appel suprême, quasi divin ; il n'écrira pas une ligne de la matinée et marche de long en large, fumant des Camel, imaginant avec fébrilité sa prochaine rencontre avec le Général. Repris par le virus de l'action.

Début août[2], à l'hôtel de Brienne, rue Saint-Dominique, l'aide de camp Guy annonce le « colonel Malraux ». De Gaulle, en uniforme, reçoit seul, sa poignée de main molle étonne son visiteur. Le président du Gouvernement provisoire s'assoit derrière son bureau Louis XV sous le portrait de Carnot. Le ton est courtois. La conversation facile. On devise sur la Résistance, les valeurs de l'Occident, on philosophe sur l'âme de la Nation et la France éternelle. Malraux s'élève contre la fascination des intellectuels pour le communisme. Au bout d'une demi-heure, le Général se lève et donne congé à son hôte en le raccompagnant à la porte. D'emblée, il fait confiance à l'homme, mais s'il apprécie l'intellectuel, il lui préfère nettement comme écrivain Bernanos et Montherlant. Malraux, pour la première

---

1. Le dialogue est celui d'André Malraux dans *Le Miroir des limbes*, tome I, *Antimémoires*, Folio-Gallimard, 2010, p. 100.
2. Le 5 ou le 6 août 1945 pour le biographe d'André Malraux Olivier Todd, le 18 juillet pour le *Dictionnaire Malraux, op. cit.*

fois de sa vie, est impressionné, subjugué par un être humain. Saisi par le coup de foudre. A Madeleine, il déclare emphatique en rentrant : « J'ai rencontré l'incarnation de la France ! »

Quelques jours plus tard, il est nommé simple conseiller technique à la Culture au cabinet du Général. Le 21 novembre 1945, le voilà propulsé à la tête du ministère de l'Information. Une montée en grade qui a valeur de consécration et d'absolution. Lui, le pilleur de temples, l'aventurier, le compagnon des Rouges, le gaulliste de la dernière heure, est légitimé et installé par de Gaulle. Porté par l'enthousiasme et l'énergie du renouveau, le voilà qui gravit le perron de la rue Saint-Dominique, souriant, le pas pressé et la mèche au vent, un élégant pardessus croisé en cachemire beige sur les épaules, l'écharpe blanche dénouée. En Conseil des ministres, Malraux siège aux côtés de toutes les grandes figures de la Résistance, Tillon, Soustelle, Bidault, et se tient sur ses gardes. Transi d'admiration, il ne veut pas décevoir le Général.

Il choisit le libéral Raymond Aron comme directeur de cabinet et le jeune Jacques Chaban-Delmas au glorieux passé de résistant comme secrétaire général. Le ministre fourmille de projets et a une conception large de ses attributions. Il expose en décembre sa volonté de réorganisation de la radio-diffusion, lance les sondages en France et élabore un ambitieux plan d'aide à l'industrie cinématographique. Surtout, il affirme sa conception de la culture qui ne doit pas être réservée à une élite parisienne, songe déjà aux Maisons de la Culture et annonce un « musée imaginaire » itinérant de cent reproductions de chefs-d'œuvre de la peinture française, qui seront exposées dans les musées et écoles de France.

Il rentre le soir, dossiers sous le bras, reconnaissant, heureux et déterminé. A Madeleine, il dit son espoir pour la France, la grandeur et la noblesse du Général, les ambitieux projets du gouvernement pour la Nation, son action de ministre au service de la culture pour tous. Pourtant, le rideau tombe brutalement sur ces mois exaltants. Excédé par les jeux des politiciens et la dictature des partis, de Gaulle annonce avec fracas sa démission le 20 janvier 1946. Choc et déception dans les rangs gaullistes. Malraux est un des rares ministres à rendre sur-le-champ son maroquin. Il rentre à Boulogne, emportant sous le bras deux reproductions grandeur nature et encadrées de son musée imaginaire : *Le Moulin de la Galette* de Renoir qui trouvera sa place dans la galerie à droite de l'entrée au-dessus de la console vénitienne, tandis que *La Reine de Saba* de Piero della Francesca trônera dans le salon derrière le piano.

Une nouvelle vie

A quarante-cinq ans, l'âge où l'on sait qu'il est encore temps, Malraux veut tourner la page des années noires. Lui qui ne veut pas regarder le passé et arrache chaque soir la feuille de son agenda, est résolument optimiste. Heureux de se remettre à écrire. Désormais dans son bureau à Boulogne au milieu

Madeleine et Roland,
l'été du bonheur. 1943.

Florence, Vincent, Alain et Gauthier :
les enfants Malraux sont si beaux,
ils ont l'air heureux, et pourtant...

Le piano : une passion,
une exigence au quotidien et un refuge.

Madeleine à l'écoute de son grand homme.

À l'heure du café chez Georges Braque avec Jean Paulhan. André devise, sa femme comme toujours à ses côtés.

Un couple élégant à la kermesse d'un meeting du RPF.

Sous l'œil vigilant de son amie Claude Pompidou,
Madeleine reçoit la Légion d'honneur.

Madame Malraux, la gardienne du temple malrucien
en son salon du boulevard Delessert.

d'un nuage de fumée de cigarettes américaines, en peignoir Lanvin de soie bleue, il s'attelle avec ardeur à l'œuvre dont il caresse le rêve depuis des années, l'écriture de *Psychologie de l'art*. Heureux de renouer avec l'action politique, persuadé que le destin de la France est lié au Général. Il est assidu au Comité d'études pour le retour de De Gaulle, empressé à la rencontre hebdomadaire avec le Général à l'hôtel La Pérouse, transporté de bonheur d'être convié à Colombey. A chaque fois ébloui d'avoir l'oreille du grand homme – mi-sauveur, mi-figure paternelle – et de la hauteur de vue de leurs entretiens. L'entourage proche de De Gaulle est pourtant loin d'être sous le charme de sa nouvelle recrue. Philippe, son fils amiral, insiste sur le ralliement tardif de Malraux à la Résistance, ses décorations et son titre fantaisiste de colonel qui choquent les officiers de haut rang. Tranchant, le Général balaie les critiques et fait valoir la brigade Alsace-Lorraine. Claude Guy, l'aide de camp, se méfie du personnage et de ses discours exaltés, Foccart murmure qu'il est mythomane. Malraux ne se doute de rien, tout à ses rêves de grandeur gaulliste.

La vie de Madeleine est bouleversée par la présence d'André à Boulogne. Elle hésite à travailler son piano par crainte de déranger l'écrivain en combat avec lui-même et ses feuillets, penché sur sa table ou allongé sur le tapis au milieu de ses découpages de livres d'art. Par discrétion, elle n'ose jouer lors des visites de gaullistes, nombreuses à l'époque. Désormais, elle dépend du bon vouloir d'André, prévenant mais maître de la situation, il l'invite à jouer *Poissons d'or* de Debussy ou les *Ballades* de Brahms en fin d'après-midi et le soir. Un glissement subtil s'opère. L'étau se resserre sans que Madeleine le veuille vraiment. Malraux lui propose de le rejoindre à déjeuner sur la table de bridge dressée dans son bureau. Il aime qu'elle lui serve le thé de cinq heures. La « fille-pianiste » de Roland se transforme en parfaite maîtresse de maison de la grande bourgeoisie de son époque, fixe les menus avec la cuisinière, donne des ordres aux deux femmes de chambre, à la nurse des enfants.

L'hiver 46 est celui des sentiments mêlés, d'une complicité et d'une intimité naissantes. Vincent appelle sa tante « maman » et Alain son oncle « papa ». Un doux imbroglio s'installe. Et parfois, insaisissable, un frôlement de main, un regard qui les surprend. Malraux sait être charmeur, délicat, empressé, gai. Il est sensible à la présence de Madeleine, à son regard de velours, à son pas léger sur le parquet, à son sourire confiant, à sa voix calme. Il apprécie sa conversation, elle sait l'écouter et n'intervient qu'à bon escient. Mais ce qu'il aime chez sa belle-sœur, c'est la force de caractère, la paix et la sérénité apparentes. Il admire sa résistance dans la tragédie. Pas un cri, pas une larme, pas une plainte. Une maîtrise de soi qui l'étonne chez une femme et dont il lui est reconnaissant, lui le pudique, le misogyne de sa génération. A l'opposé de ce qu'il avait dû subir auprès de Berthe la mère, de Clara l'épouse et de Josette la maîtresse. Et la pianiste l'intrigue, sa richesse intérieure, sa rigueur, ses silences ; elle détient les clés d'un ailleurs qui lui est étranger, inexploré. Il aime l'observer au piano, si concentrée, si loin, tendue physiquement vers l'instrument, la nuque légèrement penchée, les poignets aériens et les doigts fluides, magicienne de l'émotion musicale. « La musique est l'art qui exprime le mieux la tristesse », se répète-t-il souvent en l'écoutant. Le penseur de l'art est séduit par l'artiste.

Malraux, tout en nuances, subtilement, imperceptiblement, timidement prend l'initiative. Il pose sur le piano des petits dessins de chats, ses petits « dyables » codés, des partitions rares de Couperin et un jour, suprême attention, quelques pages de son manuscrit.

Le basculement amoureux de Malraux laisse songeur. Le romancier est certainement attiré par l'ambiguïté de la situation. L'ambivalent tenté de vivre des sentiments mêlés, confus, inextricables. Le franc-tireur séduit par l'idée de la transgression et de la mise à l'épreuve. L'union avec Madeleine resserre le nœud gordien, elle accomplit la fatalité familiale en répétant la faute de Fernand avec sa belle-sœur ; elle attise la culpabilité à l'égard du jeune frère mort en héros. L'obsessionnel du sacré et de la mort lance-t-il un défi aux dieux ? Et l'être d'exception que se veut Malraux serait-il tenté par un dénouement qui a la grandeur d'une tragédie grecque ? Une évidence s'impose. Quelque chose d'ineffable en Madeleine le touche. Lors de leur première rencontre avec Roland, elle lui était apparue « jolie mais pas trop[1] » ; c'est dans le train pour

---

1. Lettre à Josette citée dans *Les Marronniers de Boulogne, op. cit.*, p. 142.

Domme qu'il l'avait longuement regardée : endormie sur la banquette du wagon bondé, fuyant le danger, elle semblait si fragile et si calme. La féminité. Des années plus tard, comme pour légitimer leur union, Malraux écrira le rêve prémonitoire qu'il aurait eu pendant la campagne d'Alsace, à l'hiver 1944 : « Une femme brune me regarde avec une grande douceur, en inclinant la tête. C'est ma belle-sœur, bien qu'elle ne lui ressemble qu'à demi, et porte une coiffure – bandeaux, raie au milieu – que je ne lui avais jamais vue. Une voix solennelle, et un peu ironique, qui n'est ni la voix d'un rêve ordinaire ni une voix de veille, articule très distinctement : "Et maintenant, voici votre troisième femme." A sept heures, éveil et nouveau télégramme : "Etat Josette alarmant, venir toute urgence"[1]. » Les pythies le lui avaient annoncé. Madeleine lui est destinée.

Madeleine, qui perçoit les infimes changements dans l'attitude de son beau-frère, est parfois gênée, mal à l'aise. Elle est sur la réserve et s'interroge : *A l'hiver 46, je n'ai plus d'espoir. Roland ne reviendra pas. La douleur est aiguë. J'ai trente et un ans. La passion, je l'avais vécue avec Roland et rien ne pourrait jamais lui ressembler. Mais je suis petit à petit tentée par un désir d'harmonie et de sérénité avec André qui est à cette époque très attentionné, très délicat, très protecteur.* Et très séduisant dans un registre énigmatique et grave ; comme les chats, ses animaux fétiches, il s'approche lentement, doucement, prêt à saisir ou à fuir. La jeune femme est troublée.

---

1. André Malraux, *Le Miroir des limbes*, tome II, *La Corde et la souris*, Folio-Gallimard, 2002, p. 82.

Peut-être est-elle également sensible à l'aura de l'homme célèbre, flattée de lui plaire et tentée par la promesse d'une vie hors du commun ?

La cristallisation

25 juillet 1946. André et Madeleine prennent le café. La maison est calme. Les enfants font la sieste. Les domestiques ont desservi et se sont retirés. « Votre matinée s'est-elle bien passée ? – Je suis allée chez Lanvin avec Suzanne essayer quelques robes et j'ai un petit cadeau pour vous, il vous attend sur le piano. » André se lève, défait le ruban, malhabile. Un flacon d'*Espoir*, une eau de Cologne pour homme de chez Paquin. Il relève le front d'un air interrogatif. Pourquoi ce geste ? Allusion délicate au roman ou suggestion ambiguë de la part de Madeleine ? Près de soixante-dix ans plus tard, elle avoue que ses intentions n'étaient pas claires. Elle aurait pu offrir *Goya*, l'autre parfum à la mode de Paquin, en clin d'œil au travail d'André sur l'art ! Voulait-elle provoquer son beau-frère pour être fixée, savoir si elle avait raison d'interpréter ses gestes et attentions comme des approches ou commençait-elle à se demander si elle-même ressentait de l'amour ? Pour André, timide avec les femmes, un peu par pudeur, beaucoup par orgueil, le geste de Madeleine est subtil, le laissant libre de l'interpréter à sa guise. Il y voit une avance, un encouragement : « Alors vous m'aimez aussi ? » lui demande-t-il en la prenant dans ses bras. Premier baiser. Embarrassé.

Affectueux. Tendre. On se ressaisit : « Jouez-moi quelque chose », il allume une cigarette. Elle choisit Debussy, s'y adonne longuement. La musique la protégerait-elle ? Madeleine serait-elle perplexe, en proie à la confusion des sentiments, à la crainte d'avoir précipité les événements ? Une seule certitude : la ligne fatidique est franchie.

André devient pressant. Madeleine n'est pas prête. Comme convenu, elle emmène les enfants en Bretagne à l'hôtel avec la nurse en août. Il ne la rejoint pas. Au retour, André insiste, il veut lui faire découvrir Venise. Les enfants resteront à Boulogne, confiés à Célina qui prend les commandes de la maison malgré ses réserves sur la situation de sa fille. André a soigné la mise en scène de ce voyage de noces clandestin ; il a choisi l'Orient-Express, le palace roulant aux cabines habillées d'acajou, éclairées par Lalique, dont le luxueux restaurant comble les plus exigeants. A Venise, qu'André a découvert avec Clara, ils descendent au Gritti, se promènent en gondole, marchent des heures ; il est infatigable, concentré dans les Gallerie dell'Accademia, les églises et les palais ; longuement, il décrit à la jeune femme les détails de l'*Assomption* du Titien de l'église des Frari. De ce premier voyage, de ces premières nuits, Madeleine garde *un souvenir de résignation affectueuse*. On a vu idylle plus passionnée ! La jeune femme s'abandonne mais ne livre qu'une partie d'elle-même. Elle apprend à cloisonner le passé et le présent, et se laisse guider par André, déterminé et attentionné. Sur la voie de la convalescence.

Dès leur retour, Malraux assume pleinement une situation hors mariage qu'il a déjà vécue de longues années avec Josette. Madeleine, indifférente aux convenances, ne veut rien bousculer, elle souhaite se donner du répit, vivre au jour le jour. Mais les proches comprennent vite. Corniglion, Palewski, Beuret, Martin du Gard, Aron ne la regardent plus comme la belle-sœur mais comme la maîtresse. Dans les dîners parisiens, le changement est perceptible, ne sont plus évoqués leurs liens familiaux, on parle désormais des Malraux, ils forment un couple aux yeux de tous. Les drames de la guerre ont bousculé les repères moraux et les conventions sociales de la bourgeoisie et, à condition de rester pudique et discret, le regard des autres est devenu plus tolérant, parfois presque bienveillant.

Certains s'étonnent et sont plus réservés. A l'office, les domestiques jasent. Célina et Hippolyte s'inquiètent mais ne disent rien. Le 4 novembre 1946, Madeleine s'expose en public. Elle assiste à la Sorbonne à la grande conférence du Général et de Malraux à l'occasion de la naissance de l'Unesco. Assise au premier rang du grand amphithéâtre près de Madame de Gaulle. Yvonne est choquée que la jeune femme ne porte pas de chapeau à un tel événement et le fera savoir. Mais pire encore, elle qui se méfie de Malraux, désapprouve « sa vie de bâton de chaise » et ses rapports à l'argent, s'interroge, troublée : se comporte-t-il convenablement avec sa belle-sœur, la veuve d'un héros de la Résistance ?

André dans l'intimité

Les femmes de sa vie s'accordent sur un point : Malraux est un amant timide.

C'est un jeune homme inexpérimenté que Clara épouse. Extravertie, ardente, féministe à sa façon, elle le guide et lui détaille ses attentes, quitte à heurter sa pudeur. L'objectif est atteint puisqu'elle évoque la « soumission au plaisir[1] » qu'il lui donnait. Lui pourtant ne semble pas très attiré physiquement par sa jeune épouse, c'est elle qui trouve davantage de satisfactions dans leur relation.

En confiant ses secrets d'alcôve à Suzanne Chantal, l'amie de cœur, Josette décrit un Malraux ni très fougueux ni très attentif. Un premier baiser maladroit dans le taxi, une première fois « un peu ratée » suivie de semaines sans nouvelles, des retrouvailles sans s'approcher, une autre nuit l'amour rapidement. Les pudeurs d'André, son incapacité à la tendresse déconcertent la belle et lascive jeune femme qui se décrit comme « paralysée », en proie à un amour « éberlué et difficile ». Plus loin, sans doute pour se convaincre, elle affirme ne pas être attachée aux « réalités physiques de l'amour ». Dans une autre lettre datée d'un printemps à La Souco, elle s'étonne avec bonheur du réveil amoureux d'André après un long hiver, tout en se demandant si son amant ne serait pas « un peu homosexuel[2] ». Solaire et sensuelle, Josette n'est pas une maîtresse comblée. Sur ce plan aussi, elle est dépitée.

---

1. Entretiens avec Pierre Démeron sur France Culture en 1973. Cités par Dominique Bona in *Clara Malraux*, Grasset, 2010.
2. Suzanne Chantal, *Le Cœur battant*, *op. cit.*, p. 275.

Les quelques après-midi avec Louise de Vilmorin à la mi-août 1933, à l'hôtel du Pont-Royal et au Montalembert près de Gallimard ont sans doute été décevants. Pour elle comme pour lui. D'après ses biographes, Louise multiplie les passades. Coquette et narcissique, elle préfère la conquête au lit. Son mot est connu qui en dit long sur sa vision de « la chose » : « L'homme armé, c'est vraiment très laid. » En apprenant qu'elle a une nouvelle aventure avec un journaliste allemand, Malraux, exclusif en amour et furieux, rompt le jour du prix Goncourt. Il dira de Louise à Madeleine qu'elle est frigide. Sophie de Vilmorin, la nièce de Louise et sa dernière compagne, décrit à son tour les pudeurs et la retenue du grand homme, sa difficulté à exprimer ses sentiments, la distance qu'il instaure avec l'être aimé et conclut avec regret : « Je n'ai pourtant pas eu accès à André Malraux tout entier[1]. »

Rosine Delclaux, qui a son franc-parler et son bagout, à l'occasion d'une de ses visites annuelles à Boulogne pour embrasser son filleul Vincent, les bras chargés de cèpes et de foie gras, sa gourmette à la cheville, confiera à Madeleine qu'André avait certes toutes les qualités d'un homme d'exception mais qu'avec les femmes il était franchement « godiche » et mal dégrossi.

La passion charnelle, sensuelle, Madeleine l'a vécue avec Roland. Non seulement le jeune Malraux était très épris mais il avait une expérience des femmes bien supérieure à celle de son aîné. Dans

---

1. Sophie de Vilmorin, *Aimer encore*, Folio-Gallimard, 1999, p. 126.

l'intimité, la jeune femme découvre avec André un homme réservé, un peu muet, retenu. Très pudique, il passe de longues heures dans la salle de bains, en ressort emmitouflé dans sa robe de chambre, la rappelle à l'ordre si elle se promène dans la chambre en simple déshabillé : « Ne vous promenez donc pas toute nue ! » Parfois ardent, mais ne réussissant pas à se débarrasser de son angoisse des débordements et des démonstrations.

Malraux ne sait pas s'abandonner. Trop tourné sur lui-même, il veut tout maîtriser, le personnage qu'il se compose le dévore et l'empêche de s'accepter, d'aller à la découverte de l'autre. Sa méfiance du féminin le taraude depuis son enfance de jeune mâle couvé, étouffé par l'amour dévot de trois femmes en noir. Le phobique des araignées a-t-il l'angoisse d'être emprisonné et asphyxié dans la toile femelle patiemment et tendrement tissée[1] ? Ses pudeurs, sa retenue s'expliquent-elles par la peur, voire le rejet du ventre maternel géniteur, et son refus profond d'être père ? Est-il saisi par le vertige et la crainte de se perdre dans la fusion amoureuse ? Ce sensuel cérébral, il faut le deviner, l'aider à se dénouer, à se libérer. Mais, à peine franchi le pas de la porte de sa chambre, André redevient Malraux.

Madeleine n'a pas désiré d'enfant de Malraux. C'est un choix. En rien un renoncement ou un

---

1. Des peurs qui remonteraient selon Jean-François Lyotard à « une enfance femelle » qu'il détesta et qui explique sa phobie des araignées et de leur toile qui étreint, ses tics et ses spasmes de reniflement. Mais aussi des relations compliquées avec les femmes toute sa vie. Dans *Signé Malraux*, Grasset, 1996.

sacrifice. Elle ne ressent pas le besoin de se lier André, de le posséder à travers un enfant. Ni d'ancrer leur amour dans la vie, ni le projeter dans l'avenir. Sans doute l'ombre de Roland... Madeleine n'aime pas Malraux de cet amour physique, plein, possessif, brut de la femme qui veut un enfant de son homme. Leur attachement, leur amour n'est pas de cet ordre, il est plus subtil, compliqué, noué. La jeune femme devine André, il la veut entièrement à lui, à son écoute. Elle sait son rejet viscéral de la paternité. Son dégoût de la mère qui donne la vie et donc la mort, porteuse du fatal enchaînement et de la souffrance sur cette terre[1]. Clara a donné naissance à Florence sans qu'il l'ait désirée et alors que leur couple était à la dérive. Josette lui a imposé Gauthier et Vincent en pleine guerre et en exigeant le mariage, il lui en a beaucoup voulu.

Les enfants

Paradoxe de Malraux dont la paternité est si difficile et douloureuse, il veut ses fils sous son toit. Gauthier est chez les Clotis depuis la mort de sa mère, sa chambre l'attend à Boulogne. Madame Clotis refuse de s'en séparer. André ne cède pas. Un jour de novembre 1946, l'enfant de six ans, encadré de ses grands-parents, après un long trajet en train depuis Hyères, découvre sa famille. L'ambiance est tendue. Gauthier est sur la réserve, farouche

---

[1]. Nous rejoignons l'analyse de Jean-François Lyotard sur André Malraux et la paternité.

et fermé ; il ne connaît pas son frère, ni son cousin Alain qui jouent, indifférents, aux petites voitures, il se souvient à peine de son père et affecte d'ignorer sa tante. Madame Clotis ne peut se maîtriser, elle traite Madeleine d'« usurpatrice », Malraux lui ordonne de partir immédiatement. Sur le pas de la porte, la mère de Josette s'épanche, larmoyante, se répand en effusions pour Gauthier : « Mon petit Bimbo, que tu es mignon ! Quel amour d'enfant ! Quel déchirement, quand te reverrai-je ? » ; à peine un regard pour le second qui attend son baiser, et ces terribles mots : « Ah, tiens, tu es là ! Toi, mon pauvre petit Vincent. » L'enfant existe si peu à ses yeux, il est le bâtard qui porte le nom de Clotis et lui rappelle que Josette sera pour toujours une fille-mère. La mort et le chagrin ne sont pas venus à bout de sa rancœur, terrible. Monsieur Clotis, très civil, salue et tente de calmer son épouse.

Premier dîner, Gauthier vomit. Premier coucher, Gauthier ne veut pas dormir, il se tape la tête dans son oreiller. Une habitude qui passera à l'adolescence. L'enfant est perdu, malheureux. Sa grand-mère lui a raconté en détail l'accident de sa mère, son agonie ; elle a débité chaque jour des horreurs sur André et Madeleine. Sa mère lui manque. Il regarde tristement son beau portrait posé sur la cheminée de sa chambre. Il se sent de trop dans sa nouvelle maison. Vincent et Alain n'ont aucun besoin de lui et il n'a qu'une envie, donner des coups de pied rageurs dans leurs jeux. Son père est absent, le chauffeur l'emmène tôt le matin. Celle qu'il doit désormais appeler « maman » est une étrangère. Il déteste la nurse qui veut le corriger, lui qui a été adulé par ses grands-parents et ne sait pas obéir. Les scènes sont fréquentes, les colères épiques. La nuit, il hurle, réveillé par des cauchemars. Enfin son père arrive, le prend dans ses bras, le berce pendant des heures, marchant de long en large et lui racontant des histoires. Etonnante scène d'un Malraux protecteur, doux, compatissant. Gauthier est l'enfant qu'il a aimé. A sa manière. Il écrira ces belles lignes pour évoquer son fils à La Souco : « Roquebrune, le bruit des petits sabots de mon fils dans le jardin aux arbres de Judée en fleur[1]. » A côté, dans l'obscurité de sa chambre, Vincent les yeux grands ouverts, n'ose rien demander, il est l'exclu.

Vincent souffre. Révolté que son père ne l'aime pas. André ne l'accepte pas et n'a pas pardonné à Josette. Il est l'enfant de trop. Rejeté aussi par sa mère. Vincent a été ballotté, élevé en grande partie par Rosine Delclaux qui l'a pris sous son aile quand Josette rejoignait André à Paris ou au château de Fayrac en 1943-1944 et après le fatal accident de Saint-Chamant. Il est triste, sensible, son regard exprime un besoin de tendresse. Madeleine l'aime, il l'appelle spontanément « maman ». Alain est devenu son frère. Avec sa mère pianiste, la complicité est grande et un rite s'instaure ; elle joue pour lui les *Fusions fugitives* de Prokofiev ou les *Sarabandes* de Satie, et dès les premières notes, le voilà qui saute, multiplie les cabrioles sur le grand tapis blanc, court en tout sens à travers le salon, monte et

---

1. André Malraux, *La Corde et les souris*, *op. cit.*, p. 472.

dévale l'escalier à toute vitesse. Vincent remue pour prouver son existence. Son tempérament exaspère son père.

Le peu d'intérêt que manifeste Malraux pour les enfants agace Madeleine. Le matin, il leur lance « Bonjour les enfants ! », les garçons répondent à peine et n'osent pas aller vers lui. Ils prennent leurs repas à part, sur la terrasse ou dans la salle à manger avec la nurse, la corpulente Mademoiselle Grossel que Malraux juge encombrante et familière. Madeleine, qui leur tient compagnie, appelle André dès qu'il passe dans le salon : « Venez donc nous voir » ; il leur lance « Ça va ? » et repart aussi vite. Elle insiste : « Mais allez donc vers eux ! Racontez-leur une histoire. » La jeune femme suggère le rituel du soir. Gauthier, Vincent et Alain, après le dîner, disent bonsoir à leur père qui travaille à son bureau et leur dessine à chacun un animal fantastique, un petit « dyable ». Ce sera sa façon de communiquer avec ses enfants petits. Malraux fait quelques efforts, il attend de Madeleine qu'elle le guide sans reproche. Quand ils seront un peu plus grands, Madeleine doit insister pour obtenir que le dimanche, ils déjeunent ensemble. Malraux met du temps à l'accepter. Noué, cérébral, tourné vers lui-même, concentré sur l'œuvre de sa vie, père à contrecœur, ignorant de l'enfant qui n'apparaît d'ailleurs dans aucun de ses romans et ayant détesté sa propre enfance, Malraux renvoie une image certes accentuée, voire caricaturale, à la mesure de son personnage mais qui est en conformité avec celle du père grand-bourgeois de sa génération qui ne s'intéresse pas à sa progéniture en bas âge. Dans ces milieux, les enfants ne sont admis à la table des adultes que vers douze ans et ne doivent prendre la parole que s'ils y sont invités.

Le rôle est difficile pour Madeleine. La relation à construire différente selon l'enfant. Avec Alain, elle veille à ne pas l'étouffer d'un amour de veuve pour son fils unique et elle est attentive à ne pas rendre jaloux les deux orphelins de Josette. Avec Vincent qui la considère comme sa mère, elle tente d'apaiser les souffrances de l'enfant rejeté et encourage comme elle peut Malraux à poser son regard sur son fils. Avec Gauthier, renfermé et distant, vers lequel elle est moins spontanément attirée, elle essaie d'établir des liens de confiance, de calmer ses angoisses. Les cicatrices des trois garçons sont à vif, Madeleine veut leur apporter un peu de sérénité. Elle est entièrement libre d'agir. André ne lui donne aucune indication, aucun avis, reconnaissant de ne pas avoir à s'en occuper et de ne pas lui en parler trop longuement. Il ne veut pas être dérangé et lance plusieurs fois par jour la terrible sentence : « N'encombrez pas ! » Madeleine, pour les distraire, les emmène aux Tuileries pour le Guignol, au Ranelagh pour les poneys. On ne joue pas avec les autres enfants. Le chauffeur en casquette attend discrètement dans un coin. On rentre vite. Il faut regagner Boulogne, la cage dorée, l'aquarium ouaté du huis clos malrucien. Etrange famille qui ressemble à un puzzle éclaté. Trois orphelins, trois histoires différentes de patronymes, deux Malraux dont un par fausse déclaration, un Clotis né de père inconnu. Et avec des parcours déjà si différents, une tante et un oncle que l'on appelle papa et maman et qui imperceptiblement forment un couple, un père et une mère partis dont il ne reste plus qu'une photographie près du lit mais dont on ne parle pas. Situation confuse, silences pesants, sentiments ambigus pour des enfants en perte de repères. La foi n'est pas un recours, il n'y a pas de prière le soir. Dans cette maison de garçons marqués, blessés, les disputes et les bagarres sont continuelles. La violence affleure.

Madeleine insiste pour qu'André renoue avec sa fille Florence dès 1945, avant que le divorce ne soit prononcé : « Mais comment ferez-vous pour voir la petite ? Faites-lui signe. Invitez-la. » André refuse d'avoir le moindre contact avec Clara et pour fixer son premier rendez-vous avec sa fille qu'il n'a plus vue depuis 1940, lui écrit un petit mot. A un coin de rue près de la gare Saint-Lazare, Florence attend ce père dont sa mère se plaint depuis des années. Elle a douze ans et le voit surgir en uniforme d'une traction avant, il lui tend la main en lui demandant « Que lis-tu en ce moment ? – *Les Frères Karamazov*. » André se lance alors dans un long monologue sur la littérature russe. Heureusement, l'enfant est précoce et littéraire. Un timide lien peut s'esquisser. Ils iront déjeuner dans un grand restaurant.

Après le divorce de ses parents, elle est invitée pour la première fois à Boulogne, le 28 mars 1946, jour de son anniversaire, et découvre l'univers luxueux de son père alors qu'elle vit très simplement avec Clara dans un petit deux pièces, rue Tournefort, dans le 5ᵉ arrondissement. Mûre, fine, profonde, elle s'adapte à la personnalité écrasante d'André qui lui fait désormais l'honneur – l'idée lui a été soufflée par Madeleine – de déjeuner le jeudi sur la table de bridge. Très droite, faisant bonne figure, elle se tient impeccablement, n'évoque jamais sa vie avec sa mère ; Malraux lui parle comme si elle était une femme de lettres. L'ambiance est froide, formelle, le service stylé, un bouquet de fleurs dans chaque pièce. Tout est parfait mais sans chaleur. Malgré la douceur et les efforts de Madeleine. Avant le déjeuner, elle est invitée à aller jouer avec « ses frères ». Ce que la jeune adolescente accepte avec beaucoup de gentillesse malgré la différence d'âge. Le père et la fille ne s'embrassent pas, elle rentre seule en métro.

Le décor de Boulogne

Sa richesse à la Libération est un des mystères de Malraux. Cette aisance est inédite pour celui qui vit à crédit depuis des années. Clara est ruinée et Josette s'est beaucoup plainte de leurs difficultés financières. Dans l'entourage gaulliste, on s'étonne de son train de vie. On sourit aussi, l'aventurier est devenu bien bourgeois, un parvenu au goût tape-à-l'œil ! Qui aime être servi par des domestiques en gants blancs et conduit par son chauffeur à casquette. Son allure de dandy et ses costumes Lanvin choquent dans une France pauvre et grise marquée par la pénurie et les tickets de rationnement. Au Général qui s'interroge : « Mais où trouve-t-il tout cet argent ? », son aide de camp Guy donne une explication équivoque où pointe l'humour : « Ses droits d'auteur, probablement[1]. » Malraux n'aborde pas le sujet avec Madeleine. On ne parle jamais d'argent. On ne fait pas ses comptes. La question est déléguée au factotum Albert Beuret, le fidèle de Malraux depuis leur captivité à Provins en 1940. Nombreux sont ceux qui murmurent que sa fortune est issue des fonds de la Résistance non utilisés et partagés à la Libération.

Une chose est certaine, Malraux dépense allègrement pour aménager Boulogne. Avec beaucoup de soin, il se compose un décor à sa mesure. Madeleine est consultée pour la forme. Si certains détails le gênent, il n'hésite pas à les transformer. Monsieur Foin, menuisier « Meilleur Ouvrier de France », coffre l'escalier du duplex de parois lisses et blanches, refait en bois sculpté les jambages de la cheminée de son bureau, remplace la double porte d'entrée par deux grands panneaux d'une armoire espagnole achetée rue Bonaparte. L'artisan monte également des lampes à partir de jarres mésopotamiennes et socle des têtes Gandhara.

Pour le coin canapés du salon, l'écrivain choisit des velours lie-de-vin qui contrastent avec les voilages safran et les rideaux en satin jaune, un moelleux tapis blanc sur le parquet en point de Hongrie et deux statues gréco-bouddhiques sur le piano. Leur chambre conjugale est l'objet de toutes les attentions. André la veut vénitienne, Madeleine a son mot à dire. Elle repère et achète chez Drouot un

---

[1]. Claude Guy, *En écoutant de Gaulle, Journal 1946-1949*, Grasset, 1996, p. 296.

dessus-de-lit en fils de soie doré assorti aux stores en tissu mordoré ; ils ont un coup de foudre chez un antiquaire rue Saint-Honoré pour des chaises vénitiennes du XVIIIe, et André offre à sa femme un secrétaire vénitien aperçu par hasard en voiture dans la vitrine d'un antiquaire à côté de chez Gallimard. Pour l'entrée, ils cherchent longtemps une console XVIIIe dont ils font changer le marbre pour un gris rare, et modifier les entrelacs des pieds.

Aux murs des pièces de réception, un *Bouquet* de Fautrier côtoie un *Paysage vineux* de Dubuffet, des *Oiseaux* de Braque. Malraux agrémente l'espace d'un masque dogon, de fétiches africains, de figures funéraires japonaises et de poupées hopi qui lui rappellent ses émerveillements de jeune adolescent au palais du Trocadéro. Le décor raconte sa vie : l'aventure en Asie, la guerre d'Espagne, l'émerveillement à Venise, le musée imaginaire pensé à l'Information. Et dans la salle à manger des enfants, sont disposées la table et les chaises en ferronnerie à nœuds bleus du jardin de La Souco. Ce mélange de style et d'époque, de pièces authentiques et de reproductions, est l'assemblage d'un aventurier et d'un amoureux de l'art, d'un esthète libre et non conformiste.

Que pense Madeleine du décor créé par André ? En dehors de leur chambre qu'elle aime, son jugement est réservé : le style est brutal, les couleurs trop contrastées, l'ensemble bigarré et disparate. Elle cite avec malice le mot de la première épouse, Clara, à l'ironie mordante : « André a beaucoup de goût mais mauvais. »

Madeleine dans l'aventure du RPF

La France d'après-guerre va mal, secouée par l'instabilité politique et ministérielle, les difficultés économiques et l'agitation sociale. La guerre froide se profile. La CGT lance des mots d'ordre de grèves dures. On craint la guerre civile. L'aide américaine du plan Marshall, qui ramènera l'équilibre et la prospérité en France et en Europe, promise par des Etats-Unis inquiets de la situation, se fait attendre.

Le 16 juin 1946, date quasi anniversaire de son appel de Londres, le général de Gaulle effectue un éclatant retour sur la scène politique. En grand uniforme et de toute sa hauteur il déclame son fameux discours de Bayeux exhortant à une nouvelle constitution capable d'instituer un régime de séparation des pouvoirs et un président de la République fort. Le combat pour la France a repris. Malraux est heureux. A Colombey, le grand homme réfléchit au lancement d'un mouvement qui ne doit pas être un parti politique, ce sera le Rassemblement du peuple français, le RPF.

Pour proclamer sa création, la ville symbole de Strasbourg est choisie. Sur le balcon de l'hôtel de ville, le 7 avril 1947, d'une voix solennelle, le Général affirme que la vocation du RPF est nationale et se situe au-dessus des partis, que son action vise à libérer l'Etat de la dictature des partis et à instituer une nouvelle constitution. Il avertit : face au danger communiste, la Quatrième République, si faible, est incapable de défendre le pays et les libertés. Derrière la majestueuse silhouette, Malraux à côté de Soustelle contemple la place Broglie noire de monde. La foule rappelle le Général trois fois au balcon. Madeleine est à Boulogne, en fin d'après-midi André téléphone : « C'est un moment historique, la France renaît » ; malgré la distance, il veut vivre et partager avec elle ce moment historique. Son amour exalté pour le Général l'aurait-il rendu sentimental ? Quelques jours plus tard, le vendredi 11 avril 1947, à Boulogne, Madeleine doit se priver de piano ; dans le bureau d'André, le Général prépare la déclaration officielle de lancement du RPF. Les visiteurs défilent : Mendès France, Giacobbi, Diethelm, Lacoste, Beuve-Méry, Palewski, Soustelle.

De Gaulle a confié à Malraux le service de presse et de propagande du RPF. L'après-midi, l'écrivain quitte vers quinze heures Boulogne pour les locaux du mouvement au 19 boulevard des Capucines. Son chauffeur le ramène vers vingt heures. Créatif et novateur, le romancier et cinéaste imagine les grandes messes du RPF qui sacraliseront le tour de France de De Gaulle.

Avec le sens de la mise en scène et un certain goût pour la démesure, il soigne le rituel d'apparition du Général, théâtral sous un ballet d'éclairages, en musique et devant une mer agitée de drapeaux tricolores avec la croix de Lorraine. Homme de publicité et de communication avant l'heure, il s'inspire des grandes fêtes staliniennes et des shows à l'américaine. Malraux veille à chaque détail, campagne d'affichage et slogans, tracts, vente d'insignes, de gadgets et de drapeaux. Rien ne lui échappe. Il a son avis sur tout et fourmille d'idées. Pour chaque meeting, il organise des kermesses avec fanfares et stands de jeux, fléchettes, tombolas et buvettes, collectes dans des tirelires. L'objectif est de galvaniser les troupes et de collecter un maximum de fonds.

Avec son héros, les liens se tissent encore davantage à partir de 1947. Malraux se rend de plus en plus souvent à Colombey. Le 24 octobre 1947, il tombe en panne et arrive pour le déjeuner à quatorze heures. Grossièreté intolérable à La Boisserie mais qui lui sera pardonnée par un Général particulièrement affable. Les deux hommes se respectent profondément, liés par le même orgueil et une pudeur exacerbée, fascinés l'un par l'autre, de Gaulle se rêve écrivain et Malraux homme d'Etat. Les réserves persistantes d'Yvonne sur cet « excité » qui ferait mieux d'écrire ses livres laissent son époux indifférent. Autre rituel gaulliste sacré, le conseil de direction du RPF le mercredi après-midi au 5 rue de Solférino sous la présidence du Général venu de Colombey. Malraux, le fidèle, ne l'a jamais manqué.

Le succès du RPF est foudroyant. Les élections municipales d'octobre 1947 sont un triomphe et le mouvement compte un million d'adhérents. Le RPF devient le deuxième parti de France derrière le PCF.

Malraux n'est pas seulement un organisateur d'événement inspiré, il est un tribun hors pair. C'est lui qui enflamme l'auditoire avant l'entrée en scène du Général. Ses formules claquent : « Nous sommes en 1788 », « Honneur et Patrie, voici le général de Gaulle ! », « Nous voulons nous séparer des séparatistes [les communistes] ! », « La justice sociale n'est pas l'apanage des communistes », « Le gaullisme n'est ni un parti, ni une idéologie mais un mouvement de salut public ». Provocateur, il raconte qu'il a longtemps attendu l'entrée des communistes en Résistance ; catastrophiste, il annonce la mort de la démocratie en Europe ; lyrique, il en appelle aux valeurs d'une nouvelle chevalerie et de la chrétienté... L'auditoire est subjugué, épuisé lorsque apparaît le majestueux Général qui jamais ne remerciera ni ne félicitera son chauffeur de salle.

Pour Madeleine qui accompagne André à tous ces meetings, c'est une révélation. La cristallisation amoureuse. La jeune femme est fascinée, charmée, envoûtée par l'orateur... Conquise et séduite par l'homme qui, le front haut, l'œil électrisé, la gestuelle théâtrale, tour à tour emphatique et gouailleur, combine les effets de style, capte la salle, la maîtrise, la dompte avant de s'offrir aux ovations. La jeune femme est touchée car il la veut à ses côtés dans ces moments comme si sa présence le rassurait. Transportée par une fierté immense pour la supériorité d'André, sa domination intellectuelle et son pouvoir charismatique. Admirative aussi car elle seule connaît l'envers du décor. Malraux n'écrit jamais ses discours. Il improvise. Avant d'affronter les salles, de long en large dans son bureau, tirant sur sa cigarette, éructant, toussant, nerveux, il rumine quelques idées qu'il jette fébrilement sur un papier. Dans la voiture, avant le meeting, il se teste en réfléchissant à haute voix, marmonnant une formule, essayant sa phrase de lancement. Il griffonne au dernier moment quelques mots forts, deux-trois tournures et développements d'appui, mais jamais de texte ni même de plan, et se lance sur l'estrade. Lorsque Brigitte Friang, son assistante au RPF, lui demande à sa descente de tribune ce qu'il faut résumer aux journalistes, il répond : « Allez donc demander à un chaman ce qu'il a dit en transes ! »

Madeleine n'oubliera pas le meeting géant du 2 juillet 1947 au Vel' d'Hiv où le discours confus et prophétique d'André galvanise trente mille personnes. Ni le premier congrès du RPF à Marseille en juillet 1947 lorsque Malraux, interrompu par les coups de poing des communistes au service d'ordre, reprend la salle avec des envolées enflammées sur le péril rouge. Le climat est violent, André est traité de fasciste. Le 12 novembre 1948, une balle traverse son bureau et le manque de quelques centimètres, il en est persuadé, les communistes veulent l'éliminer.

Le 14 décembre 1948 au meeting du RPF au Vel' d'Hiv, les journalistes de *Paris Match* en reportage suivent le couple. André, pardessus sombre en cachemire sur les épaules, Madeleine en long vison et brushing impeccable posent devant le stand de tir et la roue de la loterie. Clichés noir et blanc au charme désuet ; les silhouettes élégantes dans la brume hivernale semblent sorties d'un rêve, décalées et irréelles au milieu de cette fête foraine et populaire.

Malgré les succès, un malaise est perceptible dès l'été 1949 dans les rangs du RPF. L'enthousiasme s'essouffle. Le Rassemblement est devenu une lourde organisation militaire et bureaucratique, les notables locaux contestent l'état-major parisien, l'argent manque, les participants sont moins nombreux aux meetings et en 1950 le nombre des adhérents chute. Les Français se lassent des discours visionnaires alors qu'ils aspirent au bien-être. L'ère des Trente Glorieuses a sonné. Les élections de 1951 ruinent les espoirs du RPF. Dès lors, les apparitions de Malraux boulevard des Capucines se font rares. La fin du RPF est annoncée en 1953 par le général de Gaulle qui se retire à Colombey et entame sa « traversée du désert », célèbre formule signée Malraux. Le rideau tombe sur les années d'espoir et de ferveur gaulliste.

Le divorce

A la Libération, André, qui refuse de parler à Clara, jette ses courriers sans les ouvrir et ne la prend pas au téléphone. Il tait sa fureur quand il apprend qu'elle se répand partout avec ces mots sarcastiques : « C'est lui le héros, mais ce sont les autres qui meurent ! », faisant allusion à ses jeunes frères.

A la Libération, Clara propose de lancer la procédure de divorce. Sans doute parce que cette décision de justice ne pourra plus bénéficier à Josette qu'elle méprisait et détestait. Le couple Malraux est devenu un dossier d'avocats. Le divorce qu'André avait demandé aux torts réciproques sera prononcé en 1946 mais à ses torts exclusifs. Il doit céder et accepter les conditions de Clara qui a la garde de Florence, obtient une pension alimentaire, et continue de porter son nom d'épouse. Ils ne s'adresseront plus jamais la parole.

La mariée est encore en noir

La pression s'accentue autour du couple Malraux. La grand-mère de Madeleine se rend à Boulogne, elle veut embrasser son arrière-petit-fils et se rendre compte par elle-même de la situation de sa petite-fille. Les parents Lioux s'interrogent en silence. Quelles sont les intentions d'André ? Madeleine est-elle amoureuse ? Et que devient sa carrière de concertiste ?

Pour le Général, la situation de Malraux ne peut s'éterniser. En aparté et en quelques mots, bien que ce genre d'exercice lui répugne, il évoque ses devoirs à l'égard de sa belle-sœur, veuve, de surcroît d'un « Mort pour la France ». Yvonne, lors des représentations officielles, est froide avec Madeleine. Il n'y a pas que leur situation hors mariage qui la mette mal à l'aise, cette idylle en famille la choque. Après le mariage, même s'il n'est que civil et que Malraux est un divorcé, elle saura se montrer plus chaleureuse avec Madeleine.

André et Madeleine n'attachent pas d'importance à la question ni aux conventions de leur époque. Ils portent le même nom et considèrent comme inutiles les formalités administratives. Ils n'en parlent jamais. Leur histoire complexe, enchevêtrée, malrucienne se moque du cadre formel et institutionnel ; elle s'écrit selon son propre tempo.

Début 1948, André prend sa décision, ils se marieront civilement. Une concession aux convenances davantage qu'un désir profond. Ainsi le sujet sera clos. Il n'y aura ni demande officielle ni bague de fiançailles. Les fleurs, cartons d'invitation, réceptions, photographies, cadeaux sont bannis. Une manière claire d'affirmer son mépris des codes bourgeois et sa volonté de discrétion. Malraux, le héros de sa propre vie, ne peut tout de même pas se marier comme tout le monde ! Aucun membre de la famille Lioux ne sera convié. Pauvre Célina, une fois encore mise à l'écart. Les enfants n'y assisteront pas. Aucun ami non plus. Une simple annonce au *Carnet du Monde* suffira.

Le mariage se déroulera le 13 mars 1948 en Alsace, dans la plus stricte intimité, uniquement en présence des camarades de la brigade Alsace-Lorraine. La journée sera austère, placée sous le signe de la virilité et de la Résistance. Malraux l'organise minutieusement. Madeleine fait mine de s'y intéresser, avec des sentiments mêlés, agacée de n'avoir pas son mot à dire et touchée de l'intérêt qu'il porte à l'événement.

Robert, le chauffeur, conduit le couple en Alsace pour deux jours. A la mairie de Riquewihr au milieu des vignes, les futurs époux arrivent seuls à dix heures du matin. Madeleine est en noir, tailleur et petit bibi Lanvin. Elle salue son témoin, René Dopff, de la célèbre famille viticole depuis le XVIe siècle, ancien commandant du bataillon Mulhouse, et Antoine Diener-Ancel, ancien commandant du bataillon Strasbourg, le témoin d'André. Le maire, Jean Hugel, écharpe tricolore, a été prié d'officier rapidement. Signature des registres, remise du livret de famille qui stipule qu'il n'a pas été fait de contrat de mariage, tout est réglé en une demi-heure. Un cliché pris à leur insu les immortalise à la sortie, Madeleine souriante et timide, un bouquet de roses et mimosas à la main, presque ingénue, un pas derrière André drapé dans son personnage de noble héros.

Les Malraux sont ensuite attendus Au Moulin, chez les Dopff qui reçoivent dans leur propriété l'ensemble des vétérans autour d'un vin d'honneur. Le lendemain, dans la crypte de la cathédrale de Strasbourg, l'abbé Bockel, l'aumônier des heures combattantes, célèbre une messe « pour la brigade Alsace-Lorraine et ses amis » en présence du couple qu'il bénit. Surprenante scène d'André et Madeleine, tous deux agnostiques, graves et émus face au prêtre. Saisis par la beauté et la poésie de l'instant sacré davantage que par sa signification religieuse. L'après-midi sera consacré à la visite du musée de Colmar pour admirer le triptyque d'Issenheim par Matthias Grünewald ; André raconte à Madeleine l'histoire de sa restitution en 1944 qu'il s'attribue de manière romanesque et lui commente longuement les détails du Christ qui le fascinent, avant de se lancer dans de longs développements sur l'art et l'éternité.

Que ressent la jeune femme en se mariant ? Sereine, elle se tient en réserve, volontairement spectatrice. Madeleine observe. La dignité impassible d'André, l'affection virile qui lie les hommes de la brigade, leur saint respect pour le chef. Elle éprouve un étrange sentiment de répétition, un mariage civil dans l'intimité, la mariée en noir, le témoin devenu l'époux. Et le glissement d'état civil si discret de Madame Roland Malraux à Madame André Malraux. L'ombre de Roland plane.

A leur retour, de Gaulle invite André à lui présenter sa femme. C'est la première rencontre pour Madeleine, le Général se contentant jusque-là lors des meetings d'un bref salut. A l'hôtel La Pérouse, autour d'un verre en fin d'après-midi, les propos sont courtois et convenus, le grand homme prend des nouvelles des enfants, interroge la jeune femme sur sa carrière de concertiste. Le couple se retire, André est heureux, Madeleine a été parfaite.

Le couple Malraux

Dans son numéro du 7 juin 1948, le célèbre magazine américain *Life* consacre une douzaine de pages à un Malraux magnifié, héroïque en colonel Berger et en croisé du RPF. En appui du texte, un cahier de photographies. Sur l'une d'elles, la dernière du reportage, Malraux, l'allure théâtrale et inspirée, très baudelairien, fume, debout devant le piano de Madeleine qui joue pour lui, souriante et posée. Habillés en Lanvin, elle en robe longue de satin, lui en costume croisé. Quelques années plus tard, des clichés similaires paraîtront dans *Paris Match*. La jeune femme incarne l'idéal féminin qui prévaut encore largement à l'époque : charme, douceur, sérénité, délicatesse et raffinement. A Malraux les attributs de la virilité, la prestance, le mystère et la grandeur. Ils sont élégants, esthètes, artistes. Parés des vertus éternelles de la haute société. A l'extrême opposé du célèbre couple de la rive gauche qui prend la pose au Café de Flore, Jean-Paul Sartre et

Simone de Beauvoir, les intellectuels de gauche, agitateurs et antibourgeois, porteurs du féminisme et de la libération sexuelle, qui traceront le sillon de la révolution des mœurs de mai 1968.

Ces clichés des Malraux en posture chic et classique ont pourtant choqué, notamment au sein de l'entourage du Général. S'exhiber dans un décor de luxe, célébrer la culture et l'art peut paraître insolent à une France dont les réalités sont la pénurie, la crise du logement et la difficile reconstruction. Les Malraux, tels des demi-dieux, semblent se tenir bien loin du rivage. En posant ainsi – le personnage a toujours aimé se mettre en scène devant les photographes –, André prouve qu'il a le sens de ses intérêts, l'écrivain fait la promotion de ses livres sur l'art mais surtout il étale sa jouissance narcissique et son orgueil. Malraux se flatte d'offrir l'image idéalisée d'un couple parfait, romantique et beau. Heureux que le charme de Madeleine magnifie son aura et serve sa légende de héros magnifique.

« Vous dansez bien, Madeleine ! »

Madeleine est accaparée par les enfants et la maison. La concertiste s'est transformée en surintendante. Les enfants se disputent, les maladies infantiles s'enchaînent et la nurse menace régulièrement de rendre son tablier. La maîtresse de maison a cinq personnes à son service ; avec le ton juste et ferme, il faut donner des consignes précises, savoir écouter les bavardages, gérer les humeurs et les zizanies d'office. Blanche, la cuisinière qui a fait ses armes chez Sacha Guitry, s'ennuie chez les Malraux qui ne reçoivent pas, elle est assistée d'une aide pour le marché ; la maison compte également deux femmes de chambre à petit tablier et bonnet blanc, l'une est attribuée au service de Monsieur et Madame, l'autre à celui des enfants et de la nurse ; le maître d'hôtel en gants blancs est chargé de servir, d'accueillir les visiteurs et de répondre au téléphone, tandis que le chauffeur en tenue de service et casquette peut être sonné à tout moment.

Malraux, l'enfant de Bondy, l'ancien aventurier, le maquisard, est désormais un grand bourgeois qui vit dans le luxe. Il se montre exigeant et protocolaire. Le service doit être discret et impeccable. Invisible. Aucune familiarité n'est tolérée. André ne s'intéresse pas à son personnel, jamais une question d'ordre privé ni le moindre compliment mais un glacial « Vous pouvez disposer ». Cette attitude illustre le mépris pour les questions matérielles de l'intellectuel, les exigences de l'esthète mais aussi la volonté de distance du parvenu.

Ce train de vie fastueux a une contrepartie, la perte de liberté. Servitudes de la grande bourgeoisie ! Les domestiques entendent et écoutent, ils voient tout, rien ne leur échappe, du plus intime dans la chambre à la moindre intonation de voix ; ils sont au courant de chaque appel téléphonique, de chaque visite, reconnaissent les écritures sur le courrier. On cancane beaucoup dans les cuisines, on commente : « Madame ceci... Monsieur cela », « Moi, si j'étais Madame... ». Les moments de solitude pour les maîtres de maison sont rares, servis à table, conduits en voiture, André et Madeleine se voussoient et veillent à leurs propos. Dans les bonnes maisons, on parle anglais pour préserver son intimité mais les Malraux ne maîtrisent pas de langue étrangère. La nurse débite des absurdités aux enfants, elle affirme à Alain que son père est peut-être prisonnier dans un camp soviétique ou amnésique quelque part en Allemagne... Pour Madeleine, la situation est pesante. Elle n'a plus le temps de travailler son piano. Gérer du personnel et jouer les grandes bourgeoises est bien loin de la combler. Elle doit prendre sur elle. La pianiste aurait tant d'autres choses à exprimer.

La maison tourne autour de Malraux. Il descend à son bureau à huit heures, en robe de chambre. Le petit déjeuner y est servi sur une table de bridge, le maître d'hôtel apporte cérémonieusement le plateau en argent, verse en silence le café et dispose les croissants chauds. A midi, le maître des lieux quitte sa table de travail et monte prendre son bain et se raser, il déjeune en costume sur la table de bridge dans son bureau et après le café s'allonge sur son canapé pour une petite sieste avant de se remettre au bureau. Vers dix-sept heures, pause avec Madeleine qui sert le thé et lui prépare un toast avant de lui jouer la *Rhapsodie n° 2 en sol mineur* de Brahms, une *Gymnopédie* de Satie, *L'Isle joyeuse* de Debussy ou les *Lieder* de Nietzsche pendant qu'il écrit. Il dîne assez frugalement, souvent dans sa chambre. André a ses habitudes, il fume un paquet par jour, Camel le matin et Craven l'après-midi et, avec son briquet Dupont en or et laque noire, n'allume jamais la cigarette d'une femme, y compris de la sienne. « Vous vous débrouillerez ? » ; il apprécie l'alcool, se prépare plusieurs fois par jour un scotch et ne saurait se passer d'une bonne bouteille à table. Une consommation d'alcool à l'époque répandue dans la société française. Comme dans tous les domaines, ce qu'exige André, c'est la qualité et le raffinement.

L'écrivain est heureux en cette année 1947, ses romans paraissent dans la Pléiade. Une consécration pour un auteur contemporain. On parle du prix Nobel qu'il espère secrètement. Il publie *Le Musée imaginaire* en 1947, et corrige les épreuves de *La Création artistique* dont la parution est prévue en 1948.

Madeleine doit être à sa disposition de manière élégante et discrète. *Il met les formes mais il fallait être très disponible*, précise-t-elle avec une pointe d'ironie. Menus achats de cigarettes ou de chocolat, lecture des feuillets déposés sur le piano et toujours annotés à la marge d'un « Voilà pour vous », courses boulevard des Capucines pour déposer ou récupérer le manuscrit à taper par la secrétaire pour Gallimard. Malraux lui demande de choisir des petits cadeaux pour son équipe, comme ce carré Hermès pour remercier Brigitte Friang. C'est Madeleine qui le représente aux enterrements qu'il déteste ; elle lui décrit celui de Bernanos en juillet 1948, le rayon de soleil qui traverse le vitrail de l'église pour se poser sur le cercueil, ce qui lui inspirera de belles pages dans les *Antimémoires*.

Malraux est sauvage et aime le silence. Pour ne pas le déranger, la première fois qu'elle revoit

Jacqueline Bernard après la guerre, Madeleine lui donne rendez-vous dans un salon de thé rue du Faubourg-Saint-Honoré. Sa condisciple a épousé Raymond Latarjet, une sommité de la médecine, radiobiologiste réputé internationalement, et elle est professeur au Conservatoire, assistante de Jeanne-Marie Darré. Extravertie et directe, elle s'étonne que son amie ait si vite abandonné sa carrière. Jacqueline vient parfois jouer au piano à Boulogne. Le plus souvent quand André est à l'extérieur, mais s'il est dans son bureau, il vient la saluer. André s'en méfie un peu, elle parle trop fort et il perçoit le reproche à son égard, lui qui ne permet pas à Madeleine d'exercer pleinement ses talents. Un après-midi, Jacqueline s'est annoncée avec Jacques Février, le pianiste préféré de Maurice Ravel, censé les écouter et les éclairer de quelques conseils sur la *Sonate pour deux pianos* de Mozart ; les jeunes femmes se mettent au piano, elles joueront d'une manière saccadée pendant des heures, interrompues sans cesse dans leur élan par des exclamations aiguës, « Reprenez, mesdames, je vous prie ! Le tempo, mesdames, je vous prie ! Oui, Allegretto ! Oui, c'est cela, parfait ! Magnifique ! Recommençons, je vous prie ! Bravissimo ! Bis ! Bis ! » Malraux sort de son bureau, l'œil noir, sans un mot. Il est exaspéré. L'expérience ne se reproduira pas.

Madeleine devine André à chaque instant. C'est ce qu'il aime, qu'elle soit à son écoute. Mais la jeune femme se garde bien de lui montrer trop rapidement qu'elle l'a compris. Malraux avance masqué, il veut garder ses mystères, campé dans son personnage énigmatique, les gestes et les regards codifiés. Ses secrets sont verrouillés. Son enfance, sa mère, les femmes de sa vie, des sujets tabous. Madeleine ignore ses crises de tics, ce qu'il apprécie, elle les interprète comme une chasse aux pensées désagréables qui l'assaillent. André ne remercie pas, ne félicite jamais. Si quelque chose lui déplaît, il le fait comprendre d'une phrase lapidaire souvent détournée de son objet. Les démonstrations de tendresse le pétrifient, Madeleine s'y conforme. *Je ne suis pas transportée vers lui et je ne lui saute pas au cou ! Il aurait détesté cela !* Elle ne lui montre pas son enthousiasme après ses discours mais doit lui faire comprendre d'un regard ou de quelques mots que le moment a été beau. Dans une situation particulière, il la surprend par son naturel et sa spontanéité. *Au restaurant, il devient très animal et perd son côté ésotérique, il se détend* ; c'est cette ambivalence du personnage qui captive la jeune femme.

Le jeu de séduction est subtil au sein du couple, tout en retenue et non-dits. Malraux domine la situation et Madeleine la maîtrise. Pourtant avare de compliments, il lui glisse parfois « Vous dansez bien », une jolie formule en guise d'hommage à celle qui s'accorde si parfaitement à lui. Alors que Clara voulait lutter, Josette le tirer à elle, Madeleine s'ajuste. La pianiste sait interpréter André.

De quoi parlent-ils ? A table, quand ils sont seuls, c'est souvent Madeleine qui lance les sujets. Elle ose quelques remarques sur les derniers feuillets qu'il a déposés sur le piano ; avec délicatesse, elle peut signaler une répétition ou une phrase qui lui semble obscure, et ensuite revenir sur le Titien et son influence, le dialogue glisse alors vers un monologue d'André aux envolées lyriques. S'il aborde la politique, c'est surtout pour critiquer ses camarades gaullistes. Aucun baron n'y échappe. Seul le général de Gaulle est intouchable, sa fidélité et son admiration pour l'Etre suprême sont absolus et infaillibles. Madeleine aime l'écouter – ses formules sarcastiques sur une situation ou un individu, sa manière de relancer une conversation avec son fameux « Si on disait contre » ou « Montons d'un cran », ses saillies iconoclastes et ses onomatopées à déchiffrer la font toujours sourire. Ne sont jamais abordés l'intimité des cœurs et des corps par pudeur, ni les questions matérielles par désintérêt, ni trop longuement les enfants par ennui ; les préoccupations de Malraux sont intellectuelles et il aime développer à l'oral ce qu'il pourrait écrire.

André est le contraire de Roland qui était curieux des choses de la vie, naturel et drôle. Madeleine se dit qu'elle vit désormais avec un génie. *Sa personnalité m'intéressait comme icône. Dans ce sens, il était attachant. Il était si spécial, original et pittoresque.* Sa confiance en elle la touche, il la veut à ses côtés dans tous ses déplacements officiels et Madeleine est émue quand il l'appelle « ma régularité ».

Malraux veut une épouse élégante. Pour le plaisir des yeux, par vanité masculine mais aussi par raideur formaliste. Il aime les beaux tissus, les coupes impeccables et apprécie que la femme se fasse belle pour lui. Josette se ruinait pour lui plaire. Avec Madeleine, il est exigeant. Tout ce qui l'entoure et lui appartient doit tendre à la perfection, rien ne doit déparer. Pour cette mise en scène de tous les jours, Madeleine, qui joue l'actrice, s'habille chez Lanvin au classicisme et à la rigueur stricts et raffinés. André abhorre la mode, les couleurs criardes, les ornements chichiteux, les décolletés plongeants mais ne donne aucun conseil et n'accompagne jamais sa femme. Il ne complimente pas mais sait poser son regard. Le seul bijou qu'il lui offre est un fragment de sculpture assyrienne que Madeleine fait monter en broche rue de la Paix et portera à chacun de ses voyages officiels. Elle est rangée au fond d'un tiroir boulevard Delessert.

La mémoire de Roland

Comme veuve de déporté, Madeleine doit se plier à un certain nombre de formalités administratives qui ravivent à chaque fois la douleur. En novembre 1946, elle remplit au ministère des Anciens Combattants une demande de régularisation de l'état civil portant les mots « non rentré » et se voit délivrer en décembre 1946 le certificat de décès. Pour obtenir la mention « Mort pour la France », il faut constituer un dossier administratif et apporter des attestations sur l'honneur prouvant l'appartenance de Roland à un réseau de Résistance. André en rédige une pour son frère le 16 février 1946, ainsi que Corniglion-Molinier en novembre 1946.

Malraux, ministre de l'Information, diligente une enquête sur Roland en Allemagne. On lui fournira son numéro de matricule et cette mention : « Malraux Roland aurait déposé une bague en métal blanc et une montre-bracelet en métal blanc » en arrivant à Neuengamme. Terribles et maigres détails.

Roland reçoit à titre posthume la médaille de la Résistance par décret du 31 mars 1947 publié au *Journal officiel* du 26 juillet suivant. Le 19 octobre 1949, un pli du ministère des Anciens Combattants annonce à Madeleine que sur l'acte de décès de Roland, pourra figurer la mention « Mort pour la France » en tant que déporté politique. Son sacrifice et son courage sont honorés par la Nation. Claude Malraux, lui, n'aura pas droit à la moindre reconnaissance officielle, André n'entreprendra aucune démarche pour ce jeune frère dont il n'a jamais été proche et qui par son exemplarité le renvoie à ses ambiguïtés.

Comment vivre avec l'ombre de Roland ? A Boulogne, on garde le silence. Et ceux qui reviennent ne racontent pas. Lorsque Louis Martin-Chauffier, camarade de déportation de Roland à Neuengamme, rend visite à Malraux à la Libération, Madeleine ne lui pose aucune question. La douleur est tue. La jeune femme compartimente le réel et l'ailleurs, cloisonne le monde des vivants et celui des morts et navigue de l'un à l'autre. *Si je voulais, je pouvais penser à Roland à mon aise, mais pour moi.*

L'unique portrait de Roland est dans la chambre d'Alain, les photographies sont enfermées dans les tiroirs du secrétaire vénitien. Alain tente parfois des questions sur celui qu'il appelle « papa Roland », « papa » étant réservé à André. Mais Madeleine ne veut pas l'étouffer par le souvenir d'un père disparu, ni lui raconter sa fin tragique. A partir de huit ans, il assistera aux commémorations du Mont-Valérien entouré d'André et Madeleine, la médaille de son père épinglée sur son blazer de petit garçon.

A propos de ces années de retour à la vie, Madeleine dit avoir aimé Malraux *d'une manière fraternelle*. Etrange formule qui suggère qu'à travers André, la jeune femme est fidèle à son amour pour Roland.

CHAPITRE 7

Le point d'orgue

Novembre 2011. Boulevard Delessert, à son piano, Madeleine, chignon blanc et chemisier à jabot, joue Stravinsky et Brahms devant les caméras d'une équipe de télévision canadienne. Concentrée, le doigté fluide, la pianiste de quatre-vingt-dix-sept ans est filmée depuis deux heures. La petite assistance applaudit et l'artiste offre son sourire de sortie de scène, coquet et amusé. La porte refermée sur les journalistes et les techniciens, elle s'assoit bien droite et d'humeur enjouée, évoque ses années avec celui qu'elle nomme « Malraux » ou « mon mari », plus rarement « André ».

*

La vie est un art

La poursuite d'un rêve

Alors que le roman ne l'inspire plus et que l'aventure du RPF s'essouffle, Malraux se lance dans son projet fou sur l'art. Il le porte depuis des années. Hanté par des questions métaphysiques sur le génie, le mystère de la création et l'énigme du chef-d'œuvre.

Et fasciné par l'immortalité de l'œuvre. Seul l'art peut triompher de la mort.

Adolescent, il fuit l'ennui du lycée et le huis clos féminin de Bondy pour rêver au musée de l'Homme, au Musée Guimet et au Louvre. Jeune homme, il commence à gagner sa vie en vendant des livres d'art anciens et en 1921, le premier ouvrage qu'il signe, *Lunes en papier*, est un poème surréaliste illustré par Fernand Léger. Passionné, maniaque, obsessionnel, Malraux fouille les bibliothèques, les musées, les bouquinistes, les galeries. Avec Clara, il découvre le monde. Ce sera la fascination pour l'Italie et l'inégalable Florence dont il capte et décrypte les trésors, puis les grandes expéditions et la révélation de l'art indochinois et moyen-oriental. Doué d'un regard fulgurant et scrutateur, d'une mémoire visuelle sélective et précise, il se crée un gigantesque musée imaginaire. Et caresse le rêve de le mettre en livre dès la fin des années trente.

En novembre 1951, paraissent chez Gallimard *Les Voix du silence*[1]. Cette œuvre, il en est fier. Le plus grand soin a été porté à l'iconographie, Malraux a veillé lui-même à la qualité et au rendu des couleurs, avec le photographe Roger Parry. Mais c'est surtout son approche originale et révolutionnaire qui frappe les esprits de l'époque. Guidé par son intuition et ses émerveillements, l'auteur a confronté et comparé les œuvres, dans un grand mélange des époques, des

---

1. Il s'agit de la refonte totale en un seul livre de trois volumes publiés chez Albert Skira, éditeur suisse d'art, sous le titre *Psychologie de l'art* : *Le Musée imaginaire* (1947), *La Création artistique* (1948) et *La Monnaie de l'absolu* (1950).

écoles et des cultures. Pour apprendre à les regarder autrement. C'est en les opposant les unes aux autres qu'il les déchiffre, cherche leur secret et traque leur « présence ». A Boulogne, sur le tapis ivoire du salon, l'intellectuel réfléchit manuellement, en composant et montant les images qu'il a découpées dans les livres d'art. Tâche immense et vertigineuse que cette traque en chambre des merveilles du monde.

A la sortie des *Voix du silence*, nombreux sont les historiens d'art qui s'indignent. L'Anglais Ernst Gombrich et le Français Georges Duthuit dénoncent les erreurs et les ignorances de l'autodidacte, relèvent les raccourcis et les lieux communs. Malraux s'en moque, pas mécontent de jouer les francs-tireurs. Fidèle à lui-même, provocateur et rebelle à l'académisme.

Ni catalogue, ni étude historique, *Les Voix du silence* sont un chant sacré, une méditation lyrique. Une œuvre littéraire. La préférée de Madeleine. La musicienne aime sa plume poétique et musicale, la beauté du titre qui résonne en elle. Malraux le lui a dédié, tel un trophée d'amour[1].

La quête à travers le monde

Pour les trois volumes du *Musée imaginaire de la sculpture mondiale*, et *La Métamorphose des dieux*, Malraux entame une série de voyages. Il veut sa femme à ses côtés. Citons les plus marquants.

---

1. Malraux a dédié son premier livre, *La Tentation de l'Occident* (1926), à Clara. Josette Clotis, Louise de Vilmorin et Sophie de Vilmorin n'ont pas eu droit à cet hommage.

En 1952, ils quittent Boulogne pour leur première grande expédition ; plus de trois semaines en Grèce, Egypte, Liban, Jordanie, Iran et Irak. Avec Malraux, les visites sont rapides, il connaît précisément et à l'avance ses cibles, ne prend jamais de photos ni de notes. Sur un site exceptionnel, à Pétra, il veut tout voir, mais au pas de charge et, comme à une chasse au trésor, se fige tout à coup devant tel ou tel objet qui mérite à ses yeux d'être méticuleusement scruté. Si les rencontres avec la population locale ne l'intéressent nullement, il aime les paysages et demande à son chauffeur de l'arrêter à certains points de vue. Avec Madeleine, il est prévenant, mais concentré, dans ses pensées. Elle le sait et ne cherche jamais à meubler le silence.

Au Moyen-Orient, les hôtels sont aussi rares que rudimentaires, les routes n'existent pas et le voyage sera pénible, surtout en Iran et en Irak. A Samarra, peuplée exclusivement de silhouettes masculines immaculées au regard sauvage, la chaleur et l'odeur sont suffocantes, l'atmosphère oppressante. Dans la chambre à la propreté douteuse, d'énormes ventilateurs au plafond tournent dans un ronflement qu'André ne supporte pas : « Arrêtez-moi tout cela ! » A Madeleine de se débrouiller avec le personnel local. Ils se remettront rapidement en route pour l'Iran. Sur le trajet torride de pistes et de chemins rocailleux, la voiture est arrêtée au milieu d'un marché ; des porteurs d'outres en peau de mouton gonflées d'eau se précipitent à la vitre de Malraux qui, assoiffé et séduit par le pittoresque, accepte le breuvage moyennant quelques piécettes. A Ispahan, il tombe si violemment malade que Madeleine, persuadée qu'il va mourir, alerte en pleine nuit Moussa Saïdi, le rabbin, un ami de Clara, qui le sauvera *in extremis* en lui trouvant des sulfamides.

Fin décembre 1953, le couple Malraux est invité deux semaines à New York. Pour Madeleine, c'est une première. André s'y est rendu en 1937 avec Josette pour plaider avec un succès limité la cause des républicains espagnols. Cette fois-ci, il est un hôte de marque très attendu au congrès international d'histoire de l'art et à l'inauguration de nouvelles galeries du Metropolitan Museum.

La traversée de l'Atlantique se fera sur le luxueux paquebot *Ile-de-France* en compagnie de Georges Salles, spécialiste des arts asiatiques et musulmans et directeur du Louvre depuis 1945. Sur le pont, les deux hommes devisent, les sujets sont vastes, l'art en Iran, en Afghanistan et en Chine, la vocation des musées nationaux à s'ouvrir au plus grand nombre. Madeleine écoute, se laisse bercer et s'abandonne à la rêverie ; son piano lui manque et elle joue mentalement un prélude de Bach, une *Gymnopédie* de Satie. A peine installés au Saint Régis, les obligations professionnelles s'enchaînent. A l'américaine. Malraux fait la promotion de ses livres sur l'art, il multiplie les dédicaces, les interviews, rencontre des éditeurs, visite les musées ; sa femme est à chaque instant à ses côtés. Ni l'un ni l'autre ne parlent anglais, mais aucune importance, dans les années cinquante, les New-Yorkais cultivés parlent un français impeccable. Le soir de l'inauguration au MET, un homme attend Madeleine, il s'approche d'elle à l'étonnement d'André, c'est Theodore Fried, le peintre réfugié à Toulouse qui l'avait prise en photographie en 1942 avant de fuir aux Etats-Unis. Au milieu du brouhaha mondain, la jeune femme est saisie, les souvenirs et les images se télescopent, Roland est là.

Le couple Malraux est invité à déjeuner chez les Meyer. André Meyer, qui, à la tête de la banque Lazard, passe pour le génie financier des Etats-Unis, est français. Son appartement, dans l'immeuble du Carlyle House, abrite une des plus belles collections privées de Manhattan. Le roi de la finance, qui est heureux de faire admirer ses acquisitions au célèbre Français, fait la visite. Malraux a sa tête fermée, il traverse sans un mot le salon et jette à peine un coup d'œil sur le *Portrait de Petronella Buys* de Rembrandt, l'*Enfant au col blanc* de Picasso, et *Le Pont de Trinquetaille* de Van Gogh. Dans le bureau, le maître de maison s'arrête devant une de ses toiles préférées, un magnifique Manet, *Femme en manteau de fourrure*. Malraux bougonne quelques mots inaudibles, et ne prononcera pas le compliment tant attendu. Campé dans toute la hauteur de son personnage, il ne peut tout de même pas avoir l'air ébloui chez un particulier ! Le Français serait-il agacé par le pouvoir de l'argent ? Méfiant à l'égard du mécénat privé anglo-saxon ? Pour Madeleine, André est avant tout un timide et un orgueilleux. L'enfant des faubourgs déteste se plier aux convenances et aux mondanités.

Deux ou trois fois par an, le couple se rend à Venise. La ville préférée de Malraux. L'insatiable est à chaque fois émerveillé. Un rituel qui le ressource. Pour Madeleine, c'est une parenthèse heureuse,

André est détendu, serein, attentionné. Ils descendent toujours au Gritti, retournent sans se lasser dans les musées et les églises qu'ils connaissent par cœur, marchent des heures, ils ont leurs habitudes dans les bons restaurants. L'aventurier pressé aime les gondoles, il s'y allonge avec volupté, l'œil charmé par les jeux de perspectives, les lumières et les scintillements, l'ombre fuyante d'un chat. Malraux se pose enfin et rêve. L'homme mystérieux est fasciné par la « ville incomparable » des faux-semblants et des masques, qui se dévoile au fil de l'eau, où l'on se perd, labyrinthe de coins et de recoins, dédale de ruelles et de canaux, entrelacs de ponts, d'escaliers et de passages dérobés. Une ville qui lui ressemble. Liliana Magrini, vénitienne, écrivain et traductrice d'André, Gaston Palewski, ambassadeur de France en Italie, Louis Guilloux, romancier inspiré par Venise, et le comte Vittorio Cini, collectionneur, l'initient à quelques secrets, un palais, une fresque dans une chapelle. Et toujours, les Malraux fuient les mondanités et ne vont jamais à l'opéra ni au théâtre. André veut garder l'incognito.

A Pâques 1953, à l'initiative de Madeleine, André invite Florence quelques jours en Toscane. Premier voyage ensemble pour le père et la fille. Elle a vingt ans ! Florence découvre la ville des jours heureux de ses parents, la ville qui lui a donné son nom. Fine et cultivée, elle s'adapte à la conversation de son père, se montre affectueuse avec Madeleine et joue les grandes sœurs avec Alain qui n'a que dix ans. Gauthier et Vincent sont chez leur grand-père Clotis, devenu veuf. Un voyage inoubliable pour Alain qui se souvient de la « jubilation » d'André devant un vitrail de Paolo Uccello, une *Résurrection*. Florence leur offre ses beautés, palais, églises, jardins, monastères, places et restaurants sur l'Arno. Ils sillonnent en voiture découverte la Toscane, Pise, Lucques et Sienne avant de regagner Venise. Les Malraux sont heureux. Un sentiment rare dans la famille.

Madeleine et André se rendront plusieurs fois à Rome, les séjours sont indispensables à l'écrivain de l'art mais un peu contraints. Le carcan et la glorification de la religion catholique lui pèsent parfois. Ses deux passions italiennes sont Venise et Florence.

La douce épouse

Madeleine choie André comme un enfant gâté, elle le dorlote. Il apprécie. Il y est habitué. La triade féminine de Bondy était à sa dévotion, Josette le couvait d'attentions et Clara lui a sacrifié sa dot. Madeleine accepte pleinement son rôle d'épouse du grand Malraux qui laisse des petits mots sur le piano, « les cigarettes vont mal », « Le chocolat serait apprécié », « Passez chez Gallimard pour tel ouvrage ». Il sort peu, accaparé par sa tâche d'écrivain et fuyant la compagnie humaine ; son temps est précieux, s'il ne travaille pas, il a besoin de se reposer. C'est donc Madeleine qui comble ses moindres désirs. Pour les éditions rares à découper, elle se rend régulièrement chez Gallimard, Girardon, Buloz ou Galignani, à la recherche du livre attendu et mieux encore de la trouvaille qui enchantera.

S'il n'aime pas fréquenter les grands bourgeois, il en adopte les goûts et les adresses. Madeleine passe souvent chez Corcellet pour les épices, les condiments et les cafés, Hédiard pour les chocolats et les pâtes de fruits, Fauchon pour le foie gras, la Maison du Caviar pour le caviar. Quand il est d'humeur bougonne, elle lui choisit chez Lanvin une paire de chaussettes en fil, une pochette ou une écharpe en soie qu'elle pose discrètement dans la salle de bains sans lui en avoir dit un mot. Il ne remerciera pas mais la communication est rétablie. C'est toujours à Madeleine d'être à l'écoute et d'avoir le geste délicat.

Comme la tante Marie puis Josette avant elle, Madeleine tape les manuscrits d'André. Etrange métamorphose que celle de la virtuose inspirée en dactylo consciencieuse ! Désormais, c'est la petite musique de Malraux que ses doigts jouent, elle devient l'interprète fidèle de son mari, son exécutante disciplinée. Comment la pianiste a-t-elle pu mettre sa dextérité au service de cette tâche subalterne ? C'est son choix. Tout a commencé à Taormina, en Sicile en 1955. A l'hôtel, elle s'ennuie pendant qu'il écrit. Sans lui dire, elle achète une machine à écrire Olivetti, apprend toute seule et commence à déchiffrer et mettre au propre son travail. L'habitude est prise de retour à Boulogne.

Madeleine aime être le premier lecteur de son époux, déchiffrer sa création. Non seulement elle admire son don d'écrivain sans les frustrations de Clara et de Josette qui se rêvaient un destin de femme de lettres, mais elle se passionne, l'art est un nouvel et infini monde qu'elle aborde avec les yeux et la plume de Malraux. Les feuillets tapés seront modifiés une dernière fois par André qui ne rature jamais, mais les coupe aux ciseaux et les colle pour recomposer le texte ; il ajoute parfois très proprement quelques annotations en marge. Elle sait que les compliments sont malvenus, presque indécents. Il a en horreur les flatteries et ne partage pas ses doutes d'écrivain.

Madeleine est à sa disposition. Au déjeuner, il peut annoncer : « Cet après-midi, nous allons au Louvre. » Le chauffeur est appelé sur-le-champ. André tient à la présence de sa femme. Pour lui seul. Les enfants ne les accompagnent jamais. Devant une œuvre, le couple unit ses talents. L'écrivain et la pianiste sont complices. L'homme pressé prend son temps. Sans prise de notes, ni photo. D'abord, il s'abandonne, se laisse toucher intimement et marmonne ses émotions. Ensuite, vient le temps de la raison, il la décortique, l'analyse, recense les analogies et les symboles, la technique, les couleurs, raconte la vie de l'artiste. Soudain, il se tait. Il attend l'avis de Madeleine. La pianiste, sensible à la musicalité du tableau ou de la sculpture, suggère un rapprochement entre un peintre et un compositeur, une œuvre d'art et une œuvre musicale. Telle symphonie de couleurs chez Turner lui évoque Palestrina, *Les Esclaves* de Michel-Ange lui inspirent *Fidelio* de Beethoven, *La Vierge au lapin* du Titien Monteverdi. « C'est intéressant ce que vous dites. Développez », lui glisse-t-il songeur et réfléchi. « Comment vous expliquer ? J'entends ce que je vois et je vois ce que j'entends. » Ils dialoguent, mettent en mots leurs sensations. Si Malraux a pu mener à bien son projet titanesque sur l'art, c'est parce que la femme de sa vie était une artiste et une musicienne.

L'initiatrice

Madeleine révèle la musique à André. La lui fait entendre autrement. Elle se passionne pour *L'Anthologie sonore*, qui retrace en cent quarante 78 tours l'histoire de la musique du IXe au XVIIIe siècle. Le projet a été lancé en 1935 par le musicologue allemand réfugié en France, Curt Sachs, avec Bernard Steele, associé de la maison d'édition Denoël, et Maurice Dalloz, disquaire érudit du boulevard du Montparnasse. Madeleine achète la collection et fait découvrir à André les ballades et chants religieux italiens du XIVe siècle, les chants grégoriens, les danses du Moyen Age, les poèmes des troubadours français et allemands du XIIe siècle, la messe de Machaut, *Le Chant des oyseaux* de Janequin mais aussi Pachelbel, Scarlatti, Vivaldi, Palestrina, Bach et Couperin. La jeune femme s'enthousiasme également pour la musique indienne et japonaise ; les étranges et millénaires râgas indiens, chants samouraïs et sons nô envahissent le duplex de Boulogne. Dans une armoire de théâtre vénitienne peinte qui s'harmonise avec l'ensemble de la chambre conjugale, Madeleine s'aménage une discothèque et range son Pathé-Marconi de très bonne qualité.

C'est en théoricien de l'art que Malraux, séduit par le concept d'anthologie, entre dans le monde musical. L'intellectuel veut s'enrichir de cette culture nouvelle pour lui. « Vous qui connaissez tel compositeur… », lance-t-il souvent en apostrophe à sa femme pianiste. Il cherche à établir des concordances musicales avec la peinture et la sculpture au-delà des époques et des cultures, pour les mettre en résonance les unes avec les autres. Les corrélations le séduisent, il demande à Madeleine de lui jouer tel ou tel morceau quand il écrit tel passage de son livre.

Dans leur chambre, le soir, et tant qu'il n'est pas ministre, après sa sieste, il écoute de la musique. Il ne sait pas et ne veut pas utiliser « l'engin », c'est donc Madeleine qui lui propose les disques du jour, développe les raisons de son choix, répond à ses questions puis manie avec douceur le bras de lecture à pointe de diamant. Elle écoute à côté de lui. S'il se lasse, elle fouille dans sa boîte à musique, traverse les siècles et les frontières, à la recherche du morceau qui l'intéressera ou lui plaira. Malraux ressent profondément le grand mystère et le pouvoir suprême de la musique. Il découvre les sons du Moyen Age, s'émerveille pour la musique de la Renaissance, surtout Palestrina, et se passionne pour Monteverdi, le maître de la chapelle de Saint-Marc à Venise, le créateur de l'opéra. Madeleine lui fait aimer le baroque musical qu'il ne connaît pas. Il s'entiche des pièces de Couperin, elle lui joue *La Coquette*, *La Gourmande*, *La Violente*, et en boucle sa préférée, *Les Idées heureuses*. Le couple vit ses années de communion artistique.

Madeleine devine qu'André aurait aimé être musicien. Parfois, dans leurs moments d'intimité musicale, il se tend, ses traits se crispent. Si le don de sa femme pianiste le séduit et le flatte, sa dépendance à l'initiatrice le révolte. Il bute contre ses limites d'écrivain, se heurte à la supériorité de la musique sur les mots. Il peut devenir brusque et ordonne : « Tapez un peu sur votre piano », comme s'il demandait de jouer *Au clair de la lune*. Pour lui signifier que toute grande pianiste qu'elle est, sa vocation est d'abord de se plier à son bon plaisir. Elliptique et peu aimable, il bougonne une suggestion : « Ah, oui, tout ce Beethoven de l'année dernière. Et Brahms dont on ne parle plus en ce moment ! » A Madeleine de saisir avec le calme et l'élégance de celle qui maîtrise la situation.

Une famille compliquée

Une enfance dorée et douloureuse

Madeleine inscrit les garçons à la Petite Ecole Nouvelle à Auteuil. L'établissement libre et non conventionnel a le mérite de la proximité et est tenu par Arlette Lejeune, une forte personnalité. Cette ancienne résistante, sœur du dessinateur non conformiste Jean Effel, guidée par un idéalisme d'après-guerre, veut jeter les bases d'un monde meilleur en élaborant une pédagogie moderne et innovante inspirée des méthodes Montessori. L'enfant doit se développer, épanoui et autonome. Le jeu, les activités manuelles, le chant et les sorties sont privilégiés. Les jeudis sont consacrés à la découverte de musées, d'églises et de monuments de Paris avec une conférencière, Claude Thibaud, qui s'adapte à son jeune public. L'hiver, la Petite Ecole se transplante près de Chamonix pour de longs séjours de ski au grand air et au contact de la nature.

Gauthier et Alain se font très bien à leur école fréquentée par les enfants de la grande bourgeoisie éclairée du quartier, notamment les sœurs Schumann. Le sujet n'intéressant nullement André, c'est Madeleine qui se charge du suivi. Elle intervient notamment au moment du départ vers huit heures ; Robert, le chauffeur, attend dans l'imposante Vedette noire, posté au coin de la rue, Gauthier et Alain grimpent à l'arrière sans se faire trop prier, mais Vincent se roule de colère et refuse de quitter le cocon de Boulogne. Madeleine est parfois obligée, en robe de chambre, de le traîner jusqu'à la voiture et, s'il le faut, de faire le trajet en le tenant fermement jusque devant la porte de l'école. Malgré un cadre privilégié et souple en rupture avec les méthodes d'éducation traditionnelles, Vincent est dès six-sept ans incapable de se fixer et de respecter quelques règles élémentaires. L'enfant crie sa souffrance.

Dès son plus jeune âge, Gauthier voue un culte à son père. Adolescent, il copiera sa façon de s'habiller et sa signature. Exclusif, il est jaloux du moindre regard que pose André sur Alain et considère Madeleine comme une étrangère. A Boulogne, le jeune Malraux est fermé, l'attitude est hautaine et distante, les jugements carrés et définitifs. Solitaire et triste, il est scout laïc, il a peu d'amis et n'est pas curieux du monde extérieur. Elève sérieux et moyen au lycée Claude-Bernard, il obtient le bac avec la mention AB et s'inscrit à Sciences-Po, avec le rêve d'intégrer l'ENA sans doute pour épater son père. Sa marraine, Suzanne Chantal, le reçoit souvent dans sa maison à Bougival. Elle le trouve trop maigre et voûté, s'inquiète de sa nervosité et de ses brusqueries, tente d'apaiser sa douleur en lui parlant de Josette.

Vers douze ans, Alain traverse une profonde crise d'angoisse. Il ne cesse de penser à son père disparu sous les bombes, emporté par les flots. Son corps n'a jamais été retrouvé et l'enfant se torture, Roland a besoin d'aide et l'attend peut-être quelque part. Les cauchemars, les idées noires et les sensations de panique l'assaillent, chaque jour plus forts. L'enfant va mal. Madeleine s'alarme. C'est André qui, un matin, se rendra seul dans la chambre de son neveu et saura trouver les mots. Il lui dira les témoignages des rescapés de Neuengamme, combien Roland a été exemplaire, courageux et digne et qu'il est mort instantanément dans le naufrage, sans souffrir. Alain, calme et grave, commence à accepter l'inacceptable : son père ne reviendra jamais.

Alain bénéficie d'un statut particulier, lui a sa mère qui l'aime tendrement et André, presque affectueux, le traite de « chat touffu ». Le jeune garçon a des moments d'intimité détendue avec ses parents qu'il accompagne en voyage en Italie lorsque Gauthier et Vincent sont en vacances à Hyères chez leur grand-père Clotis. Gauthier, jaloux et plus âgé, le rejette. Vincent le considère comme son frère. Alain poursuit une scolarité de rêveur contrarié. Doué, il réussit sans trop d'efforts l'examen d'entrée en seconde à Janson-de-Sailly.

Si Gauthier et Vincent montrent peu de goût pour la musique, Alain se met au piano facilement. Pour les amuser, en douceur, Madeleine leur propose des petits exercices de solfège avec des dessins et des couleurs. Elle ne veut rien imposer, se refuse au dressage. Et le temps consacré aux enfants lui est compté car André l'accapare, avec ses exigences à Boulogne, les voyages si fréquents. Alain, qui semble doué, aura son piano laqué blanc dans sa chambre ; sa nonchalance agacera parfois les professeurs de renom qui viendront lui donner la leçon à domicile.

Au printemps 1956, les trois garçons sont convoqués par Malraux dans son bureau. Lapidaire et froid, il leur lance : « Vous avez un âge où il ne faudra plus nous embrasser. Vous pouvez disposer. » Madeleine, témoin de la scène, est interloquée et désapprobatrice. Elle quitte la pièce sans un mot. Gauthier et Vincent, blessés, n'en parleront jamais. Alain est le moins touché par ce verdict tranchant, il se permettra même une allusion humoristique sur une carte postale qui ne déplaira pas à Malraux.

Malraux n'a pas d'objectif pour ses enfants. Il ne dicte aucun principe éducatif, ne rêve pas de réussite et ne leur donne aucun conseil. Le grand esprit ne leur transmet rien sur le plan philosophique et spirituel, ni sur l'art, incapable de se mettre à leur portée et de leur offrir une partie de lui-même. L'autodidacte entretient une relation compliquée voire paradoxale avec les concours et les diplômes, il s'invente au gré des documents officiels des titres universitaires mais affiche son mépris pour les académismes. De ce père hors norme, les enfants comprennent qu'un Malraux ne fraie pas avec le commun des mortels, sa place est ailleurs, au-dessus ou en marge.

Vincent, le révolté

A l'école, Vincent s'appelle Malraux, Madeleine a obtenu cette faveur de la direction lors de l'inscription. A la maison, le sujet est tabou. C'est lors d'un séjour chez les Clotis vers neuf ou dix ans, que l'enfant apprend la vérité sur son état civil. Le choc est foudroyant. Dévastateur. Le rejet paternel est désormais officialisé ; la guerre est déclarée. Vincent devient révolté face à ce père tout-puissant qui nie son existence. Et pourtant il aurait été si facile pour Malraux d'entreprendre les quelques démarches administratives de reconnaissance ou d'adoption de son second fils. Madeleine le sait et se tait. Le nœud malrucien étrangle en silence.

A onze ans, en sixième au lycée Claude-Bernard, Vincent pratique l'école buissonnière, disparaît et rentre dans sa chambre en grimpant par les gouttières vers dix heures du soir. Il cache et déplace des objets dans la maison ; plus grave, il fouille dans le sac de Madeleine pour subtiliser de l'argent. La « tante-belle-mère-mère-adoptive » tente de le raisonner et le protège, elle ne dit pas tout à Malraux. Les retenues et les blâmes du lycée pleuvent, Madame Malraux est convoquée par le proviseur, Vincent sèche les cours, il est incontrôlable, ses notes sont catastrophiques. Il est renvoyé.

L'ambiance en famille devient intenable. Enfermés dans le garage, Gauthier et Vincent se battent à coups de chaînes et de pompes à vélo ; Malraux ou le chauffeur les sépare de force. Vincent est souvent puni par André qui lui ordonne : « Je t'ai assez vu. Va dans ta chambre ! » mais l'adolescent s'enfuit comme un chat par la fenêtre, gagne la terrasse et saute du premier étage. Malraux, qui aperçoit dans le jardin sa silhouette agile, est fou de colère. Ce second fils, *cet autre lui-même* selon Madeleine, il ne le supporte plus.

La décision est prise, il ira en pension. Madeleine se renseigne et opte pour un internat en Suisse, « La Clairière », à Villars-sur-Ollon. Le collégien y fera sa rentrée en septembre 1955. Le calme revient à Boulogne. De courte durée. Madame Malraux est à nouveau convoquée, le verdict tombe : Vincent est incapable de s'adapter à la vie de groupe ; parfois agressif, elle doit lui trouver une nouvelle pension. Second essai en Suisse aux « Buissonnets », second renvoi. Madeleine suggère alors un établissement près de Paris, Vincent se sentirait moins éloigné, moins exclu. L'internat huppé « Les Roches » à Verneuil-sur-Avre pratique dans un cadre luxueux de club anglais une pédagogie à l'anglo-saxonne axée sur la responsabilisation et le sport qui pourrait enfin lui convenir. On l'inscrit à l'équitation pour lui faire plaisir. Alain et Madeleine viennent déjeuner le dimanche. Mais l'adolescent multiplie les fugues. Il est renvoyé. Furieux, désemparé, Malraux se tourne vers Pierre Bockel, l'ancien aumônier de la brigade Alsace-Lorraine devenu aumônier de l'université de Strasbourg ; les deux hommes n'ont jamais cessé leur dialogue sur la spiritualité et la religion. L'abbé qualifie son ami d'« agnostique comblé de grâce » et accepte de prendre sous son aile le fils révolté qu'il inscrit au lycée Fustel-de-Coulanges à Strasbourg.

Les vacances sont des périodes d'accalmie. A Lucerne à l'hôtel des Balances, à Crans à l'hôtel du Golf, Vincent monte à cheval et gagne des concours de saut d'obstacles. A Crans, Malraux est particulièrement de bonne humeur, il écrit sur la petite terrasse de l'hôtel, tandis que Madeleine prend des leçons de golf avec les enfants ou les emmène faire des excursions. Le grand homme ne sort de l'hôtel que pour aller déjeuner en taxi dans un restaurant d'altitude. L'été 1957, les Malraux louent à Ciboure une immense villa Art déco, La Maldagora. La maison est pleine, le soleil radieux, André concentré sur *La Métamorphose des dieux*. Les Pompidou passent, leur fils s'entend bien avec Vincent, Florence vient également quelques jours, Alain ne quitte pas Vincent, ébloui par son côté mauvais garçon.

Une grande frayeur

En 1958, Gauthier en vacances à Noël avec des amis dans une station de ski en Italie est pris d'un malaise et de vertiges, il est hospitalisé d'urgence à Turin. Madeleine est avec Alain à Crans à l'hôtel du Golf où elle a retrouvé son amie Suzanne Roquère qui a épousé Grégoire Salmanowitz, richissime héritier d'un empire suisse, la Société générale de surveillance. Suzanne met à leur disposition une voiture avec chauffeur pour se rendre au plus vite au chevet de Gauthier. Malraux, prévenu au ministère de la Culture, les rejoint par le premier avion. La scène est terrible : Gauthier, paralysé, couché de côté, ne peut plus parler, ses grands yeux bleus sont fixes. Le diagnostic tombe : pneumonie à virus avec hémiplégie. André décide de le rapatrier au plus vite par avion sanitaire. Soigné en clinique aux antibiotiques, il retrouve la parole mais gardera une faiblesse au bras gauche. Vincent fait des fugues à moto d'Alsace pour lui rendre visite et le distraire d'une longue convalescence. Début d'un rapprochement fraternel.

Les visites de Célina

Non seulement Célina tient la maison et les enfants quand sa fille et Malraux sont en voyage, mais elle vient régulièrement pour des séjours de quinze jours. Elle a sa chambre attitrée. André garde la distance et la salue avec un brin d'impertinence d'un « Bonjour la mère », « Comment va la mère ? » qui la met mal à l'aise. Il ne l'appelle jamais par son prénom, ne l'embrasse pas mais lui serre la main. Célina est intimidée. Elle se comporte comme un chat avec André, prudente et discrète. Vis-à-vis de Madeleine, elle est partagée, épatée par le luxe et rassurée par le mariage civil, mais elle n'aime pas vraiment l'homme, déconcertée par son ton et son attitude. Elle préférait de beaucoup le charme de

Roland et regrette que sa fille ait abandonné sa carrière. Quant à André, il apprécie la discrétion de sa belle-mère qui prend ses repas avec les enfants et monte les faire jouer dans leur chambre. Hippolyte accompagne parfois son épouse à Boulogne ; le contact est facile car le beau-père admire son gendre, ils parlent de Corneille et Racine, de la peinture du Cinquecento, de musique baroque. En homme de sa génération, Lioux conçoit que sa fille ait sacrifié sa carrière pour son rôle d'épouse du grand Malraux.

Vivre avec un misanthrope

Les Malraux reçoivent peu et ne sortent quasiment jamais. André, austère, concentré sur son travail d'écriture, ne souhaite pas être dérangé ni perdre son temps. Le tribun qui fascine les foules est un timide qui a en horreur les mondanités et le badinage. S'il veut rencontrer quelqu'un, c'est en petit comité, pour une conversation approfondie, sur sa table de bridge, dans son bureau et servi par le majordome. Le visiteur n'est pas toujours très détendu, il doit être à la hauteur, intervenir au bon moment, savoir être intéressant, le ton n'est ni amical, ni affectueux. Madeleine prévient : *André est très exigeant avec son interlocuteur et ne lui donne qu'une petite partie de lui-même.*

Madame Malraux endosse le rôle de la parfaite maîtresse de maison. Il faut veiller aux détails de la table, participer – mais discrètement – à la conversation et savoir s'éclipser au bon moment. La qualité de son accueil est primordiale, c'est elle qui se charge des amabilités censées mettre à l'aise les convives avant l'entrée dans l'arène intellectuelle. Jamais elle ne prend l'initiative de se mettre au piano devant les invités. Aux yeux de Malraux, s'offrir en spectacle serait inconvenant et de mauvais goût. Et nul ne doit lui porter ombrage, lui le grand homme des lieux.

Les visiteurs qui ont marqué Madeleine

Les artistes

En 1945 Malraux signe la préface de l'exposition de Jean Fautrier, *Les Otages*, à la galerie Drouin. Jamais Madeleine n'oubliera son trouble, entre gêne et fascination, devant la beauté de ces quarante-six peintures et trois sculptures qui crient la douleur. Les visages-masques aux yeux noirs, balafrés, torturés, mutilés, lacérés, à l'agonie ou morts expriment l'horreur et le traumatisme du peintre devant la barbarie nazie et la négation de l'homme. En écho au martyre de Roland. Fautrier, qui connaît Malraux depuis les années trente, est un habitué de Boulogne, il passe le dimanche après-midi. Sauvage, tendu, direct, ce mystique de l'art est délicat et confiant avec Madeleine. Sensible au charme de la pianiste. Il est un des rares visiteurs à lui demander de jouer, Stravinsky et Grieg ont sa préférence.

Georges Braque rend aussi visite à l'écrivain. Malraux voit en lui un peintre majeur du siècle, précurseur du cubisme et de l'abstraction. Les deux hommes poursuivent à chaque rencontre le fil de leur dialogue perpétuel sur l'art dans un climat d'écoute et de respect qui frappe Madeleine. Braque a été un ami d'Erik Satie et a acheté son piano à sa mort. La musicienne est touchée. Elle aime particulièrement un de ses tableaux, une marine, *La Barque sur la grève* (1956) dont il a peint le cadre ; sa veuve en fera cadeau à André en 1963. Pour Madeleine, une invitation au voyage intérieur.

Des photographies témoignent d'un déjeuner à quatre sur la table de bridge, on y voit André et Madeleine en compagnie des peintres Balthus et André Masson. Malraux rencontre régulièrement Balthus à partir de 1945 ; davantage que son œuvre, ce sont les développements pointus du peintre, sa façon très originale, minutieuse et poétique de parler peinture qui l'intéressent. Madeleine est sensible à la finesse et au charme de Masson, indifférente aux réserves d'André qui le juge un peu trop proche des surréalistes et de Jean-Paul Sartre. Malraux aime débattre avec les artistes qui nourrissent sa réflexion et son œuvre. Les invités le savent ; s'ils ne sont pas intimidés, ils cherchent à se mettre en valeur. L'heure n'est pas à la détente.

Gide crépusculaire

A la Libération, Gide est un vieux monsieur. Isolé depuis son retour d'Alger à Paris en mai 1946. La vie et la gloire s'éloignent. Le monde a changé, les intellectuels de gauche triomphent, l'auteur de *Retour de l'URSS* est banni. L'écrivain scandaleux des années trente se momifie, il entre dans la légende avec le prix Nobel de littérature en 1947 et peaufine son *Journal*. Il sera reçu deux ou trois fois à Boulogne en compagnie de Madeleine. Malraux ne tient pas au tête-à-tête, tout a été dit entre les deux hommes. Le souvenir de Roland est présent à l'esprit de chacun, même si son nom n'est jamais prononcé.

Lors d'un déjeuner, en sortant de table, Gide invite Madeleine à lui jouer un prélude de Chopin, le compositeur qu'il aime avec passion et sur lequel il a écrit vingt ans plus tôt[1]. La pianiste choisit le *Prélude n° 1*. Quand elle a fini, après un long silence, Gide déclame lentement : « Vous l'interprétez trop rapidement, trop fort, comme vous l'avez appris au Conservatoire. Mais Chopin est un poète qui invite l'auditeur au secret de l'émerveillement. Il faut le jouer à demi-voix, presque à voix basse, sans aucun éclat. Permettez… » Et de prendre place devant le clavier, la figure inspirée et avec quelques assouplissements de poignets. Madeleine l'écoute, dubitative, exécuter le morceau avec une lenteur de marche funèbre. Puis se lancer dans de nouvelles explications interminables. André, mi-agacé, mi-amusé, soulève légèrement les épaules. Enfin, le vieil homme reprend sa canne et son chapeau, il regagne la rue Vaneau pour sa sieste. Ce sera sa dernière visite.

Les Pompidou, des amis

Georges et Claude deviennent des proches des Malraux dans les années cinquante. André apprécie le jeune normalien qui a la confiance du général de

---

1. *Notes sur Chopin*, in *La Revue musicale*, Gallimard, 1931.

Gaulle et qui prépare un livre sur son œuvre[1] et une *Anthologie de la poésie française*. Pompidou sait être modeste, demander des conseils au grand homme, écouter ses longs développements et intervenir à bon escient. Malraux le juge réceptif et fin.

Les rencontres à quatre se succèdent, à Boulogne sur la table de bridge ou dans un grand restaurant, chez Lasserre et au Grand Véfour. Fait rare, André, qui déteste se rendre chez les autres, accepte quelques dîners rue Charlemagne, toujours en petit comité et très simplement.

Notre conversation à quatre signifiait que les femmes écoutaient la conversation des maris. C'était une époque. On était prié d'acquiescer et encore ! Les deux hommes étaient lancés dans des discussions approfondies et nous essayions de suivre et de participer au maximum. C'est ce qu'ils aimaient, rappelle Madeleine. Avec Claude, une passionnée de Bach et une fidèle du Domaine musical où Pierre Boulez présente des œuvres inédites en France, se noue une longue amitié.

Malraux et les femmes

Malraux ne pratique pas le baisemain. Pour saluer une femme, martial et antimondain, il incline légèrement la tête et serre la main. Une distance étudiée qui frappe dès le premier abord. Et plaît. Nombreuses sont les dames aimantées par le personnage

---

1. Georges Pompidou, *André Malraux. Pages choisies*, Romans, Hachette, Classiques illustrés Vaubourdolle, 1955.

mystérieux à l'œil sombre. La légende lui prête tant d'aventures. Le conquistador de cinquante ans, qui s'agace de son reflet empâté, est flatté, rassuré. Mais il reste froid. S'il n'est pas convaincu de ses atouts physiques, il est certain de sa supériorité intellectuelle et répond condescendant à ses admiratrices. Le regard n'est pas tendre et le propos moqueur en privé, « elles caquettent », « elles sont ridicules et maniérées avec leur "Ah, ah, ah" ». Il est impitoyable avec les bas-bleus qui tentent de briller dans la conversation, celles qui minaudent ou osent une toilette voyante. L'homme est difficile à séduire. Madeleine n'a aucun doute, André est un mari fidèle.

De certaines, il se méfie, c'est le cas de Suzanne Chantal ; il s'est toujours étonné des « zénanas » avec Josette à La Souco et de l'intensité de cette amitié féminine. L'amie de cœur est la marraine de Gauthier et s'annonce deux ou trois fois par an à déjeuner ou dîner à Boulogne. La tension est palpable malgré les sourires et les amabilités. Suzanne n'accepte pas Madeleine, à ses yeux l'usurpatrice ; elle reçoit souvent Gauthier dans sa maison à Genève puis à Bougival et se fait un devoir d'entretenir la mémoire de celle qui est sa vraie mère. André la tient à distance. Par respect pour Josette, il signera la préface de ses souvenirs. Et malgré ses réserves.

D'autres l'irritent, notamment les épouses qui s'immiscent dans la conversation masculine. C'est le cas de Jenka Sperber, de Suzanne Aron mais aussi de Madame Picon, historienne de l'art qui prend la parole en relais de son mari, pour relancer sa réflexion et le faire valoir aux yeux de Malraux. Par-dessus tout, il redoute les dominatrices. Après chaque visite de Germaine Chevasson, une ancienne lectrice de Gallimard, devenue la femme de Louis, son plus vieil ami depuis la petite école de Bondy, une bourgeoise chapeautée et gantée, intelligente mais raide, qui dirige le couple avec autorité, André, horrifié, lance à Madeleine : « Ne prenez surtout pas exemple sur Madame Chevasson ! Elle est insupportable. »

Les critiques visent sans pitié les épouses des hommes politiques. Ninette Debré, grande et belle femme, prend trop de place et parle trop fort, « elle fanfaronne ». Liliane Bettencourt, « elle est très riche mais le reste, n'en parlons pas ! ». Claude Pompidou, ses tenues sont trop recherchées et elle joue les mondaines, « Georges ne la tient pas assez ! ». Et Jacqueline Couve de Murville, « Couvette » pour les intimes, elle ridiculise son mari avec son attitude légère et sa collaboration à ce magazine féminin au titre si sot[1]. Même Yvonne de Gaulle n'échappe pas à ses sarcasmes : « Elle semble refréner une irrésistible envie de tricoter. »

Paradoxe de Malraux, personnage hors-norme et héros magnifique de son siècle qui concentre à l'extrême la misogynie si répandue chez les hommes de sa génération. Une révolte contre sa dépendance aux femmes ?

Malraux et les mondains

André méprise les mondanités et plus encore les mondains. Contrairement au Tout-Paris, les

---

1. Il s'agit du magazine *Elle*.

Malraux ne se rendent que très rarement chez les Lazareff. Hélène règne en tsarine à frange et tailleur Chanel sur le magazine *Elle* ; Pierre possède *France-Soir* qui tire à un million d'exemplaires et se vante de connaître tous ceux qui comptent sur la planète. Leurs déjeuners du dimanche à Louveciennes sont très courus des ministres, starlettes, artistes et grandes fortunes. Pompidou, Chaban-Delmas, Couve de Murville sont des habitués mais Malraux, tout comme son père spirituel de Gaulle, ne fraiera jamais avec ces milieux. Les Malraux n'iront pas non plus aux bals légendaires des Rothschild à Ferrières. Si André a approuvé l'entrée de Georges Pompidou à la banque Rothschild, il s'agace de son goût pour ce monde de l'argent et des paillettes et n'apprécie pas l'exubérance de Marie-Hélène, la baronne.

Malraux fuit les conversations à plusieurs, les propos convenus, la bonne humeur forcée, les rires et les voix aiguës ; il est mal à l'aise avec les sots et les fats, ne sait se mettre au niveau de sa voisine de table. Si Madeleine devine le timide et l'orgueilleux qui déteste ses origines, elle perçoit surtout son angoisse existentielle, sa conscience aiguë de la mort et la hantise de perdre son temps ; l'exigence malrucienne de chaque instant.

Le retour du Général

La routine

En 1958, le temps paraît s'étirer chez les Malraux. L'ennui surprend parfois Madeleine.

Elle connaît par cœur les exigences et les manies du grand homme. Les garçons sont grands, Gauthier et Vincent ne sont plus à la maison et Alain est un lycéen qui se détache du cocon maternel. A quarante-quatre ans, elle se prend parfois à rêver, pourra-t-elle un jour reprendre sa carrière ? Serait-elle capable de se plier à la discipline et à l'exigence de la concertiste ? N'a-t-elle pas eu tort de sacrifier ses talents ? Elle chasse ses états d'âme. Elle a tant appris et tant découvert auprès d'André, sur l'art et le monde, sur elle-même. N'ont-ils pas atteint une certaine sérénité ? Et la dédicace d'André aux *Voix du silence*, n'est-ce pas le plus bel hommage ? La routine l'appelle. Les menus et les consignes au personnel, le prochain voyage, les feuillets d'André à taper.

Malraux a cinquante-sept ans. Il grossit et se voûte légèrement. Une fatigue chronique s'installe. Trop de bons repas, d'alcool et de tabac, se combine fâcheusement avec la mauvaise habitude des amphétamines et des somnifères malgré les mises en garde de Madeleine et du docteur Jacob. Voilà quinze ans qu'il se consacre à « ses chères études », des milliers de pages sur l'art ont été publiées, le dernier ouvrage, *La Métamorphose des dieux* a été une épreuve pour l'écrivain. L'homme pressé, le conquistador se lasse. Epinglé dans le cadre de Boulogne. Menacé de fossilisation. Les doutes et la routine deviennent pesants. Que faire une fois achevée sa cathédrale littéraire sur l'art ? Saurait-il encore écrire un roman, seul genre littéraire capable de traverser les âges ? Que retiendront les générations futures de son œuvre ? Qu'est devenu son désir d'action ? La vie lui offrira-t-elle de nouvelles aventures ?

Les mauvais jours se suivent. Madeleine le devine, la mine fermée, les traits tirés, les tics envahissants. Il lui a fallu affronter les blessures d'amour-propre. Favori pour le Nobel de littérature, il caresse avec plaisir l'idée du prix à portée internationale ; la vexation sera à la mesure de la déception, il est éliminé en 1957 au profit de Camus. Le lauréat qui n'a pas oublié qu'il doit ses débuts à Malraux lui écrit une belle lettre d'hommage. Le sujet est désormais tabou à Boulogne. L'Académie ne sera pas son lot de consolation, Malraux n'en veut pas, les médiocres et les vieux y sont trop nombreux, le rituel et l'habit sont ridicules ; il refusera à plusieurs reprises de présenter sa candidature, malgré les invites discrètes et pressantes des Immortels qui auraient été flattés de le compter parmi eux. La Coupole est bonne à faire rêver un Paul Morand !

Sur le plan politique, Malraux s'ennuie, le temps semble s'éterniser, morne, à peine jalonné de quelques distractions. Le deuxième mardi du mois, il ne manque jamais sa rencontre avec le Général qui reçoit à Paris à l'hôtel La Pérouse. André rentre à chaque fois ragaillardi, l'espoir renaît pour quelques heures. En 1954, il observe de loin mais intéressé l'expérience mendésienne et reconnaît que Mendès incarne un certain courage politique. En 1956, un déjeuner secret se tiendra avec Mitterrand à sa demande à Crans dans un salon privé de l'hôtel du Golf. Les deux hommes cultivent le mystère et ne révéleront jamais leurs propos. En 1958, dans une

« Adresse solennelle » au président de la République signée avec trois autres intellectuels indignés, Martin du Gard, Mauriac et Sartre, il condamne la torture en Algérie et la saisie du livre d'Henri Alleg, *La Question*[1].

Le réveil

En mai 1958, les Malraux sont à Venise. André est invité par la Fondation Cini pour une série de conférences sur le Tintoret. Le 13 mai, à Alger, c'est l'émeute et l'insurrection ; un Comité de salut public composé de généraux rebelles exige l'Algérie française et prend le pouvoir. En métropole, on craint le débarquement des troupes d'Algérie. Le 20 mai, les parachutistes atterrissent en Corse qui bascule dans le camp d'Alger. La guerre civile menace. Le 28 mai, le chef du gouvernement Pierre Pflimlin démissionne et le président de la République René Coty appelle le général de Gaulle qui, d'exilé politique, devient le recours. A la gauche qui crie au fascisme et au coup d'Etat militaire, de Gaulle répond : « Croit-on qu'à soixante-sept ans je vais entamer une carrière de dictateur ? » Le 29 mai, les Malraux quittent les Doges, André est rappelé d'urgence à Paris par le Général pour un long tête-à-tête. Madeleine l'attend à Boulogne. Il rentre transformé, heureux, rajeuni. Rêvant des plus hautes missions auprès du Général.

---

1. Florence, sa fille, journaliste à *L'Express*, titre engagé contre la torture en Algérie, a joué un rôle déterminant auprès de son père afin qu'il signe cette « Adresse solennelle ».

Le 1ᵉʳ juin, de Gaulle est investi président du Conseil par l'Assemblée nationale qui le charge d'une réforme constitutionnelle. Même s'il n'en laisse rien paraître, Malraux est déçu. Le voilà nommé ministre de l'Information. Comme en 1945. Il avait tant espéré Matignon ! Et s'était même préparé aux inconvénients d'une telle fonction, lui qui n'aime ni les technocrates, ni la bureaucratie, ni les jeux politiques. Sentant vibrer à nouveau un irrésistible désir d'action et un enthousiasme de jeune homme, il avait également rêvé de l'Intérieur pour avoir l'honneur de régler la crise algérienne aux côtés du Général.

Michel Debré, tout juste nommé à Matignon, sait ménager les susceptibilités, il rencontre longuement Malraux et prend soin de recueillir son avis sur la situation. André dira ses réserves à Madeleine. Debré est trop carré, trop pointilleux, il n'est pas brillant mais il faut lui reconnaître le sens de l'autorité, une qualité primordiale en ces temps agités. Malraux attend son heure. Dans quelques mois, la nouvelle constitution imposera un changement de gouvernement. D'ici là, il se réconforte, pensant concilier les charges de son ministère et son travail d'écriture le soir en rentrant à Boulogne.

En mission

Son amour pour le Général est plus fort que les petites amertumes. Malraux prend à cœur ses nouvelles responsabilités. Il contrôle la télévision, réorganise son ministère et accroît ses attributions, il est désormais chargé de l'expansion et du rayonnement de la culture française. Au grand dam du Quai d'Orsay, le Général l'envoie à travers le monde porter la voix de la France. Son premier voyage officiel se déroule en Martinique, en Guyane et aux Antilles. Madeleine l'accompagne. La tournée est un succès, la foule multicolore les accueille par des danses et des chants rituels, les discours du ministre sont lyriques et poétiques, partout il en appelle à voter pour la nouvelle constitution. A Cayenne, l'ambiance est tendue, des indépendantistes violents lancent des projectiles sur l'estrade mais Malraux reste imperturbable.

En décembre 1958, de Gaulle envoie son ministre de l'Information en mission auprès du Shah d'Iran, du gouvernement du Japon et du Pandit Nehru, Premier ministre de l'Union indienne. Malraux n'est pas retourné en Inde depuis son voyage avec Clara en 1931. Pour Madeleine, c'est le premier séjour. A New Delhi, l'épouse du ministre passe de longues heures un peu triste et seule, recluse dans sa chambre à l'ambassade, les réunions entre hommes sont nombreuses. Les soirs de réception sont fastueux. Entre Nehru et André, c'est un vrai jeu de séduction et d'amabilités. Au grand dîner en l'honneur des Malraux, Madeleine est à la droite de Nehru qui lui offre, très aimable et cérémonieux, une rose. L'épouse du ministre français porte une robe longue et des gants qui couvrent les bras, Nehru reçoit habillé selon la coutume indienne. Avec quelques mots de français pour lui, un anglais approximatif pour elle, et l'aide du traducteur et ami Raja Rao, l'écrivain-poète, Madeleine et Nehru parlent musique, elle dit sa passion pour le râga, il lui demande quels sont ses compositeurs préférés, et ceux de Malraux. Le ministre français, placé en face de Nehru de l'autre côté de la table, a sa tête contrariée, lance des regards furieux à sa femme et tente, malgré le mur des décorations florales et le brouhaha poli des cinquante convives, d'avoir une conversation avec Nehru.

Avec André, elle visite à Madurai le plus grand temple hindou de l'Inde du Sud. Ils découvrent à Bombay les grottes d'Elephanta, rencontrent à Chandigarh Le Corbusier puis s'envolent pour le Japon.

Madeleine connaît le pays du Soleil Levant et sa civilisation par la musique, elle est fascinée par le nô ancestral au son guttural. Au palais impérial, un spectacle de danse et d'arts martiaux leur est offert ; à l'ambassade de France, ils assistent à un théâtre de marionnettes. D'une lenteur codifiée et immémoriale. Malraux fait bonne figure mais prend sur lui. Selon Madeleine, s'il est sensible à la poésie et à l'art japonais, *André s'ennuie très vite au Japon. Ce n'est pas son rythme, les codes, les traditions, la politesse et la mise en scène sont trop pesants. Et le Japon est l'ennemi de la Chine.* Le ministre est fidèle à sa jeunesse révolutionnaire.

Tandis qu'André est en réunion, la traductrice Sasu Kuo, accompagnée de quelques dames japonaises, escorte l'épouse du ministre français dans Tokyo. Madeleine découvre le musée Nezu, ses paravents et ses bronzes dans son écrin d'arbustes en fleurs, et le musée Matsukata construit par Le Corbusier qui vient d'ouvrir grâce à la restitution par la France d'une collection de Degas, Gauguin, Cézanne et Monet abandonnée et mise à l'abri sous l'Occupation à Chartres par un mécène japonais. Les Malraux reviendront à Tokyo le 22 février 1960 pour l'inauguration en grande pompe de la Maison franco-japonaise dont le ministre avait posé la première pierre l'année précédente. Madeleine aime le Japon, sa culture tout en nuances et subtilité. Elle y restera attachée toute sa vie.

Avant chaque voyage, Madeleine reçoit un planning pour préparer ses tenues. Avec une règle, s'adapter aux pays et aux coutumes. Il lui faut prévoir au moins deux ou trois robes par jour auxquelles doivent être assortis chaussures, sac et gants. Le chapeau commence à être délaissé. Depuis qu'André est ministre, elle a ses habitudes chez Chanel. Mademoiselle Coco descend de son bureau et veille elle-même sur Madame Malraux, contrôlant le choix des tenues, despotique avec ses dames d'atelier, bavarde et drôle avec les clientes de choix. La rue Cambon est très fréquentée par les élégantes des années cinquante, conquises par le petit tailleur impeccable qui se porte en toute circonstance et à toute heure de la journée. Marie-Hélène de Rothschild, Claude Pompidou, Hélène Lazareff sont des inconditionnelles. La maison prête les tenues, et en donne quelques-unes. C'est l'usage pour les femmes de ministre en déplacement ou lors de grandes soirées officielles. Madeleine reste fidèle à Lanvin, l'assurance du bon goût, un peu conventionnel, avec le sens des détails et des finitions. Elle prend directement rendez-vous avec Madame Jeanne. Chez Dior, elle choisit ses sacs et ses écharpes, chez Céline, ses chaussures. Par goût personnel mais aussi par désir de plaire à André, Madeleine apparaît bien classique et sage sur les photos. Les cheveux en carré court, un petit collier de perles et sa broche assyrienne pour tout bijou, des robes et des tailleurs aux coupes classiques et raffinées mais austères, jamais de couleur mais du noir, du bleu marine ou du crème. Madeleine opte résolument pour la discrétion.

*Epouse du premier ministre
des Affaires culturelles*

Le 28 septembre 1958, la nouvelle constitution qui fonde la Cinquième République est approuvée par référendum. Trois mois plus tard, le général de Gaulle est élu président de la République par un collège de notables, c'est un plébiscite, 80 % des suffrages lui sont acquis. En janvier 1959, le nouveau chef de l'Etat reconduit son Premier ministre, Michel Debré, principal rédacteur de la nouvelle constitution. Le coup est rude pour Malraux. Mais en soldat obéissant et adorateur du chef, il n'en dira rien. Il se consolera avec un nouveau ministère des Affaires culturelles, spécialement créé pour lui le 8 janvier et le rang de ministre d'Etat.

André s'installe rue de Valois, les fenêtres de son bureau donnent sur les jardins du Palais-Royal. Avec énergie, il monte son ministère de toutes pièces.

Arrachant la Direction de l'architecture, la Direction générale des arts et lettres, le Centre national du cinéma, les missions culturelles à l'étranger, la Direction des Archives de France aux ministères de l'Education nationale, de l'Industrie et des Affaires étrangères. Le Général le soutient, séduit par la philosophie de son ministre, rendre accessible au plus grand nombre le patrimoine culturel. L'enthousiasme est nécessaire pour affronter les rivalités administratives, les pesanteurs bureaucratiques, l'esprit routinier et la crainte du changement, les discussions budgétaires, la gestion de six cents agents au statut et aux origines hétérogènes rue de Valois et les trois mille cinq cents agents en service extérieur. Malraux lance des chantiers ambitieux : régionalisation de la culture, inventaire des richesses de la France, lois-programmes pour la restauration des monuments anciens, statut des artistes, mise en place d'une politique musicale et création des Maisons de la Culture. Le ministre ne ménage pas sa peine. Le soir, il rentre fatigué et monte dans sa chambre directement. Il renonce à l'écriture. Ses talents serviront désormais ses discours.

De Gaulle envoie Malraux en pèlerin à travers le monde. Pour le rayonnement de la France. La mission est large, elle ne se restreint pas au domaine culturel, elle est aussi politique. Le ministre des Affaires culturelles doit expliquer la politique du Général en Algérie, le principe de l'autodétermination. Le Quai d'Orsay se froisse. L'été 1959, André et Madeleine partent en tournée en Amérique latine. A Brasília, le 25 août 1959, Malraux prononce ces phrases vouées à la postérité : « La culture, ce n'est pas seulement de connaître Shakespeare, Victor Hugo, Rembrandt ou Bach : c'est d'abord de les aimer. Il n'y a pas de vraie culture sans communion. » Leur voyage se poursuivra en Argentine, Bolivie, Brésil, Chili, Colombie, Equateur, Paraguay, Pérou, Uruguay, Venezuela.

Près de Buenos Aires, à San Isidro, leur amie Victoria Ocampo les reçoit quelques jours dans sa majestueuse villa XIXe siècle, célèbre pour son parc d'ombus et d'araucarias, de gardénias et de chèvrefeuilles qui domine le río de la Plata. A bientôt soixante-dix ans, la maîtresse de maison n'a rien perdu de sa fougue et de ses enthousiasmes de jeunesse. Féministe et libre, belle et grande amoureuse, riche héritière, écrivain et éditeur, elle a fondé en 1931 la revue littéraire *Sur*, tribune des écrivains sud-américains et pont intellectuel vers l'Europe. Victoria admire passionnément l'écrivain Malraux. C'est Pierre Drieu la Rochelle, son amant du moment, qui les a présentés à Paris en 1930. A la lecture de *La Condition humaine*, elle ressent un choc littéraire et n'aura de cesse de faire traduire, publier et diffuser l'œuvre de son vénéré Français en Amérique latine. Leur amitié sera longue, André et sa pasionaria échangeront plus de quatre-vingts lettres. Lors de ses passages à Paris, elle est toujours reçue à Boulogne. Plus tard, elle deviendra une amie fidèle de Madeleine et lui rendra visite à plusieurs reprises boulevard Delessert.

En cet été 1959, Victoria donne un somptueux dîner aux chandelles en l'honneur de Malraux ; sont venus le fêter de nombreux amis écrivains, Ernesto

Sabato, Julio Cortázar, Jorge Luis Borges, Adolfo Bioy Casares... Le raffinement et la culture sont à l'honneur, les vins sont rares et généreux, les envolées passionnées et poétiques, la langue française déclamée, les hautes fenêtres s'ouvrent sur la nuit chaude et les arbres illuminés. Pour Madeleine, le souvenir d'un instant de grâce qui réconcilie avec la vie.

D'autres voyages seront strictement professionnels. En 1960, Malraux représente la France aux cérémonies qui marquent l'accession à l'indépendance du Tchad, du Congo et de la République centrafricaine. Madeleine supporte dans une chaleur étouffante une succession de cérémonies interminables, spectacles de danses traditionnelles et défilés militaires, remises d'innombrables cadeaux de la France aux dignitaires africains et à leurs épouses. Pour tromper l'ennui, elle travaille mentalement son piano, les partitions, les doigtés défilent et la musique surgit. Un monde double intérieur qui lui permet de s'abstraire du réel et de rester elle-même quand elle le décide. La liberté de l'artiste.

André, ministre, veut sa femme près de lui à chacun de ses déplacements, voyages à l'étranger et en province, inaugurations, galas officiels. Quand il est à Paris, s'il n'a pas de déjeuner organisé, il demande à son épouse de le rejoindre rue de Valois et ils se rendent où le ministre a sa table, au Grand Véfour, ou il passe à Boulogne.

Une exigence de mari possessif qui, loin de contrarier Madeleine, la flatte. Elle devine ses attentes, connaît ses fragilités. *Etre en représentation ne m'intimide pas, les concours de piano et les concerts* m'avaient dressée. Tandis que lui, il était toujours un peu agacé, nerveux. Il ne savait pas trop. Il était sauvage et il comptait sur moi. Mon rôle consistait à le sécuriser.* Mais cette dépendance a sa contrepartie, si elle l'aide sur le moment, le grand homme la rejette profondément. Jusqu'au point de rupture. Quant à Madeleine, si elle a le sentiment du devoir accompli et d'être à la hauteur de son statut d'« épouse de » entièrement dévouée, est-elle pour autant elle-même ? On peut en douter. Le couple Malraux est bien classique, à l'image de la société patriarcale du début des années soixante qui ne permet pas encore aux femmes de travailler ni d'ouvrir un compte en banque sans l'accord de leur mari. Loin d'imaginer l'explosion de mai 1968.

La grandeur républicaine

Malraux est sensible aux honneurs. Rigoureux et protocolaire à l'extrême. Lors d'un dîner à l'Elysée pour les ministres, Madeleine est à la droite du Général. Au dessert, un gâteau surmonté d'une décoration florale en sucre est présenté aux convives, le maître des lieux se sert et offre une fleur glacée à Madame Malraux, qu'il pose sur le rebord de son assiette. Malraux s'agite, nerveux. En proie à des sentiments contrastés. Honoré de l'attention à l'égard de son épouse tout en jugeant le geste du Général trop familier.

Sur les photos officielles des dîners sous les ors de la République, on surprend Malraux qui ne lâche pas sa femme des yeux ct essaie d'écouter sa conversation. Madeleine sait qu'elle ne doit jamais être familière, tout en se gardant d'être froide ou hautaine. Elle ne doit rien dévoiler des mystères Malraux. Les regards noirs de son mari l'amusent. Elle y lit l'exclusivité et la curiosité. Mais jamais le moindre reproche. Après les dîners, sur le chemin du retour, il demande, pressant : « « Alors, qu'est-ce que le Général vous a raconté ? », « Vous aviez l'air bien contente d'être à côté d'untel ! Mais qu'est-ce que vous lui disiez donc ? ». Un soir, elle est placée à côté du ministre des Affaires étrangères, Maurice Couve de Murville, qu'André n'apprécie que modérément ; dans la voiture il lui lance : « Alors, vous ne vous êtes pas trop assommée ? – Non ! » répond Madeleine en riant, ce qui le contrarie : « Mais qu'est-ce que vous voulez dire ? »

Dans les palais de la République, Madeleine ne s'ennuie pas. Elle observe. Avec le sentiment de vivre une expérience unique. Et le détachement qui permet en restant soi-même de s'adapter à cette nouvelle vie protocolaire. L'ère gaulliste est austère. Aux dîners officiels, à l'Elysée, il faut impérativement gravir le perron à dix-neuf heures quarante-cinq, habillé selon le *dress code* indiqué sur le carton. Avant de passer à table, les couples se mêlent, hommes et femmes, autour d'un verre ; c'est le moment où André s'exaspère du manque de discrétion de certaines épouses et souffle à l'oreille de la sienne d'un ton méprisant : « C'est qui celle-là ? »

A table, dans une ambiance sévère et guindée, la conversation, banale et polie, est interrompue par les traditionnels discours. L'invité d'honneur de la soirée, un ministre, un ambassadeur ou un hôte étranger, se lève pour remercier, l'assemblée porte un toast sage et posé, le Général prononce, solennel, son allocution. Après le dîner, les épouses sont invitées par Madame de Gaulle à gagner le salon pendant que ces messieurs se retirent pour discuter au fumoir. « Un rond de dames », selon l'expression de Malraux, se forme. Madame de Gaulle fait signe à l'une ou l'autre de s'asseoir à côté d'elle. Suprême honneur. Yvonne est une femme de devoir timide et appliquée ; tout en voulant manifester son intérêt, ses questions sont soigneusement neutres et discrètes : « Comment vont vos enfants ? Quels sont vos projets de voyage ? Avez-vous encore le temps de travailler votre piano ? » A dix heures et demie, la soirée s'achève et les invités prennent congé. Chacun reprend sa liberté.

L'épouse du ministre des Affaires culturelles ne change pas ses habitudes et reste fidèle au Domaine musical ; elle s'y rend avec Claude Pompidou. Madeleine se passionne pour l'aventure et souffle à son mari l'urgence en France d'une politique musicale ambitieuse et ouverte à la modernité. Créé en 1954 par Pierre Boulez qui n'a pas trente ans, la vocation du Domaine est d'éveiller le public français à la musique contemporaine oubliée des circuits officiels. Sont programmées les œuvres inconnues du XXe siècle de Stravinsky, Schoenberg, Berg et Webern, ainsi que les créations de la jeune génération de compositeurs : Pousseur, Stockhausen, Nono, Amy, Xenakis. Les concerts se tiennent au

Petit Marigny et à l'Odéon prêté par Jean-Louis Barrault. Une mécène d'avant-garde, Suzanne Tézenas, récolte, avec l'énergie d'une croisée et son carnet d'adresses, des fonds privés. L'aristocratie éclairée, la grande bourgeoisie d'affaires et les milieux artistes composent le public. On y croise Nicolas de Staël, Dora Maar, Henri Michaux, René Char, Francis Ponge, Michel Butor, Zao Wou Ki, Vieira da Silva, Jean Paulhan et bien d'autres... Suzanne Tézenas reçoit ensuite les initiés dans son salon de la rue Octave-Feuillet. Madeleine et Claude Pompidou, qui s'enthousiasment pour le temps musical, se résignent parfois à l'épilogue mondain. Nombreux sont ceux, et notamment leurs maris, qui moquent la pédanterie et le snobisme parisien du lieu.

Ainsi s'achève la sonate des années malruciennes à Boulogne. Madeleine en est convaincue : *C'est avec moi qu'André a été le plus heureux, disons plutôt le plus serein*. L'avenir se jouera désormais sur une partition noire, en cassures et douleurs.

CHAPITRE 8

La douleur

Le temps est venu d'évoquer les années terribles, les années de deuils et de blessures intimes.
Quelques larmes dignes et pudiques coulent sur le visage de la vieille dame, la voix se voile, les mots sont difficiles.

*

La mort des enfants

23 mai 1961. En fin de matinée, Madeleine rejoint chez Chanel rue Cambon Claude Pompidou et Geneviève Picon pour le défilé de la nouvelle collection. L'après-midi, seule dans le grand salon de Boulogne, elle se met au piano, travaille la difficile *Danse infernale* de *L'Oiseau de feu* de Stravinsky. Le soir, André n'a pas envie de rester à la maison, ils dînent au San Francisco, un restaurant italien près du pont Mirabeau. Soirée douce et chaude d'un beau printemps.

Malraux, fatigué, raconte ses énervements de la journée, le vin est agréable, l'ambiance se détend, la

« mère-tante » évoque le retour des garçons prévu pour aujourd'hui ou demain. Les deux aînés sont partis depuis deux semaines à Port-Cros chez Marcelline Henry, l'amie de leur grand-père Joseph Clotis, qui vit seule dans un fort sur son île. A ces mots, Malraux se referme. Ce soir, Madeleine se moque des humeurs de son mari, elle lui en veut encore de la dernière scène avec Vincent. C'était le soir où les ballets du Kirov présentaient *La Bayadère* avec un jeune et très attendu danseur, Rudolf Noureev. Alors qu'elle agrafait sa broche sur sa longue robe noire et qu'André ajustait ses boutons de manchette, Vincent a fait irruption dans la salle de bains : « Vous ne voyez pas d'inconvénient à ce que l'on parte avec Gauthier réviser nos examens au soleil à Port-Cros ? » André, en lui tournant le dos, a lâché ces mots qui giflent : « Mets-toi bien dans la tête que tu peux faire ce que tu veux, cela ne me concerne pas[1] ! » Madeleine n'a pas montré sa colère et a embrassé le grand enfant qui s'en est allé meurtri et rageur.

La fin du dîner des époux Malraux est glaciale. Vers minuit, au moment de se coucher, le téléphone sonne. Madeleine décroche, c'est Albert Beuret qui annonce que Gauthier et Vincent ont eu un accident de voiture en rentrant de Port-Cros vers vingt heures, au sud d'Arnay-le-Duc, l'un des deux est légèrement blessé mais on ne sait pas lequel. Il rappellera dès qu'il aura des informations précises. Madeleine, inquiète, veille. André commence à s'endormir. A minuit et demi, deuxième coup de

---

1. Alain Malraux, *Les Marronniers de Boulogne*, op. cit., p. 202.

téléphone, Beuret dit à Madeleine : « J'arrive. C'est grave. » Quelques minutes plus tard, la sonnette sinistre résonne dans le silence de la nuit, Madeleine ouvre. Beuret, ne trouvant pas les mots, lui souffle « Madeleine » et d'un signe de la main, avec les deux doigts, « Les deux ». André descend, il comprend immédiatement et déclare lugubre : « Je l'ai toujours su. » Madeleine est en larmes. Alain est figé, écrasé par la violence de l'annonce de la mort de ses frères. Gauthier avait vingt ans, Vincent dix-huit ans.

Beuret reste toute la nuit, ils discutent dans le bureau d'André des détails de l'accident, la ligne droite, la chaussée légèrement glissante, la vitesse sans doute excessive et l'encastrement dans un arbre. Vincent, qui n'a pas de permis de conduire, au volant de son Alfa Romeo Giulietta. Gauthier mort sur le coup. Vincent qui meurt à son arrivée à l'hôpital. Malraux appelle l'abbé Bockel qui les rejoindra directement aux Hospices de Beaune où les corps ont été transportés. Aux premières lueurs du jour, les Malraux, conduits par le chauffeur, entreprennent le funèbre voyage. Beuret les suit dans sa voiture. Le couple ne parle pas. André se tait. Il réagit en homme, en soldat. Un militaire ne pleure pas ses morts. Madeleine est dans la retenue. La douleur est inexprimable et les mots ne servent à rien. Il faut tenir. Faire face à l'inconcevable.

De retour l'après-midi à Boulogne, André et Madeleine retrouvent Florence qui a quitté son poste d'assistante sur le tournage de *Jules et Jim* dans les Vosges ; la brouille entre le père et la fille qui ne se voient plus depuis des mois est suspendue. Cette nuit, ils parleront longuement, Malraux lui confie en présence de Madeleine : « Avec eux, c'est toute la part de Josette qui est renvoyée au néant. » A Jenka et Manès Sperber venus les soutenir, Malraux s'étonne : « Je ne suis pas très frappé. » Le choc sera à retardement.

Les de Gaulle annoncent leur visite, le Général étreint Malraux comme un fils. Le grand homme connaît la douleur des parents orphelins, il a perdu sa fille Anne et sait trouver des mots réconfortants et simples qui touchent Madeleine, il leur répète : « Il faut tout garder des enfants. Tout. Tous les souvenirs. » Les Debré viennent aussi. Les témoignages affluent. Le roi Baudouin et la reine Fabiola en visite officielle à Paris font porter une lettre de condoléances. Dehors, les journalistes montent la garde.

Clara se manifeste, elle écrit un mot : « André, je souhaite que notre Flo, si douce, si fine, soit pour vous sinon une joie, du moins un réconfort. » Madeleine ne le transmettra pas à André. Sa formule risquerait de provoquer une colère bien inutile dans une pareille tragédie et alors même qu'un dialogue se renoue avec Florence après des mois de silence.

André a pris la décision au début des années cinquante d'inhumer Josette à Charonne. Il a fallu convaincre Joseph Clotis qui souhaitait que sa fille repose à Hyères. C'est Albert Beuret qui a entrepris toutes les démarches. Trouver un caveau. Faire exhumer la dépouille et la transférer de Tulle. Organiser une petite cérémonie à Charonne. Même si André ne parle jamais de Josette, et ne se rend pas sur sa tombe, le geste est fort, il prouve sa volonté d'honorer la mémoire de celle qui l'aima onze ans. Ses fils l'y rejoindront.

De Beaune à Charonne, le père Bockel et Albert Beuret accompagnent les fourgons qui ramènent les corps de Vincent et Gauthier. Les cercueils sont déposés sous une tente noire au milieu de monceaux de fleurs qui tient lieu de chapelle ardente dans le petit cimetière. La mise en terre est prévue en fin d'après-midi. Beaucoup de monde se presse. Signe les registres. Les gens défilent, des inconnus, des compagnons de la brigade. Il y a la police, plus loin les journalistes et les curieux, ce troupeau avide. Madeleine, André et Alain arrivent. Florence à leur côté soutient Clara Saint, bouleversée, c'est elle qui a offert à Vincent le bolide de la mort. Bockel les accueille et se tient près d'eux. André est livide mais droit.

Madeleine est murée, foudroyée par l'intolérable impuissance des parents face à la mort de leur enfant. Ces enfants qui, eux, n'auront pas le droit de vivre. Ces enfants si riches en promesses dont aucune ne sera tenue. Ces enfants voués à la tragédie dès leur naissance. Elle a aimé Vincent comme un fils, Gauthier comme un orphelin souffrant. Aujourd'hui, il faut vivre l'impensable. Il faut tenir devant tous ces regards, faire face aux silences embarrassés, aux formules creuses et gênées, à la compassion maladroite. Madeleine ne peut lutter intérieurement contre ses sentiments qui s'entrechoquent, la révolte face au scandale de la vie fauchée si jeune et une immense tendresse qui cherche à fixer pour toujours leur visage, une expression fugitive, le son de leur voix. Et l'ombre de Roland qui revient, il est là, elle ne cesse de penser à lui, la douleur de l'arrachement est réveillée, aiguë. Le souvenir de Claude, foudroyé à vingt-trois ans, la transperce. Insupportable et tragique répétition de la mort qui s'acharne sur les jeunes Malraux. Elle s'inquiète pour Alain, si proche de Vincent. Saura-t-elle le protéger de la fatalité malrucienne ? Madeleine embrasse Marie-Ange, venue avec sa mère, qui a su rendre heureux Gauthier ces derniers mois. Près d'elles, Suzanne Chantal, très affectée et toujours aussi distante avec Madeleine. Que dire à tous ces gens ? Quelles paroles, quelles prières pour conjurer le gouffre des ténèbres, le vertige du vide et de l'angoisse, le refus de se résigner au malheur irréparable ?

Tout à coup, André prend le bras de Bockel et lui demande : « Accepteriez-vous de célébrer une messe ? Vous savez comme jadis, lorsque nous enterrions nos camarades tombés dans la bataille[1] ? » L'agnostique se décide au dernier moment, il veut un enterrement religieux pour ses deux fils. André et Madeleine veillent les garçons une partie de la nuit. Le lendemain en fin de matinée, l'abbé Bockel célèbre la messe. « Ces garçons que nous avons aimés et que nous continuerons à aimer. » A la souffrance et la révolte succède l'émotion devant le grand mystère de la mort. A cet instant, chacun veut y croire, Gauthier et Vincent sont appelés à rejoindre leur mère Josette dans l'éternité. Sur la tombe, Vincent porte enfin le nom Malraux. Il n'y aura pas de condoléances, André et Madeleine s'engouffrent

---

1. Pierre Bockel, *L'Enfant du rire*, Grasset, 1991, p. 131.

dans la limousine noire. Florence rentrera en Alsace après l'enterrement avec l'abbé Bockel ; il lui faudra attendre sept ans pour que son père accepte à nouveau de lui parler.

Le lendemain, Malraux en habit et Madeleine en robe du soir se rendent à l'Elysée pour un grand dîner en l'honneur des souverains belges, le roi Baudouin et la reine Fabiola. A leur arrivée, un silence embarrassé s'abat sur l'assistance, les mines s'allongent. A Marie-Alice de Beaumarchais, l'épouse du chef du protocole qui lui demande comment ils ont été capables de venir, Madeleine répond : « Mais André a toujours vécu avec la mort. » Ce qu'elle ne dit pas, c'est qu'elle aussi vit avec la mort depuis seize ans et qu'elle, contrairement à André, ne voulait pas de cette apparition en public. Les gens sont consternés, mal à l'aise, ils viennent leur serrer la main avec une tête et quelques mots de circonstance, tous s'étonnent de la réaction de Malraux qui leur lance « Parlons d'autre chose ». Sa volonté et sa dignité, il les impose à tous. Il nie sa souffrance. La tient à distance. Madeleine se met au tempo, elle cadenasse sa douleur face aux autres. En état de dédoublement. Au retour, dans la voiture, André lui dira : « Ne vous y trompez pas, nous faisons peur ! »

Madeleine n'a plus envie de travailler son piano. Elle range et classe les affaires des garçons. Sans se lasser de regarder les dessins et les peintures de Vincent ; il était si doué mais André n'a jamais voulu reconnaître le talent de son fils. Un cheval aux longues et frêles pattes attire son regard, le trait noir est nerveux, une allégorie de la solitude ; « c'est un peu lui-même qu'il a dessiné là », pense-t-elle. Ce dessin sera encadré et accroché dans le salon du boulevard Delessert. L'abbé Bockel, lui aussi, avait été saisi par le don de Vincent, il le disait à André, son fils est un artiste et il l'avait inscrit à l'Ecole supérieure des arts décoratifs de Strasbourg. Elle n'oubliera pas ses fugues de Strasbourg à moto, pour faire la fête à Paris avec son ami Alain Copel, ni cette fois, mémorable, où l'enfant terrible fut rattrapé grâce aux Renseignements généraux par les deux gardes du corps d'André. Vincent l'inquiétait, sa désinvolture, son intrépidité, son insolence et son opposition systématique : « Moi, on ne me la fait pas ! Je pense ce que je veux ! » Et puis elle avait espéré qu'il se stabiliserait quand il avait repris une scolarité normale à Janson en classe de première.

Peu de temps après son retour à Paris, Vincent lui avait annoncé qu'il s'installait chez Clara Saint, une jeune orpheline et riche héritière franco-chilienne à la vie libre et luxueuse. Alain les voyait souvent, il a décrit à Madeleine l'appartement du quai d'Orsay, les Fautrier sur les murs en boiseries et partout, un désordre de livres et de disques, la passion de Clara pour Proust et Elisabeth Schwarzkopf, Vincent qui ne cesse d'écouter le *Concerto n° 20 en ré mineur* de Mozart interprété par Edwin Fischer. Ils aimaient les bistrots, les week-ends à Saint-Tropez, les concerts et l'opéra, la vitesse et l'argent. Une jeunesse dorée à la Sagan. « Claramouche » avait offert à Vincent sa première voiture, un mini-cabriolet Nash qu'il garait à l'entrée de Janson rue de la Pompe devant ses camarades de classe médusés.

Une nouvelle Clara dans la famille, avait pensé Madeleine quand Vincent, un après-midi où André n'était pas là, lui avait présenté sa conquête dans le grand salon de Boulogne. Le charme et le non-conformisme bohème de la jeune femme lui avaient immédiatement plu. Et Vincent avait l'air si heureux. Enfin. Il passait à Boulogne en coup de vent. Par surprise. Madeleine se souvient tristement de ce soir où il est arrivé en plein dîner, il est resté debout, on parle du dernier film de Cocteau *Le Testament d'Orphée*, il n'a pas aimé. Malraux défend le film. Le ton monte. Le père, furieux, lâche : « Si on venait te dire qu'un garçon de ton âge est en train d'expliquer à André Malraux qu'il ne comprend rien au dernier film de Cocteau, qu'est-ce que tu lui dirais ? – ... Je lui dirais que tout le monde peut se tromper », rétorque son fils qui tourne les talons et claque la porte dans un silence pétrifié[1].

Madeleine regarde longuement une photo de Gauthier à seize ans, en tenue d'éclaireur, son béret à insignes sur la tête et ce regard grave, inquiet. Lui aussi avait quitté la maison à son entrée à Sciences-Po, pour un petit studio près de la porte d'Orléans. Depuis 1960, Gauthier était en froid avec son père, pour une stupidité, un retour nocturne bruyant qui avait mis hors de lui André réveillé en pleine nuit. Le jeune Malraux avait peu d'amis, il sortait rarement et s'était rapproché de Vincent. Ses visites à Boulogne étaient devenues rares. Après une aventure avec une actrice à la mode, de vingt ans son aînée, Judith Magre, qui avait joué les initiatrices,

---

1. Alain Malraux, *Les Marronniers de Boulogne*, *op. cit.*, p. 199.

il avait rencontré rue Saint-Guillaume une jeune fille de la bonne bourgeoisie parisienne, Marie-Ange Le Besnerais. Amoureux, il voulait se marier. Après l'enterrement, Marie-Ange, accompagnée de Suzanne Chantal, ira chez Gauthier ranger ses affaires, elle découvrira sa convocation aux examens posée sur la table. Une semaine après la mort de son fiancé, deux lettres lui arriveront postées de Port-Cros.

Madeleine est triste. Infiniment. Tout a volé en éclats. Il est loin le temps où elle a cru à une harmonie familiale. Elle en veut à André qui a coupé toute relation avec Florence depuis qu'elle a signé le Manifeste des 121 pour dénoncer la politique du général de Gaulle en Algérie et soutenir l'insurrection des jeunes appelés. Florence avait prévenu son père dans une lettre, mais lorsqu'il découvre dans le journal du matin de septembre 1960 sa signature en bas du Manifeste, sa colère froide est terrible : « Cette fois, je l'ai assez vue. » Il estime que sa fille s'est laissé bêtement manipuler. Sans doute aussi, l'anticolonialiste des années trente est-il mal à l'aise sur la question algérienne. Les ponts sont rompus. Il ne prononcera plus son prénom. Madeleine refuse le diktat et garde le contact avec Florence. Sans le dire à André, elle la rencontre deux ou trois fois par an à déjeuner ou pour un thé. La fille de Clara est la meilleure amie de Françoise Sagan, elle a travaillé avec Françoise Giroud à *L'Express* et devient à cette époque l'assistante d'Alain Resnais qu'elle épousera en 1969.

Pour Alain Malraux, la situation est cruelle. Le nœud malrucien l'étouffe. Ses frères morts, sa sœur interdite, sa mère souvent absente, accaparée par les obligations officielles. C'est lui qui doit aller récupérer les affaires de Vincent chez Clara. L'adolescent de seize ans souffre, il ne retournera pas à Janson qui lui rappelle trop douloureusement Vincent qu'il voyait à toutes les récréations. Il poursuivra sa scolarité par correspondance. Sa mère est inquiète.

Aucune photographie des garçons n'apparaît à Boulogne, elles sont soigneusement rangées par Madeleine dans les tiroirs fermés du secrétaire vénitien de la chambre conjugale. Elles trouveront leur place des années plus tard, éparpillées au grand jour sur les meubles du salon, boulevard Delessert.

Et chaque matin, cet innombrable courrier, des témoignages parfois très simples et touchants d'inconnus, les mots convenus des officiels, mais aussi le lot de lettres d'injures qui visent le ministre du Général, celles des fous… Madeleine fait le tri, répond à certaines, prépare pour André sa pile.

Madeleine devine André, sa souffrance nouée et ambivalente. *Je suis le témoin d'une douleur qu'il ne savait pas exprimer. Je suis là. Je vois les choses. Et je connais l'histoire de ces enfants qui lui ont été imposés et qu'il n'a pas réussi à aimer jusqu'à leur mort violente.* Cette part de lui-même qu'il lit dans le regard de sa femme, il veut la fuir. Elle le voit se débattre, repousser la douleur, étouffer le mal-être et la culpabilité. Il se jette avec fébrilité dans son action à la tête de la Culture, ce ministère qu'il a créé et qu'il veut développer. Son exutoire. Madeleine, elle, ne se dérobe pas ; Gauthier et Vincent ne la quittent pas, en pensée, à chaque instant. Impossible d'échapper aux cruelles interrogations « A-t-elle su être la mère qu'il leur fallait ? Aurait-elle pu et dû davantage s'interposer entre le père et ses fils ? Ne les a-t-elle pas sacrifiés pour André ? » Penser à Vincent lui fait mal. Comment aurait-il fallu aider ce rebelle douloureux et excessif dont l'existence a ressemblé à une fuite éperdue ? Madeleine ne se confie pas à ses amies. Dans cette génération, dans ce milieu, on se tait par pudeur et discrétion. Pour protéger sa mère et Alain, elle ne leur dit pas sa souffrance. La mort cloisonne le monde des vivants. Madeleine le sait depuis longtemps.

Le 31 mai, une grande réception est donnée à l'Elysée en l'honneur du couple Kennedy. Le 1er juin, ce sera un dîner dans la galerie des Glaces de Versailles. Le 2 juin 1961, les Malraux passent la journée avec Jackie. Le matin au musée du Jeu de Paume, ils restent longtemps devant l'*Olympia* de Manet, Malraux se lance dans un grand discours très poétique et allusif, on ne sait plus très bien si le ministre vante la beauté de la vénus alanguie ou celle de la First Lady qui minaude, ravie. L'après-midi se déroule à la Malmaison. Madeleine sourit, charmante, imperturbable, un peu en retrait. Son mari n'en ferait-il pourtant pas un peu trop avec Jackie ? Malraux pavoise, joue les séducteurs, souriant et inspiré, tendant l'oreille pour un aparté complice avec la première dame de la Maison-Blanche qui se targue d'avoir lu tous ses livres, même si lui pense qu'elle les a à peine feuilletés ! Elle veut paraître cultivée, elle est sensible aux arts et lui dit son admiration. Il semble au comble de la satisfaction. Si loin des drames de sa vie.

Quelques jours plus tard, le 24 juin 1961, l'inauguration de la Maison de la Culture du Havre est un moment important pour le ministre, il s'est battu pour imposer son concept, la culture qui se décentralise et se démocratise, qui doit être accessible à chaque Français. Madeleine, elle, n'avait pas souhaité y assister, André a insisté. Lorsque le ministre dans son discours prononce : « Ces enfants de quinze ans pour qui commencent aujourd'hui les maisons de culture (...) qui deviendront ce qu'ils portent en eux », les journalistes et les notables locaux notent l'émotion de Madame Malraux, ses larmes vite refoulées. Elle se ressaisit immédiatement.

Et puis vient l'été dans un palace, le Dolder près de Zurich avec Alain. Sinistre séjour. Vacances sans repos. Les nuits sont lourdes. Il faut se lever chaque matin sous le choc. Vivre avec la douleur. Malraux reste fermé ; il veut la retenue, le non-dit et ne parle presque jamais des enfants. L'écrivain génial ne trouve pas les mots pour exprimer sa souffrance. Madeleine s'y conforme. Peut-être trop ? Elle est impuissante, incapable de l'aider à se dénouer. Choquée par André qui, s'il évoque l'accident, ne parle que de Gauthier. Jamais il ne prononce le nom de Vincent, ni ne dit « les garçons ». Même dans la mort, Vincent est nié. Rejeté. L'enfant de trop pour son père jusqu'à la dernière minute de sa courte vie ; celui qui était au volant du bolide fatal. Madeleine se tait, elle ne relève pas et n'ose rien dire.

Quitter Boulogne

En 1961, les Renard, propriétaires de Boulogne, envoient une lettre aux Malraux, ils veulent récupérer leur duplex pour leur famille qui s'agrandit. Malraux refuse, furieux. Les relations de voisinage deviennent moins aimables.

Le 7 février 1962, en fin de matinée, Alain traîne en pyjama et joue sur le piano double. Il monte dans sa chambre s'habiller. Tout à coup, dans un bruit assourdissant d'explosion, tout tremble et des hurlements montent du rez-de-chaussée. La baie du salon est pulvérisée, le sol jonché d'éclats de verre. Alain appelle police secours. Madeleine et André rentrent à l'instant même de la rue de Valois pour déjeuner. Affolement. La cuisinière des Malraux se précipite chez les Renard, elle porte dans ses bras leur petite fille en sang. L'ambulance arrive. Delphine Renard, quatre ans, jouait près de la fenêtre où la bombe a été posée.

Aucun doute, c'est Malraux qui était visé par l'OAS. La garde avait pourtant été renforcée devant la maison du ministre de la Culture. Les violences de l'organisation terroriste pro-Algérie française marquent l'année 1962 et ciblent tous les membres du gouvernement qui reçoivent des menaces de mort. De justesse, un attentat a été déjoué à l'église d'Orvilliers où se rendent les Pompidou. Au Petit-Clamart, ce sera la voiture du général de Gaulle qui sera criblée de balles.

A Boulogne, le grand piano n'a subi aucun dégât, le bouddha n'a pas bougé, les tableaux sont intacts.

Seule la baie vitrée a explosé. André est muet, tendu, « Je ne veux rien savoir ! C'est la fatalité. C'est comme cela », et s'enferme dans sa chambre. C'est Madeleine qui prend les initiatives, passe les coups de fil, au ministère, à la police, à Matignon. Bouleversée pour la petite fille transportée dans l'ambulance. Les Malraux n'oseront pas demander des nouvelles de l'enfant qui, après des mois de souffrance et plusieurs opérations, rentrera, aveugle d'un œil. Les Renard n'oublieront pas.

Le coup est terrible, les Malraux sont atteints moralement. La tragédie, toujours, s'acharne. Ils décident de partir. Mais André a des goûts de luxe, et les appartements qui pourraient lui convenir sont hors de prix. Claude Pompidou souffle à Georges, Premier ministre du Général depuis avril 1962, de mettre à leur disposition sa résidence républicaine, La Lanterne, dont le parc communique avec celui du château de Versailles. Les Pompidou préfèrent passer leurs week-ends chez eux à Orvilliers.

Quitter Boulogne début juillet est un arrachement pour Madeleine. Elle vit au jour le jour, se concentrant sur les détails matériels au milieu des caisses. Trier, jeter, ranger. André se charge de la bibliothèque. Chaque objet rappelle le passé. Il faut tourner la page. Abandonner définitivement les années avec les enfants. Sensation de déracinement.

A La Lanterne, Malraux se passionne pour l'aménagement. Avec fébrilité. Il se prend pour le maître des lieux, change intégralement le mobilier et les tapisseries, choisit chaque meuble, chaque tableau, chaque bibelot, chaque étoffe pour chaque pièce dans un grand souci d'assortiment. Dans le jardin, il fait disposer des statues choisies à la réserve de Versailles. Un délire d'ameublement. Un défouloir. Sa création, lui qui n'écrit plus. Il imagine le décor de sa nouvelle vie. Tel le bourgeois gentilhomme. Madeleine ne partage pas cet engouement, ce qui agace André. « Vous détestez cette maison ? », « Vous faites des réserves ? » Même si elle n'avait pas eu beaucoup son mot à dire à Boulogne, à l'époque il savait être délicat et mettre les formes. Pour Madeleine, dépenser tant d'énergie et de moyens pour un palais de la République où ils ne sont que de passage est parfaitement vain. Et la femme meurtrie a bien du mal à trouver le moindre intérêt aux questions matérielles après la mort des enfants.

Le piano double de Madeleine de style 1930 trouve sa place dans le salon XVIIIe siècle, André décide que l'instrument monumental donnera le ton et qu'il faut l'assortir d'un mobilier qui lui soit contemporain. Il choisit un ensemble 1925 rouge et bleu tissé à la manufacture nationale de Beauvais d'après des cartons dessinés par Raoul Dufy ; sur chaque fauteuil et chaque siège, un monument parisien est représenté et l'ensemble des édifices figure sur un paravent. Pas franchement créatif ni très original. Ni très accordé à la demeure XVIIIe. Le petit salon de musique, lui, sera de style Marie-Antoinette avec son clavecin d'époque. Dans la salle à manger, Malraux fait accrocher des rideaux de couleur jaune doré noués de pompeuses embrasses noir et ocre, les chaises sont recouvertes de soie rose. Tous les meubles viennent du Mobilier national à la tête duquel Malraux a nommé Jean Coural. L'administrateur général du Mobilier national conseille et satisfait le moindre désir de son ministre. Malraux mélange ses objets personnels et ceux de la République, les époques et les styles, Fautrier et des têtes gréco-bouddhiques voisinent avec des consoles Louis XIV et un buste de la marquise de Pompadour. L'ensemble est flamboyant, baroque. Un décor d'opéra. Madeleine s'y sent étrangère. Tout est excessif.

Malraux a décidé en emménageant à La Lanterne qu'ils feraient désormais chambre à part. Sans explication. Il se fait installer dans sa chambre un étroit et unique lit Louis XVI gris Pompadour, choisit de tendre de toile de Jouy son couloir et sa salle de bains. Madeleine aura sa chambre, ravissante mais plus petite, avec des rideaux en taffetas vieux rose. La chape de silence et d'incompréhension s'alourdit. A peine sorti de table, André s'enferme dans son bureau, il y passe la nuit à travailler, fumer, lire et boire.

La vie s'organise. Chaque matin, Madeleine et André quittent vers neuf heures et demie La Lanterne, la limousine et le chauffeur les attendent postés devant le perron. Pendant le trajet le ministre relit ses dossiers. Il arrive dans son bureau rue de Valois avant dix heures et demie. Madeleine passe la journée à Paris. Elle rend visite à sa mère qui habite avenue Montaigne depuis qu'elle est veuve, elle voit ses amis, fait des courses. Ils déjeunent ensemble si André est libre. En fin d'après-midi, Madame Malraux passe prendre son mari à son bureau rue de Valois pour rentrer à La Lanterne. Dans le silence.

Quand Madeleine ne se rend pas à Paris, elle est très seule, les journées sont longues. Elle n'invite pas d'amies à déjeuner, Versailles est un peu loin pour les dames parisiennes. André rentre vers sept heures du soir. Si La Lanterne est belle et romantique, elle n'est pas gaie. Le parc s'admire des fenêtres, ses grilles donnent rapidement sur les allées du château de Versailles. Madeleine se remet au piano pendant de longues heures. André s'en irrite, sa femme se réfugie dans la musique, son monde à elle. Un monde dont il s'exclut. Le temps de la complicité artistique semble bien loin.

Les visiteurs sont rares à La Lanterne, Palewski passe quelquefois. Les Debré sont invités à dîner. Le couple Chaban-Delmas également. Jacques est devenu président de l'Assemblée nationale. Tous s'étonnent. Malraux est désormais un prince cérémonieux en son palais. Dans chacune des pièces, d'immenses vases de fleurs apportées par brassées chaque jour par les jardiniers de Versailles. Le maître d'hôtel et la femme de chambre sont en gants blancs pour servir. Les meilleures bouteilles sont présentées. En le quittant, les hôtes sourient, Malraux semble avoir oublié qu'il n'est pas chez lui.

Malraux devient ombrageux. Il se replie. Déraciné, malheureux d'avoir quitté Boulogne. Le choc de la mort des garçons qu'il avait réussi à dominer revient avec violence sous la forme d'une irascibilité permanente, ponctuée de colères froides. La souffrance qu'il a niée le ronge. La statue se fissure. La douleur de Madeleine évolue différemment, elle n'est pas différée, elle est quotidienne et s'inscrit dans l'histoire de sa vie. *Je me résigne dans la tristesse. La cassure de ma vie, c'est la mort tragique de Roland. Après ce chagrin immense, j'ai ressenti les joies et les drames avec une certaine distance, malgré moi.* André et Madeleine se retrouvent souvent en tête à tête dans la grande salle à manger pompeuse de La Lanterne. André est désagréable. Madeleine refuse de hausser le ton. Elle commence à le craindre. Les repas sont pesants.

En 1964, c'est à peine s'il lui propose de l'accompagner le matin à Paris, il part de plus en plus souvent sans un mot, la mine fermée. Pour ne plus dépendre des allers-retours de son mari, Madeleine achète une petite voiture à conduite automatique. La dépense et la volonté de liberté déplaisent fortement à André. Un matin, près du tunnel de Saint-Cloud, la limousine noire conduite par le chauffeur en casquette dépasse l'automobile de Madame, Madeleine sourit et fait un petit signe de la main à son ministre de mari qui lève à peine la tête de ses dossiers en faisant mine de ne pas la reconnaître.

André, qui aimait déjeuner à Boulogne, perdrait trop de temps à rentrer à La Lanterne. Madeleine trouve un petit appartement à louer au sixième étage d'un immeuble moderne qui donne sur les marronniers du Ranelagh. Elle l'arrange simplement. André peut rentrer déjeuner et se reposer sur le canapé avant de repartir. Il n'est pas question d'y dormir. La cuisinière apporte les plats de La Lanterne et les réchauffe sur place, Madeleine l'attend, sachant que le ministre peut prévenir au dernier moment qu'il ne viendra pas. Mais Malraux déteste l'endroit, raille sa décoration, son manque de charme, suffoque en prenant l'ascenseur serré contre un inconnu, critique ses voisins, à ses yeux d'affreux bourgeois du 16e arrondissement. Madeleine n'a rien compris, cet endroit ne lui convient absolument pas. Elle se tait et part à la recherche d'un autre pied-à-terre. Ce sera le 8 avenue Montaigne, en face du théâtre des Champs-Elysées ; l'appartement est beau, il domine la Seine, le Sacré-Cœur et la coupole des Invalides. A la mesure du maître des lieux. André choisit des couleurs violine et fait accrocher quelques toiles, *Paysage vineux* et *Jazz Band* de Dubuffet, *Bouquet* de Fautrier. Mais le cœur n'y est pas. Les déjeuners y seront sinistres.

Le tourbillon des obligations

Madeleine enchaîne les obligations officielles. Elle accompagne les épouses en visite officielle à Paris, de Madame Krouchtchev aux épouses de chefs africains. Le programme est immuable, le Louvre, les Gobelins, Versailles. Le soir, les dîners officiels, les soirées de gala, les inaugurations d'exposition, les premières se succèdent. Le 21 mars 1963, ce sera le vernissage de l'exposition les « Métaphores » de Braque au Louvre, le 23 septembre 1964, le dévoilement du plafond de l'Opéra Garnier peint par Chagall. Une échappatoire pour le couple Malraux.

André est mécontent. De lui : il n'écrit plus. De son ministère : irrité des zizanies personnelles au sein du cabinet et déçu de son budget. Le ministre, qui a multiplié avec enthousiasme les projets, s'essouffle dans leur mise en œuvre et bute contre l'inertie bureaucratique. En avril 1962, Pompidou est nommé à Matignon, Malraux cache mal sa déception, lui qui se considère comme le dauphin naturel, le fils spirituel de De Gaulle. Il dit ses griefs, Georges n'a pas fait ses preuves comme résistant, il n'est pas un vrai gaulliste, c'est un mondain, son *Anthologie de la poésie française* est médiocre ! Désormais, les réceptions officielles se substituent aux petits dîners à quatre. Malraux s'exaspérera de dépendre de l'arbitrage de Pompidou pour son budget. Il n'a pas les moyens de sa grande politique culturelle.

C'est un rêve américain qui réussit à distraire Malraux en 1962 et 1963. Depuis 1958, les malentendus s'accumulent entre les Etats-Unis, la première puissance mondiale, et la France de De Gaulle, la petite nation orgueilleuse qui se targue d'indépendance. Au grand dam du Quai d'Orsay, Malraux devient l'émissaire du Général qui préfère aux grands discours et aux interminables réunions au sommet, le prestige et la culture. L'approche est très bien reçue à Washington par Jackie Kennedy, une première dame cultivée qui parle un français impeccable et se pique d'art et de littérature ; elle a été sous le charme de Malraux lors de sa visite à Paris de juin 1961, « l'homme le plus intelligent qu'elle ait rencontré », confiera-t-elle plus tard. Et le président Kennedy espère que Malraux pourra servir de pont avec ce fier « Général-Président » dont il ne comprend pas très bien les réactions.

Un voyage aux Etats-Unis est organisé du 10 au 16 mai 1962. Jackie veille de près aux détails avec les Alphand, l'ambassadeur de France et Madame. Le 11 mai, les Malraux sont reçus à la Maison-Blanche par les Kennedy ; Madeleine n'est pas ébahie par la décoration de Jacky à la Maison-Blanche qu'elle juge impersonnelle et sans originalité. Le soir, dans les salles de réception de la Maison-Blanche, un grand dîner est donné en leur honneur. Madeleine est à la droite du président américain. Ils se parlent sans interprète par gestes et mimiques, *il se croit un peu irrésistible avec les femmes*, juge la Française habituée aux approches plus subtiles. Jackie a invité le gratin des artistes et des francophiles, le chorégraphe George Balanchine, le réalisateur Elia Kazan, les écrivains Arthur Miller et Tennessee Williams, le violoniste Isaac Stern, les peintres Mark Rothko et Franz Kline, le pianiste Glenn Gould, quelques grandes fortunes et mécènes dont André et Bella Meyer. Après le dîner, Isaac Stern donne un récital privé. Jackie resplendit, elle trône au milieu de tous, dans sa robe-bustier blanche en soie et son petit diadème dans les cheveux, maintien parfait et sourire légèrement carnassier. André paraît subjugué, il ne la quitte pas des yeux, l'assaille d'amabilités, multiplie les confidences et les saillies brillantes. Jackie minaude avec grâce. L'amitié franco-américaine semble au zénith. Certains observateurs jugent pourtant ces badinages déplacés. Madeleine, elle, observe et s'amuse. *Jackie, qui était malheureuse en ménage, aimait attirer les lumières sur elle, c'était une compensation ! Et puis cette soirée, c'est elle qui l'avait voulue et organisée. Elle était entourée de sa cour, ses amis, des artistes. Malraux en fait un peu trop, c'est certain, il flirte. Mais je connaissais mon mari, tout cela restait très cérébral. C'était un jeu et je le savais.* La séduction s'arrête où commence la diplomatie. Aucun n'est vraiment dupe.

Le lendemain 12 mai, les Malraux visitent la National Art Gallery en compagnie de Jackie qui accueille André en l'embrassant et en lui glissant un délicieux « C'est vous le guide aujourd'hui ». Le 13 mai, les Français sont invités à Glen Ora en Virginie dans la maison de campagne des Kennedy, à vingt-cinq minutes en hélicoptère de la Maison-Blanche. Pendant que ces dames encouragent les enfants sur les poneys, les hommes en rocking-chair discutent ; Malraux explique la politique du général de Gaulle, sa volonté d'indépendance nucléaire, sa position vis-à-vis de l'OTAN, le règlement de la question algérienne, les raisons de son opposition à l'entrée de la Grande-Bretagne dans le Marché commun. Le lendemain, ils déjeunent à McLean chez Robert Kennedy. L'ambiance se veut informelle, « week-end à la campagne », mais Madame Malraux est en petit tailleur Chanel et garde son chapeau.

Dans le train officiel qui les ramène de Washington à New York, Madeleine s'étonne : « André, ne vous êtes-vous pas avancé un peu rapidement en promettant à nouveau à Jackie de revenir très bientôt à Washington avec *La Joconde* ? – C'est un projet magnifique, pionnier, le Général comprendra. » Le 15 mai, Malraux prononce son allocution au Waldorf Astoria, le grand hôtel Art déco, sur Park Avenue pour le cinquantième anniversaire de l'Institut culturel français de New York. Si ce voyage compte dans l'histoire des relations franco-américaines, il est également déterminant pour Madeleine. Mais elle ne le sait pas encore.

En janvier 1963, malgré la fronde des conservateurs du Louvre très inquiets et une campagne de presse virulente, Mona Lisa arrive à Washington dans un container isotherme et insubmersible après un voyage sur le *France* dans une cabine gardée nuit et jour. Elle est accueillie comme un chef d'Etat. Le 8 janvier, à la National Gallery de Washington, l'immortelle de la Renaissance parade sur une immense tenture de velours rouge entourée de Malraux et Jackie qui posent complices et rayonnants ; devant ce ménage à trois, John Kennedy et Madeleine en robe de velours noir et double rang de perles font bonne figure, un peu en retrait. Devant trois mille invités, Malraux dans son discours rend un hommage appuyé à la première dame, immaculée en longue robe blanche au décolleté drapé, « toujours présente lorsqu'il s'agit d'unir l'art, les Etats-Unis et la France ». Malraux est heureux. Il a réussi un magistral coup de séduction politique.

Le tourbillon des obligations officielles se poursuit. Du 16 au 21 septembre 1963, les Malraux sont en Finlande, conférences du ministre de la Culture, visites des musées, du Parlement, des librairies françaises, dîner en leur honneur chez le Premier ministre finlandais. En octobre 1963, les voilà qui s'envolent pour le Canada. La presse fait l'éloge de Madeleine, on vante son élégance raffinée lorsqu'elle signe le livre d'or de la ville de Montréal et lors du grand dîner officiel au château Frontenac. A chaque voyage, la presse locale perpétue la légende dorée de Malraux, fils de banquier, résistant de la première heure, diplômé de l'Ecole des langues orientales, ami de Tchang Kaï-chek, etc. Si Madeleine demeure la gardienne des mystères Malraux, la complicité se meurt derrière les sourires de façade.

Le naufrage

Le couple s'éloigne. Chacun s'enferme dans sa douleur inexprimable. En proie à une colère froide, rentrée mais invincible. Il n'y aura ni cris ni scènes. Mais une omerta ponctuée de petites phrases tranchantes. Si André s'impatiente – « Je vis avec une muette », « Que voulez-vous dire ? » –, Madeleine esquive – « N'en parlons plus... », « On verra demain » –, il s'irrite : « Expliquez-vous ! » Si Madeleine ose un conseil – « Quittez le ministère et écrivez ! » –, la réponse est sans appel : « Jamais ! » Un soir, la sentence est foudroyante et injuste : « Vous n'avez pas été une mère sublime. » Malraux sait être humiliant et ne craint pas le ridicule, il refuse d'aider sa femme les bras chargés de paquets avec ces mots : « Si le général de Gaulle portait des paquets, il ne serait pas le général de Gaulle. » Madeleine est furieuse.

Malraux va mal. Il boit trop. Certains soirs, il faut l'aider à remonter l'escalier de La Lanterne jusqu'à sa chambre. Il abuse des amphétamines et des somnifères achetés en Suisse. Rue de Valois, on s'interroge sur son état de santé, les matins où il arrive tard se multiplient et Beuret, le fidèle, explique que le ministre est victime de crises de palu. Les bons jours, Malraux sait encore donner le change, ses interventions sont flamboyantes, ses directives précises, son volontarisme communicatif. Mais lui ne craint plus le constat, il sait qu'il ne réussit plus à se fuir. Rattrapé par lui-même. L'autocritique est impitoyable. L'écrivain n'écrit plus, le ministre est frustré, l'homme souffre de sa vie. A Alain, il dit sa rage contre lui-même : « Ce que je veux est fou. Ce que je peux est nul. » Le regard de sa femme qui lit en lui, miroir de son mal-être, de ses ambivalences, de sa culpabilité, de ses déceptions, son « misérable petit tas de secrets », l'étouffe. Le calme et la maîtrise de soi qu'il avait tant aimés chez Madeleine deviennent ses ennemis. Il la rend responsable de son état.

Le couple se réfugie quelques jours à Venise au printemps 1963. En quête d'un bonheur perdu. Malraux se détend. Madeleine espère une accalmie. Mais très vite, il faut se rendre à l'évidence, le charme de la cité lacustre n'opère plus, le temps s'étire. Tristement. L'été 1963, Alain accompagne Madeleine et André deux semaines dans un palace de Bürgenstock en Suisse alémanique, un sinistre nid d'aigle pour une clientèle aussi âgée que fortunée. Le 31 août, le couple Malraux apprend la mort de Georges Braque. André, atteint, prononce le 3 septembre 1963 une oraison funèbre en hommage à son ami dans la colonnade du Louvre avec cette belle formule : « Il y a une part de l'honneur de la France qui s'appelle Braque », avant de se rendre avec Madeleine à l'inhumation dans le petit cimetière marin de Varengeville-sur-Mer. En octobre 1963, c'est le choc avec l'attentat de Dallas. John Kennedy est assassiné, Jackie à son côté son tailleur rose en sang, devant les caméras du monde entier. Quelques mois plus tôt, Madeleine a perdu son père, Hippolyte, qui avait su être si proche et si fier de sa fille musicienne. En juillet 1964, l'ami peintre Fautrier meurt et André refuse de se rendre à son enterrement, Madeleine ira seule. La vie des Malraux se drape de noir.

A Pâques et pendant l'été 1964 dans un palace, la Villa d'Este de Cernobbio sur le lac de Côme, ils acceptent pour la première fois des invitations d'inconnus, ils déjeuneront avec un milliardaire milanais. Tout, plutôt que se retrouver face à face. Le retour à La Lanterne est lugubre. Alain part chez des amis, Madeleine l'appelle tous les jours de Versailles. Le fils et la mère sont très proches, s'inquiètent l'un pour l'autre, parlent beaucoup d'André. Le séjour de Noël 1964, dans un palace sur les hauts de Zurich, le Dolder, est lugubre.

La chape de silence et d'incompréhension s'alourdit. Inexorablement.

Un jour, Madeleine passe rue de Valois pour déjeuner avec André au Grand Véfour. Dans le bureau du ministre, sur la cheminée trône une coupe remplie d'œufs en marbre multicolores. Elle s'étonne : « Tiens, vous avez remplacé les fleurs par des œufs, je ne savais pas que vous aimiez ce genre de bibelots ! » Lui répond, laconique : « C'est un cadeau de Louise de Vilmorin. » Devant l'expression de sa femme, il précise, rapidement : « N'allez pas vous inquiéter. Il n'y a rien entre nous. Ne pensez pas que… » Nul besoin de la rassurer, Madeleine a compris. L'histoire entre Louise et André a repris.

La séparation

La panthéonisation de Jean Moulin, le 19 décembre 1964

C'est André Malraux qui a voulu la panthéonisation de Jean Moulin, il en a convaincu le Général. Pour rendre hommage à la Résistance. La cérémonie du 19 décembre 1964 est minutieusement préparée. André est taraudé par son discours, le thème est difficile. L'histoire de France se mêle à l'histoire intime. Le malaise s'accroît au sein du couple durant les jours qui précèdent. *Sur ce sujet douloureux, délicat des résistants, qui est un nœud dans nos relations, il était sans doute très tourmenté.* Madeleine connaît les secrets de Malraux, elle sait tout de son passé, ses hésitations et ce qu'il doit à ses frères. Lui qui avait tant aimé qu'elle le devine et respecte ses mystères ne le supporte plus. Madeleine est devenue un reproche silencieux personnifié.

La veille, Madame Malraux apprend qu'aucune voiture officielle n'a été réservée pour elle et Alain ; André partira très tôt, la cérémonie étant prévue en fin de matinée, et le ministre n'a donné aucune consigne. Elle doit se débrouiller. A l'heure du départ, impossible de trouver un taxi, le temps presse, il est tard. Enfin une voiture est libre, ils gagnent à toute allure la place du Panthéon. Le froid est glacial. A gauche du catafalque noir, André Malraux est grave et concentré devant le micro ; à côté, Charles de Gaulle en uniforme et képi à deux étoiles. Tout le monde est à sa place. Madeleine se faufile discrètement jusqu'à sa chaise à la tribune d'honneur, près de Madame de Gaulle. Le discours a commencé. Madeleine le découvre : *Je l'ai trouvé grandiloquent, exagéré, théâtral, romantique. Je n'ai pas aimé « Entre, avec le peuple né de l'ombre et disparu avec elle », ni « Pauvre roi supplicié des ombres, regarde ton peuple d'ombres se lever dans la nuit de juin constellée de tortures ». La Résistance est un thème qui se suffit à lui-même, davantage de simplicité m'aurait semblé plus juste.* Madeleine ne ressent nulle émotion. Gênée par la mise en scène grandiose et la pesanteur du protocole. Pourtant, André a prononcé un magnifique hommage à la Résistance, le plus célèbre de ses discours. Et à sa manière un éloge funèbre à Roland et Claude.

Dans la voiture du retour à La Lanterne, André se drape dans un silence furieux et accusateur. En arrivant, Madeleine avale un scotch d'un trait. Pour se ressaisir. Et faire face aux complexités noires de la colère de Malraux, tout à la fois la fureur contre son retard et l'irritation que provoque sa présence ; la culpabilité de l'aîné à l'égard de ses frères morts en héros en ce jour de mémoire ; l'ombre de Roland alors qu'il se détache de Madeleine. Jamais l'ambiance n'a été aussi lourde et embarrassée.

La délitescence

A La Lanterne, André s'enferme dans sa chambre, Madeleine ne joue presque plus. Les repas sont sinistres. André ne demande pas à Madeleine de l'accompagner dans ses déplacements en province, ils ne déjeunent plus ensemble à Paris. Les journées sont longues et Madeleine se réfugie avenue Montaigne dès qu'elle le peut. Les réceptions officielles les sauvent d'eux-mêmes. En mai 1965, Malraux reçoit une invitation de son homologue à Londres, pour ne pas y aller avec Madeleine il prétexte qu'elle est malade. Le mal grandit chez André, la douleur qu'il a étouffée éclate.

En mai 1965, Madeleine part en Suisse repérer de nouveaux hôtels pour l'été qui approche. A son retour, André explose. Face au déluge de tirades amères et violentes, Madeleine se replie. Elle se tait. Le lendemain, quatre ans après la mort de Gauthier et Vincent, Madeleine emmène seule à l'Opéra un couple d'Italiens, les Brandolini, qui les avaient reçus à Venise. Malraux, qui a toujours ignoré les dates anniversaires, ne le supporte pas. La crise est paroxystique et le point de non-retour atteint.

A l'Elysée, on s'inquiète. Les absences du ministre sont de plus en plus fréquentes. Malraux paraît en mauvaise santé, déprimé. Le Général en parle à son aide de camp, Etienne Burin des Roziers. Pourquoi ne pas lui proposer un grand voyage en Asie ? La mission le distrairait et pourrait être l'occasion de renforcer les liens avec la Chine que la France a été la première des puissances occidentales à reconnaître en 1964 malgré l'opposition des Etats-Unis et du Japon.

La fin

Malraux s'annonce le 20 juin 1965 en fin d'après-midi avenue Montaigne. Devant un scotch, il informe sa femme de son prochain départ en Asie, Beuret l'accompagnera. Alliant la délicatesse et le manque de courage, il promet : « Vous viendrez me rejoindre. Je vous ferai signe. » Vaines précautions, Madeleine a compris. C'est la première fois qu'il part en voyage sans elle. Ce départ signifie rupture.

Le 22 juin, Malraux embarque sur *Le Cambodge* pour Singapour. Madeleine s'installe avenue Montaigne et loue un petit piano. Elle prend son indépendance, accepte les sorties que Malraux refusait systématiquement. Désormais, elle dîne chez les Pompidou, les Rothschild, les Lazareff. Elle accepte même d'accompagner à Venise Mica Salabert, la propriétaire de la célèbre maison d'édition musicale, qui a notamment édité Erik Satie. La dame d'un certain âge se rend à un concert qu'elle sponsorise, elle est très riche et a ses habitudes au Danieli ; veuve, sans enfant, elle apprécie la compagnie et se flatte de se montrer avec Madame Malraux, de surcroît une pianiste. Lorsque Malraux l'apprend en Chine, il est furieux. Se faire offrir un voyage est indigne, Madeleine oublie son rang, elle est l'épouse d'un ministre d'Etat et ne doit pas faire la publicité des éditions Salabert. Ce qui le met hors de lui, c'est aussi de savoir que sa femme délaissée est entourée de soutiens et d'amis qui pourraient le juger.

De retour de Chine, Malraux est satisfait, il a fait un beau voyage. Le ministre du Général a eu son moment de gloire, il a réussi à être reçu le 3 août par Mao Zedong au Palais du Peuple. L'écrivain s'est enfin remis à écrire, il se lance avec ferveur dans les premières pages des *Antimémoires*. Mais pour Madeleine, la sentence tombe le 15 août, André lui annonce qu'il ne veut plus la voir à La Lanterne. Madeleine se fixe avenue Montaigne. Alain s'installe dans un petit studio au 16, dans le même immeuble que sa grand-mère.

Les Sperber tentent d'aider le couple. Manès Sperber était un habitué de Boulogne. Né en 1905, en Galicie, dans une famille hassidique, le philosophe et psychologue est un érudit qui a séduit Malraux par l'étendue de sa culture allemande et talmudique, ainsi que ses réflexions sur l'individu dans l'Histoire et sur le totalitarisme. Les deux hommes ont un sujet de prédilection, l'art. Manès est le seul ami avec qui André entretient une correspondance suivie, le seul ami qui s'autorise à lui donner des conseils pour l'écriture de son œuvre sur l'art, le seul ami à qui Malraux confiait ses inquiétudes au sujet de Vincent. Madeleine aime l'acuité de son regard qui perce les âmes, et la vivacité chaleureuse de Jenka, sa femme. Ils resteront des amis proches et fidèles. Manès écoute Madeleine qui espère encore. Malraux n'a pas parlé de séparation définitive. Manès joue le conciliateur auprès d'André.

Le 19 décembre 1965, la France élit pour la première fois son président de la République au suffrage universel, le Général est reconduit ; Madeleine fête Noël chez les Pompidou. En janvier 1966, les Malraux tentent de reprendre la vie commune à La Lanterne. Alain leur offre deux chats siamois, Olympe et Octave, joli symbole en guise d'espoir, avant de partir aux Etats-Unis quelques mois pour ses études. Les voilà seuls. Le dialogue est difficile. A Madeleine qui le presse : « Si vous voulez vous sauver, il faut vous arrêter de boire ! », André rétorque, cinglant : « Si je bois, c'est à cause de vous ! »

Au retour d'Alain, Malraux a enfin décidé de se faire soigner par le psychiatre Bertagna, il est en cure de désintoxication au Pavillon de chasse de Marly que de Gaulle a mis à sa disposition. Madeleine vit entre La Lanterne avec ses chats et l'avenue Montaigne, blessée mais encore animée d'une lueur d'espoir. André rentre de sa retraite le 7 juin 1966, sa décision est irrémédiable, la séparation est définitive. Madeleine emporte toutes ses affaires avenue Montaigne. Seul, le double piano reste. Le lourd rideau est tombé.

La répudiation choque. On jase dans les salons parisiens, Louise de Vilmorin passerait de plus en plus souvent rue de Valois, Malraux serait devenu un habitué du salon bleu de Verrières. Claude Pompidou invite Madeleine à un concert au théâtre des Champs-Elysées, puis dans sa loge officielle du Palais Garnier pour *Carmen* ; l'épouse du Premier ministre affiche publiquement son soutien à son amie. André se brouille définitivement avec les Pompidou. Le général de Gaulle et Madame reçoivent Madeleine à déjeuner à l'Elysée, en témoignage de leur affection, avec les Debré et les Pompidou ; Yvonne, qui n'a jamais aimé Malraux et abhorre le divorce, glisse à son invitée en guise d'encouragement : « L'essentiel, chère madame, c'est de gagner du temps pour tenir ! » Malraux sera furieux de ce geste à l'égard de Madeleine.

Les soutiens se multiplient. Jackie Kennedy, jeune veuve, a rendu visite à Madeleine à La Lanterne, alors qu'André était à Marly ; les deux femmes unies par le malheur et la solidarité féminine se sont promenées longuement dans un Versailles vide un lundi de fermeture au public ; les propos sont pudiques, l'ancienne première dame désapprouve Malraux. Alice Jean-Alley, une amie des Malraux depuis toujours et un personnage aussi libre que déterminé, dotée d'un humour caustique et qui a connu les revers de fortune et les amours déçues sans jamais se démonter, condamne fermement l'attitude de Malraux. Coco Chanel est outrée et le fait savoir à toutes ses clientes. Victoria Ocampo lui rend visite et prend vigoureusement parti pour l'amie abandonnée : « Mais enfin, qu'est-ce qu'il vous reprochait ? » Jenka et Manès Sperber sont très présents et savent l'écouter ; l'écrivain et poète indien Raja Raho la met en garde avec tact, elle ne doit pas se faire d'illusions, Malraux ne reviendra pas. Les Pompidou l'accueillent quelques jours à Cajarc. L'été de ses cinquante-deux ans, Madeleine est une femme blessée.

Le chant du cygne

Louise de Vilmorin, elle non plus, ne va pas bien. La grande séductrice vieillit, la soixantaine marquée par les abus de champagne, de cigarettes et les nuits blanches. Au crépuscule de sa vie – un tourbillon d'amants, de maris, d'adorateurs, de mondanités, de succès littéraires et de revers financiers –, la dame de Verrières est une neurasthénique raffinée qui lutte contre ses papillons noirs et se compare à « un navire en détresse ». Elle n'a pas oublié les après-midi clandestins de l'hôtel Montalembert en 1933 ni ce qu'elle doit à Malraux qui l'a encouragée à écrire son premier roman, *Sainte-Unefois*. « Baba d'admiration » pour le génie d'André et pour le panache du ministre d'Etat, séduite par sa mine grave et son air malheureux, elle prend l'initiative et demande un rendez-vous au ministère en 1963, avec un prétexte tout trouvé, le classement aux Monuments historiques de Verrières en mauvais état et dont il faut refaire d'urgence la toiture. Elle usera ensuite d'une arme de séduction fatale, ses missives fantaisistes et tendres qu'elle signe d'un charmant « Loulou-Louise » : « J'ai 36 000 choses à vous dire et surtout que mon amour pour vous est un mélange de gratitude et de mea culpa[1] », « Je souffre de nostalgies que vous êtes seul à pouvoir dissiper[2] », « Votre absence me désunit. Je ne suis tout entière qu'en votre présence[3] ».

---

1. Lettre du 17 avril 1964, citée dans Françoise Wagener, *Je suis née inconsolable : Louise de Vilmorin, 1902-1969*, Flammarion, 2008.
2. Lettre du 20 mai 1964, *ibid*.
3. Lettre du 29 novembre 1968, *ibid*.

L'idylle est une délicieuse cure de jouvence. Un cadeau inattendu de la vie. André et Louise se régénèrent l'un l'autre, ils se bluffent mutuellement, tout étonnés de savoir encore se séduire et se plaire. Les rendez-vous sont rapidement de moins en moins discrets, Louise se rend fréquemment rue de Valois. La coquette est vivante, drôle, piquante, papillonnante, experte dans l'art du bon mot et de la formule parfois cruelle. Malraux s'amuse. Enfin. Et l'élégance aristocratique de Louise le fait rêver. Il est grave, elle est légère. Il est sérieux, elle a de l'esprit. Il est misanthrope, elle est femme du monde.

L'alcool est leur fidèle chaperon, ils boivent beaucoup. Louise, contrairement à Madeleine, l'accompagne lestement. Et quelle merveilleuse surprise de susciter une telle curiosité ; Louise est enchantée de s'afficher avec son ministre et Malraux flatté qu'on les compare à Chateaubriand et Madame Récamier. C'est une parenthèse jubilatoire pour des personnages en quête perpétuelle de reconnaissance. Lui qui pourtant détestait les mondains devient un habitué du célèbre salon bleu enfumé de Verrières où il devise désormais avec Jean Chalon, Jacques Chazot et Guy Béart. Drôle de conversion pour l'ancien hôte de Boulogne qui exigeait de ses invités des conversations hautement intellectuelles. Certains amis de Louise le trouvent pédant et s'ennuient de ses diatribes pontifiantes, Marie Van Zuylen, la mère fantasque de Marie-Hélène de Rothschild, lui demande : « Mais qu'est-ce que vous trouvez donc à votre Malraux ? » La maîtresse des lieux, reléguée au second rôle, se qualifie avec drôlerie de « Marilyn

Malraux » et s'agace parfois de l'attitude solennelle et compassée de son glorieux ami qu'elle appelle « mon grand gisant ». Louise est la première des femmes de sa vie à manier l'humour, experte en la matière elle ose le viser, de surcroît en public. Et l'impensable se produit, il ne s'en offusque pas. Il esquisse même un sourire.

Malraux veut entamer une procédure de divorce. Il donne rendez-vous à sa femme dans son bureau rue de Valois. L'entretien est froid, tout en retenue. Quelques minutes. Il l'accompagne à la porte et lui lance : « Je ne sais pas ce qui m'est arrivé ! » Madeleine est interloquée. *La phrase est incroyable, c'est une ouverture. Si j'avais voulu, je n'avais qu'à me jeter dans ses bras.* Mais la femme blessée s'y refuse. Et puis la formule est équivoque, à quoi fait-il allusion ? Elle ne sait plus le déchiffrer.

Le 27 avril 1969, les Français répondent non au référendum du général de Gaulle qui quitte définitivement le pouvoir et l'Elysée. En juin Georges Pompidou est élu président de la République, Jacques Chaban-Delmas son Premier ministre est le nouveau locataire de La Lanterne. Malraux s'installe définitivement à Verrières. Il a son bureau au rez-de-chaussée et deux pièces au premier étage.

Madame Malraux prend pour avocat Robert Badinter qui adopte une ligne dure. Le mariage étant sous le régime de la communauté intégrale, et considérant les vingt ans de vie commune, les conditions brutales de la séparation, et le dénuement financier de Madeleine, il pose comme condition le strict partage de tous les biens. André est furieux et rétorque qu'il faudrait envisager de couper en deux chaque livre de la bibliothèque. Il préfère renoncer. Louise, la non-conformiste, s'en moque : « C'est égal, cher André, de nos jours, il n'y a plus que les prêtres qui se marient. » Commence un long statu quo. Pour Madeleine, la procédure de divorce aurait permis de trouver un accord qui lui permette de vivre. *Du jour au lendemain, il m'a rayée de sa vie. Je n'avais qu'à me débrouiller. Il ne voulait rien savoir.* L'élégance n'est pas l'apanage des grands hommes.

Madeleine souffre, meurtrie, humiliée. Vingt ans avec André, le sacrifice de sa carrière, la mort des garçons. Et pourtant elle affirmera à une amie qu'elle ne regrette rien, sa vie a été tellement riche. Sa force, elle la tient de sa lucidité et d'une certitude : *Malgré mon affection et ma tendresse pour André, il n'a jamais pu remplacer l'amour extraordinaire que j'ai vécu avec Roland.* L'amertume et les regrets sont tenus à distance. Même si la blessure est là.

CHAPITRE 9

La reconquête

7 avril 2012. En ce jour anniversaire, Madeleine a quatre-vingt-dix-huit ans, l'agitation règne. Des livreurs s'annoncent, chargés de bouquets de roses blanches et de lys, les fleurs préférées de la vieille dame, épinglés de cartes de visite de ses proches. Le téléphone ne cesse de sonner, une amie du Japon pour la féliciter, une autre de New York, son arrière-petit-fils de Martinique, mais aussi son ex-belle-fille Priscilla et son filleul le peintre Darius. Alain joue au majordome, ouvre la porte, décroche le combiné, cherche des vases. Heureux pour sa mère qu'il vénère et protège. On s'exclame. On rit. L'instant doit être léger. Dans le salon du boulevard Delessert, les blessures intimes et le goût du secret n'excluent pas les démonstrations de tendresse ni la gaieté.

*

Une nouvelle vie

Jamais Madeleine n'oubliera le choc de cette année 1966. *J'étais très abattue, humiliée. J'avais été balayée, ignorée d'un jour à l'autre.* A la douleur se mêle un certain soulagement, après les longs mois d'enlisement conjugal la tension retombe. Avec le sentiment d'être libérée, rendue à soi-même. Pour la première fois de sa vie, Madeleine affronte les difficultés matérielles ; si Malraux continue quelques mois de régler le loyer de l'avenue Montaigne et verse une petite pension au coup par coup, il refuse tout accord de principe. Ce procédé expéditif davantage que son manque d'élégance révèle sa volonté de bannir de son existence l'épouse de vingt ans. La manière est cruelle. Madeleine est seule face à son avenir, elle doit penser sa vie, se redéfinir. La pianiste se prend à rêver, si elle tentait de renouer avec son destin de concertiste ? Le défi est de taille à cinquante-deux ans et après une si longue interruption.

Une renaissance new-yorkaise

Madeleine a un atout. Son nom qui lui ouvre toutes les portes. Et dans le monde, nombreux sont ceux qui ont été choqués par l'attitude de Malraux et la soutiennent ouvertement. Elle peut aussi compter sur l'appui indéfectible de son amie Claude Pompidou, l'épouse très lancée du Premier ministre qui la chaperonne dans les milieux du Tout-Paris. Madeleine, qui multiplie désormais les sorties mondaines, devient une habituée des dimanches à Louveciennes chez les Lazareff et des dîners de Paul-Louis Weiller, et surtout une protégée de la famille Rothschild. Tous ces gens que Malraux ne voulait pas côtoyer. La flamboyante Marie-Hélène de Rothschild, dont la mère est pourtant une proche de Louise de Vilmorin, prend fait et cause pour la « pauvre Madeleine ». C'est un dîner en décembre 1966 chez Germaine de Rothschild donné en l'honneur d'Isaac Stern qui va transformer la vie de l'épouse délaissée. La baronne a pris soin de la placer à droite du grand violoniste. Ils se sont déjà rencontrés à l'occasion de réceptions officielles, notamment à la Maison-Blanche en 1961. La conversation est facile. Stern, d'un tempérament extraverti, chaleureux et volubile, l'encourage à reprendre une carrière de concertiste et l'invite à se produire à New York à l'occasion du prochain concert qu'il donne en faveur de l'école française. Un événement annuel mondain et musical que Madeleine accepte. Sans hésiter.

Dix mois plus tard, en octobre 1967, au Carnegie Hall, elle affronte le public des grands soirs. Stern fête à cette occasion le vingt-cinquième anniversaire de son premier grand concert dans cette salle légendaire qu'il a sauvée de la démolition. Au programme des sonates de Mozart en duo avec le maestro. La pianiste renaît. Propulsée sur une scène internationale avec l'un des plus grands artistes du siècle, étonnée de l'accueil de la salle, elle pense au chemin parcouru depuis que son père Hippolyte lui organisait ses tournées dans le sud-ouest de la France. Mais l'exigeant Isaac Stern l'avertit, elle doit travailler davantage son piano si elle souhaite se professionnaliser ; il lui répète : « Tu dois continuer ta musique avec sérieux » et lui conseille de prendre des cours avec Adele Marcus, l'une des plus grandes pédagogues du XXe siècle qui enseigne à la fameuse Juilliard School de New York. Adele Marcus était dans la salle pendant le concert, elle a félicité la Française pour sa prestation et l'engage à persévérer, elle accepte de la prendre comme élève. Madeleine, qui veut croire à un avenir possible à New York, décide de s'y fixer. *J'avais l'impression que là-bas, je pourrais me reprendre en main. J'ai décidé de travailler et j'ai pris des leçons toutes les semaines avec Adele Marcus qui a beaucoup compté pour moi. Elle était un très grand professeur.* Le piano et l'éloignement géographique pour se guérir de Malraux.

D'autres personnalités vont aider Madeleine à réussir sa greffe américaine. Madame Salabert, la vieille dame riche des éditions musicales, qui pour ses affaires se rend régulièrement à New York, se flatte d'introduire Madame Malraux dans le Gotha de la danse et de la musique. Fin 1966, elle l'invite à sa grande tournée d'un mois à Los Angeles et New York. Madeleine renoue ainsi avec Nicolas Nabokov, le musicologue et compositeur rencontré en 1952 avec Malraux salle Gaveau à l'occasion du Congrès pour la liberté de la culture. Invité à Boulogne, il avait eu cette jolie formule : « J'aime ton piano » en l'écoutant jouer du Couperin.

Nicolas Nabokov est beau, un physique racé d'aristocrate russe, élitiste et cosmopolite en amitié, séduisant et exigeant en amour, sa quatrième femme Dominique a quarante ans de moins que lui. Un écart d'âge qui n'est pas toujours bien vu par leurs amis américains, la situation rappellerait-elle trop la sulfureuse Lolita de son cousin l'écrivain ? Nabokov a fui avec sa famille la Russie bolchevique des années vingt pour la France avant de s'établir aux

Etats-Unis. A soixante-quatre ans, l'auteur des ballets et opéras représentés dans le monde entier est, depuis 1951, le secrétaire général du Congrès pour la liberté de la culture (CCF), une association créée pour lutter contre l'influence communiste chez les intellectuels et promouvoir la culture dans les démocraties libérales ; à ce poste, il organise de nombreux festivals de musique et manifestations culturelles. Le CCF sera dissous en 1967, accusé d'être financé par la CIA. Fin 1966, lorsque Madeleine le revoit à New York, cornaquée par Madame Salabert, Nabokov évoque ses projets, il veut dédier le prochain festival de Berlin à la France et invite la pianiste française au nom prestigieux à s'y produire. Madeleine se met immédiatement au travail.

A Berlin, en mars 1967, elle est l'invitée d'honneur et jouera des pièces françaises inconnues du public allemand, Satie, Debussy, Florent Schmitt, Couperin, avant d'assister à tous les concerts du festival. Nabokov la présentera aux artistes, aux mécènes, aux producteurs et aux critiques. Ce festival marque un tournant, Madeleine rentre dans la profession par le haut.

Madeleine devient une proche des Nabokov ; la juvénile Dominique, qui ne se sent pas toujours reconnue, est très sensible à ses délicates attentions ; le généreux Nicolas l'introduit dans la petite troupe russe new-yorkaise. Il lui présente Igor Stravinsky, le révolutionnaire compositeur du *Sacre du printemps*, et sa femme Vera. Mais aussi Balanchine, le génial chorégraphe et danseur qui dirige le New York City Ballet, un séducteur à la vie mouvementée qui lui dédiera sa *Valse lente* quelques années plus tard ; la chaleureuse

Lucia Davidova, l'amie de ses compatriotes artistes à qui elle ouvre sa maison à toute heure. Isaac Stern passe aussi parfois. Ils seront rejoints par Rostropovitch, exilé d'Union soviétique en 1971 et fêté chez Madeleine qui donnera un cocktail en son honneur. Les dîners se suivent, on écoute la musique de Moussorgski, Glazounov, Scriabine et on boit à la russe jusqu'à trois heures du matin, on goûte les meilleures bouteilles de la « bibliothèque de vins » de Balanchine, on se retrouve pour déjeuner au Russian Tea Room. La Française les aime, ces déracinés slaves au tempérament fantasque et créatif qui l'ont immédiatement adoptée. Parmi eux, elle se sent renaître en artiste. Et l'ombre de Roland surgit, lui qui avait été fasciné par les intellectuels russes de la fin des années trente.

La procédure de divorce n'étant pas décidée, Madame André Malraux bénéficie d'un passeport diplomatique qui facilitera toutes ses démarches administratives à New York ; jusqu'en juin 1969, date du départ du pouvoir du général de Gaulle et de son ministre de la Culture. Madeleine loge dans un bel appartement au 525 Park Avenue. Ses voisins sont Maria Cooper, la fille de l'acteur, et Byron Janis, le grand pianiste américain ; elle est très belle et peintre et a failli rentrer dans les ordres, lui est neurasthénique. Byron passe à l'improviste jouer des sonates de Mozart à quatre mains. Sa thérapie.

Les Meyer

La visite de Malraux et de *La Joconde* est encore dans tous les esprits américains. Le nom Malraux est un sésame à New York dans la haute société francophile et cultivée. Annoncé sur une affiche de concert, il éveille la curiosité. André et Bella Meyer, qui forment un des couples les plus en vue, vont accueillir et lancer Madeleine. Le souvenir de la première visite de Malraux en 1954 les fait désormais sourire. Tous deux juifs alsaciens, ils ont fui avec leurs deux enfants la France occupée et ses décrets antisémites en juillet 1940 pour les Etats-Unis. Ils s'installent au Carlyle qu'ils ne quitteront plus et repartent de zéro. En 1966, le pouvoir d'André Meyer, magnat de la finance, président de Lazard, est à son zénith. Celui que l'on a baptisé « le Picasso de la finance » est le conseiller de confiance de toute la famille Kennedy, des Rockefeller et des Agnelli dont il gère la fortune, il est écouté du président américain Lyndon Jonhson et l'intime de ceux qui comptent dans le monde.

Aux Etats-Unis, les grandes fortunes sont des acteurs essentiels et reconnus de la politique culturelle par des dons aux musées, la création de fondations, le financement de concerts, de ballets et d'expositions, mais aussi par des bourses et des aides directes aux artistes. André Meyer est un grand donateur, un collectionneur et un mécène de premier plan. L'art est son trophée. Dans ce petit monde où l'on aime s'entourer d'amis également riches mais aussi de personnalités choisies en raison d'un don particulier ou d'un destin à part, Madeleine plaît. D'une éducation parfaite, discrète et raffinée, épouse d'une légende française et pianiste de talent, elle contribue à renforcer le prestige des

Meyer, ravis de l'adouber et de l'intégrer au sein de leur cour de fidèles. Madame Malraux est conviée à chacune de leurs réceptions mais aussi aux petits dîners familiaux et aux déjeuners de dames chics de Bella, elle fait partie des intimes à Noël, passe de longs séjours dans leur chalet Les Romanettes en Suisse à Crans où elle joue impromptu sur le piano familial. Madeleine introduit chez les Meyer Nabokov et Balanchine qui se feront ainsi financer certains de leurs spectacles et galas. Nabokov fera partie des invités de Crans.

A New York, où chacun sait que le couple Meyer traverse de fréquentes crises et que Bella se réfugie dès qu'elle le peut dans son appartement parisien quai des Orfèvres, on chuchote que Madame Malraux est la maîtresse d'André, ce qu'elle et lui se toujours refusé à accréditer. Les proches savent que c'est lui, Meyer, qui héberge la Française au 525 Park Avenue. Dans sa biographie de Meyer sortie aux Etats-Unis en 1983, Cary Reich, célèbre journaliste, qui a mené une enquête auprès de cent quarante-sept personnes dont le fils Meyer, consacre un chapitre à Madeleine Malraux. Reich révèle que lors des longues absences parisiennes de Bella, Madeleine, qui est devenue indispensable à André Meyer, habite et régente l'appartement du Carlyle. Lorsque ce livre paraît en France en 1986 chez Belfond, le chapitre sur Madeleine Malraux a entièrement disparu. Madame Malraux, attentive à son image en France de veuve pudique et digne du grand Malraux, aurait-elle obtenu gain de cause ? Elle n'a pas voulu répondre sur ce point.

L'hypothèse d'une tendre relation est plausible. Outre le prénom et les initiales, les points communs entre Malraux et Meyer sont nombreux. Madeleine n'a pas dû y être insensible. Le tempérament écrasant, tyrannique, excessif et implacable avec les autres. Le reniement de ses origines sociales et une ambition dévorante. L'art du secret et de se composer un personnage. Mais aussi l'originalité, l'énergie et le génie. Les deux André ont su marquer leur siècle. Un type d'homme attiré par la finesse, le tact et la maîtrise de soi de Madeleine. Son charme les apaise. Et ses talents de musicienne les flattent.

Madeleine a tout pour séduire André Meyer. Le gourou de la finance s'attendrit rarement, sauf pour les femmes seules et fragiles, et il a un faible pour les Françaises, sa maîtresse a été longtemps Claude Alphand, la première épouse de l'ambassadeur de France à Washington. Dans la version américaine, Madeleine, qui a répondu à Cary Reich, affirme que leur relation était platonique et qu'André Meyer était pour elle un « substitut de mari ». Ceux qui les rencontrent à New York dans les grands restaurants ou les premières de spectacle en doutent. On sourit lors du mariage du petit-fils d'André, Patrick Gerschel, à Paris le 29 mai 1968 car c'est Madeleine le metteur en scène de la cérémonie, des robes Guy Laroche des demoiselles d'honneur à la présence des chanteurs de l'Opéra. Bella Meyer, qui compose depuis des années avec les frasques d'André, est une forte personnalité à l'esprit ouvert et curieux. Elle accepte la situation et le couple à trois fonctionne grâce au non-dit et à une retenue voulue par chacun.

Madeleine calme les tensions au sein du couple et joue les intermédiaires. Quant à Bella, elle adopte Madeleine et s'enthousiasme pour sa nouvelle carrière, elle assistera à chacun des concerts de sa protégée.

Au début des années soixante-dix, André Meyer acquiert l'appartement du boulevard Delessert dans le 16e arrondissement, Madeleine est usufruitière. C'est Bella qui va l'aider à l'aménager en lui offrant quelques meubles, notamment la table de nuit et le bureau de sa chambre. Etre l'objet de tant de générosité n'a pas toujours dû être facile. Même si Madeleine compose avec dignité. Même si les Meyer font preuve d'une grande délicatesse. La position d'obligée impose de comprendre rapidement des règles non écrites. Malgré la proximité et les propos chaleureux, ne jamais céder à la familiarité ; tout en étant capable d'amitié et de fidélité, ne jamais oublier que derrière les sourires, les manières impeccables et la gentillesse affichée, le propos peut être cruel, la sentence définitive. De sa retraite à Verrières, Malraux, qui se montre si peu élégant à l'égard de celle qui porte encore son nom, s'offusque de sa situation de redevable.

Jackie Kennedy Onassis

En 1964, Jackie Kennedy se réinstalle à New York dans son appartement qu'elle loue depuis des années au Carlyle juste au-dessus des Meyer. Meyer, sensible aux riches veuves ou divorcées dont il protège les intérêts, la prend sous son aile, mi-paternel mi-amoureux, et s'occupe de l'éducation de ses enfants John John et Caroline. La plus célèbre veuve des Etats-Unis ne cesse de répéter « Il faut que j'en parle à André » et descend plusieurs fois par jour au trente-troisième étage. Elle y retrouve Madeleine et ne se lasse pas d'accuser en français Malraux d'avoir été un mari « dégoûtant », et de raconter qu'elle s'est fait un plaisir de ne pas le remercier des *Antimémoires* qu'il lui a dédicacées.

Jackie sait être drôle et directe, tout en restant secrète sur sa vie privée. Dans les milieux avertis, on s'interroge sur les allées et venues quasi quotidiennes de Robert Kennedy à sa belle-sœur. Tout se sait mais on se tait. L'histoire se terminera tragiquement ; comme son frère, Robert sera assassiné le 6 juin 1968 en pleine campagne présidentielle. Quatre mois après sa mort, Jackie se décide pour Onassis qui lui fait la cour depuis une croisière en 1963 sur son luxueux yacht, le *Christina O*. Cette fois-ci, elle n'écoute pas André Meyer qui lui déconseille ce mariage, peu confiant en son avenir et craignant l'incompréhension des Américains. Jacqueline épousera son armateur grec le 20 octobre 1968 sur l'île de Skorpios devant une foule de photographes. Madeleine se souvient des dîners chez les Meyer : *Onassis n'était pas du tout antipathique, il parlait beaucoup, dans le registre pittoresque et blagueur. Il était très volage, même marié. Jackie, qui avait déjà vécu cette situation avec son mari président, ne se plaignait jamais. Elle en a certainement souffert mais nous n'en parlions pas explicitement.* Le couple se séparera rapidement, Aristote mourra en 1975, laissant à sa veuve célèbre beaucoup moins d'argent qu'espéré. Petites misères de la haute société.

A Noël, chez les Meyer, une particularité de Jackie Kennedy étonne. Aux intimes, elle offre ses souvenirs d'enfance qu'elle a empaquetés avec le plus grand soin. Madeleine a ainsi hérité de sa tirelire, un petit chat rouge en bois, ainsi que de la couverture en laine de son lit de petite fille. Pour s'en défaire ou par narcissisme ? Les destinataires, qui doivent se considérer comme des privilégiés, n'oseront trancher. Madeleine, touchée et amusée, les a conservés précieusement boulevard Delessert.

Une étoile américaine

La carrière new-yorkaise de Madeleine est lancée.

En 1968, Isaac Stern l'invite à se joindre une nouvelle fois à lui au Carnegie Hall pour jouer des sonates de Mozart. En 1971, sponsorisée par les Meyer, elle donne au Metropolitan Museum un récital en lien avec l'exposition « The Cubist Epoch ». En 1972, la Française se produit au Carnegie Recital sous le patronage du consul général de France, Henri Claudel, puis elle participe au festival Stravinsky au New York State Theater. En 1975, ce sera le festival Ravel, de nouveau au New York State Theater, où elle interprète *Sonatine*, chorégraphiée par deux danseurs français, Jean-Pierre Bonnefous et Violette Verdy, sous la direction de Balanchine. Elle parcourt les Etats-Unis, se produit à Philadelphie, à Boston, à Washington, participera au 4e festival de Monte-Carlo, sera invitée en Inde en 1968 par l'ancien ambassadeur d'Inde à Paris, Rajeshwar Dayal.

Les critiques dans la presse américaine sont élogieuses, son press-book s'étoffe d'articles du *New York Post*, du *New York Times* et du *Washington Post*. Elle découvre enfin le sentiment de l'accomplissement personnel.

Et pourtant, malgré ces succès et le soutien attentif des Meyer, Madeleine ne va pas bien. Elle se décide à contacter un psychanalyste, le réputé docteur Rudolph Loewenstein, les séances l'aident au début mais elle se lasse et cela coûte très cher. Alors que le souvenir des années Malraux commence à s'estomper, Madeleine reçoit un appel de Florence qui lui annonce que son père est entré à l'hôpital, il a un cancer. Dix jours plus tard, le 24 novembre 1976, tout est fini ; l'enterrement aura lieu au cimetière de Verrières, dans l'intimité.

Malraux à Verrières

Tandis que Madeleine est à la reconquête de soi aux Etats-Unis, André connaît le succès, l'amour et une vieillesse tranquille à Verrières.

Avec Louise

1967 a été une belle année pour Malraux qui marque son grand retour sur la scène littéraire. Trois semaines après la sortie des *Antimémoires*, deux cent mille exemplaires sont vendus. Il achète un bel appartement de deux étages rue de Montpensier sur les jardins du Palais-Royal pour s'y installer avec Louise qui se lance dans les travaux et la décoration. André est un écrivain heureux de retrouver sa puissance créatrice, un dandy ravi de s'afficher au bras de Louise, et un père apaisé qui se réconcilie avec Florence après sept ans de silence.

Le bonheur ne tient pas ses promesses. L'idylle fulgurante s'évanouit et le charme enjôleur de Louise n'opère plus. La dame de Verrières s'ennuie, elle est lasse de jouer la séductrice distrayante et d'écouter les monologues de son grand homme. Elle déteste ses chats. Dès qu'elle peut, elle s'échappe à Paris pour se distraire avec les quelques amis qui, eux, savent être drôles et légers. Dans le salon bleu de Verrières, ils boivent beaucoup, les disputes se multiplient.

Le 26 décembre 1969, Louise fatiguée monte dans sa chambre. Le lendemain, ils doivent partir pour Marrakech, une semaine à La Mamounia au milieu des orangers et des oiseaux. L'interne de garde qui arrive à son chevet lui administre une piqûre de fortifiant. La châtelaine de Verrières meurt sur le coup. Ses neveux respecteront ses volontés, elle sera enterrée dans le parc, un banc faisant office de pierre tombale près duquel un cerisier sera planté. Malraux se retrouve à nouveau seul face à lui-même. Il ne veut plus emménager rue de Montpensier et préfère rester locataire des Vilmorin.

L'état de santé de Malraux inquiète. Devant une foule de journalistes, dans les salons de l'ambassade de l'Inde, aux côtés d'Indira Gandhi en voyage à

Paris le 9 novembre 1971, il est secoué de tics et tient des propos incohérents. En octobre 1972, pris de vertiges, il est hospitalisé d'urgence à la Salpêtrière, il y restera un mois. Il y écrit *Lazare*, un beau et étrange livre, mi-journal d'hospitalisation, mi-réflexions métaphysiques sur la maladie et la mort, sur la solitude de l'homme. A sa sortie, il ne boira jamais plus une goutte d'alcool. Il est toujours suivi par le psychiatre Louis Bertagna qui devient un ami.

Robert Badinter, en avocat offensif, décide de relancer la procédure de divorce afin de trouver un accord financier à sa cliente. Madeleine, qui a bien l'intention de se défendre, tente de rencontrer André qui refuse catégoriquement. Son rejet est total et sans appel. Il campe sur sa position. Le statu quo plutôt que le divorce. Le 3 avril 1976, après sept ans de silence, le fils de Madeleine, son neveu Alain, l'appelle à Verrières pour lui présenter sa jeune épouse, Priscilla. Les retrouvailles seront cordiales, sans plus, et ne se renouvelleront pas. L'écrivain a l'art de tourner les pages.

Avec Sophie

Malraux a le goût des amours en famille. Par facilité et parce qu'il ne peut se passer d'une présence féminine tout à sa dévotion. Cette fois-ci, il se tourne vers la nièce de Louise, Sophie de Vilmorin, quarante ans, réfugiée après son divorce avec ses trois filles à Verrières. A la mort de Louise, la jeune femme classe les écrits et les lettres de sa tante. Il parle, elle écoute. Il n'est plus seul et se console vite.

Cinq mois après la mort de Louise, le 20 mai 1970, ce sera le premier baiser.

Sophie sera sa dernière femme. Elle est une maîtresse de maison dévouée, une secrétaire et une infirmière calme et attentive, une discrète et fidèle vigie. Ebahie devant son génie vieillissant, elle lui avoue ne pas comprendre tout ce qu'il dit ou écrit ; pour André le dominateur, c'est délicieux. Il coule des jours tranquilles, à sa table dès dix heures, entouré de ses chats Fourrure et Lustré, avant de déjeuner chez Lasserre ou à La Tour d'Argent. Sophie organise les voyages et les croisières, veille à la cuisson du bœuf bourguignon, lui tient compagnie le soir devant la télévision, tape ses manuscrits. Ils ne sortent presque jamais et les visites sont rares. Comme ses femmes précédentes, Sophie se doit d'être élégante et s'habille chez Chanel. Ils partiront en 1973 au Népal et en Inde, en 1974 ils seront reçus par Indira Gandhi avant de se rendre à Tokyo qui accueille à son tour *La Joconde*. Malraux est un vieux monsieur coquet, fidèle à Lanvin et Hermès qui se fait photographier à Verrières en 1973 cravaté et habillé d'une veste en cuir camel cintrée. Son dernier sursaut de combattant sera en faveur du Bangladesh, il se dit prêt à prendre les armes contre l'armée pakistanaise et convainc Indira Gandhi d'intervenir.

A l'été 1970, Malraux connaît un grand bonheur ; lors de la sortie du premier tome des *Mémoires d'espoir*, *Le Renouveau*, il découvre avec émotion ces lignes du Général : « A ma droite, j'ai et j'aurai toujours André Malraux. La présence à mes côtés de cet ami génial, fervent des hautes destinées, me donne l'impression que par là, je suis couvert du terre à terre. » André lui répondra avec *Les Chênes qu'on abat* qui sortiront en 1971, une déclaration d'amour tirée d'une conversation d'après-midi dans la bibliothèque de La Boisserie après un bon repas. Malgré la flamme qui l'anime, ce n'est pas le meilleur livre de Malraux. Ce sera pourtant un succès de librairie. Le lundi 9 novembre 1970, peu avant le dîner, le général de Gaulle s'effondre sur son jeu de cartes, victime d'une rupture d'anévrisme. Le médecin appelé en urgence ne peut rien. A l'aube, Philippe de Gaulle fait prévenir Malraux qui arrive bouleversé à La Boisserie. C'est la mort du père. Yvonne de Gaulle rompt avec les années de froideur et l'accueille cordialement, elle le considère désormais comme un fidèle, à ce titre il assiste à la messe d'enterrement dans la petite église de Colombey.

Comme pour le général de Gaulle, le mois de novembre sera celui de la naissance et de la mort de Malraux. Il meurt le 23 novembre 1976, au CHU Henri-Mondor de Créteil, des suites d'un cancer. A soixante-quinze ans, il ne connaîtra pas le naufrage de la grande vieillesse. Le corps est ramené à Verrières. Florence, Sophie et Claude Gallimard prennent les décisions qui s'imposent et organisent les obsèques. Ils en sont certains, André ne souhaitait pas de cérémonie officielle et sera donc enterré dans l'intimité au petit cimetière de Verrières. Le salon bleu est transformé en chapelle ardente. Viendront se recueillir devant la dépouille : Ludmilla Tcherina, une tendre admiratrice, Raymond Barre, le Premier ministre, le fils du Général, Philippe de

Gaulle, Françoise Giroud, la ministre de la Culture. Malraux gît dans un costume sombre avec sa croix de Compagnon de la Libération, entouré de ses tableaux, de quelques statuettes d'Angkor et d'un masque antique.

La veuve ignorée

La presse nationale se fait l'écho de l'événement. Mais aucun article ne cite jamais Madeleine, l'épouse légitime. Sur l'acte de décès réalisé à la mairie de Créteil, il est pourtant bien précisé qu'André Malraux est l'« Epoux de Marie Madeleine Jeanne Lioux ». Il n'y aura pas de messe mais une simple inhumation. En présence de la famille, de l'abbé Bockel et de quelques gaullistes, Philippe de Gaulle, Geneviève de Gaulle, Alain de Boissieu, Pierre Lefranc, Jacques Chaban-Delmas. Le froid est glacial, le silence total. Sophie de Vilmorin, qui conduit la cérémonie, dépose la première une rose au pied du cercueil, elle est suivie de Florence, la fille. Madeleine vient en troisième position. Mais aucun journaliste ne signalera sa présence.

Clara Malraux, qui n'a pas assisté à l'enterrement, est l'invitée d'honneur, sur le plateau de l'ORTF, d'une émission spéciale consacrée le soir de l'annonce de sa mort à André Malraux. C'est elle qui attire les lumières en ces jours de deuil. Aux côtés de Jean Lacouture, le biographe, et de l'abbé Bockel, l'ami, elle bavarde, fait quelques confidences, sait être drôle. Enchantée d'exister comme Madame Malraux. Et heureuse du dernier geste d'André qui lui a légué la moitié des droits d'auteur sur les livres écrits durant leur vie commune et ses têtes gréco-bouddhiques ainsi que les autres objets de leurs expéditions. Pour Clara, c'est une ultime et grandiose reconnaissance.

Un testament a été rédigé à Verrières par un notaire et par maître Georges Kiejman en présence de Sophie de Vilmorin. André a décidé qu'Albert Beuret, Jean Grosjean et sa fille Florence Malraux seraient les exécuteurs testamentaires de son œuvre et que l'ensemble de ses biens reviendrait à sa fille qu'il institue sa légataire universelle. Madeleine n'aura droit qu'au strict minimum prévu par la loi, la moitié des droits d'auteur sur les livres publiés à partir de 1946. Ce qui garantit un revenu mensuel bien modeste.

Vers la reconnaissance

Une amie indéfectible, Claude Pompidou

Le soutien de Claude est sans faille. Depuis 1967, à chacun de ses passages à Paris, Madeleine est invitée à déjeuner simplement dans l'appartement des Pompidou quai de Béthune ou de manière plus cérémonieuse à Matignon aux soirées cinéma que Georges, Premier ministre et cinéphile averti, a instituées. Les projections sont suivies d'un dîner très « entre soi » du Tout-Paris mondain et culturel où se retrouvent les Rothschild, les Lazareff, les David-Weill, les Taittinger, mais aussi des artistes et des acteurs, des capitaines d'industrie et des ambassadeurs.

Madeleine apprécie : *C'était un peu clinquant. Mais cela m'amusait d'y aller, cela me changeait de ma vie avec Malraux qui avait été très austère* ; elle a aussi certainement conscience que frayer avec ce monde peut être bien utile au moment de relancer sa carrière.

Claude et Madeleine s'écrivent et se téléphonent régulièrement. Toutes deux issues de la moyenne bourgeoisie provinciale, elles ont connu la même ascension sociale, le délicat statut d'épouse d'homme célèbre, les contraintes et les dangers de l'exposition publique et se méfient des jeux politiques. Leur amitié est fondée sur la solidarité, la fidélité et la discrétion. Ni bavardages inutiles, ni confidences impudiques, elles se comprennent à demi-mot. Même si leur duo étonne tant les différences sautent aux yeux. L'une est grande, blonde, anguleuse, le geste un peu gauche, la réplique décalée, la seconde est fine, brune, précise, tout en maîtrise de soi. Si Claude ose des tenues à la mode, parfois voyantes, Madeleine ne se départit jamais de son style classique et sobre. Tandis que Claude est une militante de la musique contemporaine ésotérique, Madeleine est une pianiste au répertoire classique.

Des Etats-Unis, Madeleine suit attentivement les événements qui secouent la France et s'inquiète en 1969 pour son amie blessée et humiliée par l'affaire Markovic. Ce soi-disant scandale, inventé et monté de toutes pièces, cible Claude que la rumeur accuse d'être une adepte de parties fines avec des gigolos yougoslaves. Pire encore, elle aurait commandité l'assassinat de l'un d'eux, Stefan Markovic, qui la menaçait de chantage. Au téléphone avec son amie, tout en sachant que sa ligne est sur écoute, Claude ne se laisse pas abattre. Elle ne cache pas sa colère contre ceux qui au sommet de l'Etat se réjouissent de l'infamie. Le complot politique vise à éliminer Pompidou, candidat à la succession du général de Gaulle depuis qu'il a quitté Matignon en juillet 1968. L'effet sera inverse, le tigre blessé se lancera avec rage dans la campagne présidentielle. La victoire lavera son honneur.

Madeleine votera à Paris. Georges est élu. Elle imagine avec un certain plaisir l'agacement de Malraux qui s'était imaginé si longtemps en dauphin naturel du Général et qui ne cache pas son mépris pour Pompidou. Désormais Madeleine est reçue à l'Elysée, son nom figure sur la liste officielle et très sélecte des invités du palais présidentiel. Elle sera également la bienvenue à Brégançon.

A l'occasion du voyage officiel aux Etats-Unis des Pompidou, une réception est donnée le 24 février 1970 à l'ambassade de France à Washington ; Madeleine a été invitée à se produire en concert, elle joue plusieurs pièces de Debussy. La soirée est un succès. Le président américain et sa femme, Richard et Pat Nixon, sont particulièrement aimables et félicitent la pianiste, les journalistes mitraillent Claude Pompidou qui se fait l'ambassadrice de la mode française en lançant ce soir-là le long avec une robe très remarquée, en soie marine, jupe fendue et camélia à l'encolure, de chez Cardin. Madame Malraux escortera le couple présidentiel français dans tous ses déplacements à la Maison-Blanche et à la National

Gallery puis à New York. Elle est officiellement la protégée du couple présidentiel français. Ce qui suscitera le courroux sarcastique de Malraux de sa retraite à Verrières.

Lorsque la tragédie gagne l'Elysée, Madeleine n'osera jamais poser la moindre question à Claude sur l'état de santé de Georges. La maladie du président, malgré ses ravages si visibles, est tue, y compris dans son entourage le plus proche. L'amie se veut discrète et respecte le silence de Claude. *Elle ne voulait pas que l'on en parle. Par pudeur et pour le protéger.* Le 2 avril 1974, Georges meurt chez lui à soixante-deux ans d'une septicémie foudroyante, complication secondaire de sa maladie du sang. Dans des douleurs atroces. C'est le choc, ni les médecins, ni la famille ne s'attendaient à une fin aussi rapide. Madeleine n'assistera pas à l'enterrement ; elle retrouvera quelques semaines plus tard Claude qui s'est réfugiée à Cajarc, digne et réservée.

A la fin des années soixante-dix, Madeleine se détache progressivement des Etats-Unis. La mort de Nicolas Nabokov en 1978, suivie de celles d'André Meyer en 1979 qu'elle accompagnera jusqu'à sa fin à l'hôpital Nestlé de Lausanne et de Bella quelques semaines plus tard, puis de Balanchine en 1983 marquent la fin de ces années new-yorkaises. Madame Malraux s'installe boulevard Delessert d'où elle rayonne pour ses concerts au Japon et en Europe. L'amitié des deux femmes se resserre. Chaque année, Madeleine accompagne Claude à la fête de Noël qu'organise sa fondation pour les jeunes handicapés de Paris et de la région parisienne dans la grande salle de l'Unesco avec Simone Veil, membre du conseil d'administration de la fondation, et Bernadette Chirac. Intime du quai de Béthune, véritable lieu de pouvoir et d'influence sur lequel règne Claude en douairière de la République, Madeleine y vit tous les grands moments.

En 1981, François Mitterrand, fraîchement élu à la magistrature suprême, s'intéresse à la mémoire de Georges Pompidou et au Centre Pompidou et décide d'augmenter la pension de sa veuve. Pour le remercier de son geste, Claude le reçoit chez elle. Et opte après mûre réflexion pour une simple table en conviant les Balladur, Léopold Senghor, Patrice Chéreau, François Gall et son amie Madeleine Malraux. Si Danielle n'est pas très aimable et reste silencieuse, le président se montre courtois et majestueux, très cultivé. Madeleine est sensible à l'œil du romancier qui l'observe, flattée d'éveiller la curiosité présidentielle : *il essayait sans doute de me lire car même s'il n'avait pas aimé Malraux, le personnage devait le fasciner.*

Sur le plan des arts, un dîner sera historique. Madeleine a la confiance de Nina Kandinsky, la veuve fantasque du peintre russe qui ne sort jamais de chez elle sans son sac rempli de bijoux. Avec Claude Pompidou et les Balladur, elle fait partie des privilégiés conviés dans son petit appartement autour d'un bœuf Strogonoff au milieu des toiles de Kandinsky qui s'entassent un peu partout. De ce fabuleux héritage, Nina, sans enfant, ne sait pas quoi faire. Claude lui souffle l'idée d'une donation au

Centre Pompidou, le musée qu'elle a imaginé avec Georges et auquel elle tient tant.

Le 6 décembre 1979, la dame du quai de Béthune organise un dîner en l'honneur de Nina en présence de Madeleine Malraux, des Balladur, de Pontus Hulten, le directeur du musée du Centre, du galeriste Karl Flinker et de Christian Derouet, un jeune conservateur spécialiste de Kandinsky. En sortant de table, Nina dans un climat de confiance signe une lettre où elle décide qu'après sa mort toutes les œuvres de son mari en sa possession, ses archives ainsi que sa collection personnelle constitueront un fonds Kandinsky au musée national d'Art moderne du Centre Pompidou. Le don est exceptionnel, quatre-vingt-dix-huit peintures à l'huile dont deux chefs-d'œuvre, *Avec l'arc noir* (1912) et *Dans le gris* (1919), cent seize aquarelles et gouaches, quatre cent dix dessins. Claude et Madeleine se félicitent de leur succès, avec le sentiment du devoir accompli et de mériter le nom qu'elles portent.

La musique lie les deux femmes. Fidèles du Domaine musical, elles ont déploré le départ en 1967 de Pierre Boulez pour l'Allemagne après sa rupture avec André Malraux qui lui refusait le poste de directeur de la musique à la Culture. Claude se passionne pour la création de l'IRCAM consacré à la musique contemporaine et à la recherche acoustique, qu'elle et Georges ont décidé de confier à Pierre Boulez. Le maestro est devenu un ami très cher de Madame Pompidou qui organise des déjeuners de mécènes pour récolter des fonds, défendre et vanter le talent des jeunes compositeurs de l'IRCAM et qui demande à Madeleine d'y assister. Le nom et les talents de la pianiste font leur effet et autorisent des conversations faciles. Les veuves célèbres se rendront ensemble à de nombreux festivals. A Bayreuth en 1976, elles sont escortées par Pierre Cardin et Hugues Gall, secrétaire général de l'Opéra de Paris, et assistent aux places d'honneur au *Ring* de Wagner que Pierre Boulez dirige dans une mise en scène de Patrice Chéreau. Le moment est révolutionnaire, sifflets et ovations scandent chaque représentation. Madeleine a-t-elle une pensée ce soir-là pour l'adolescente éblouie de treize ans qui a découvert la *Tétralogie* au Capitole, entourée de ses parents ? Comment la petite provinciale aurait-elle pu imaginer qu'elle serait un jour aux premières loges, traitée comme une princesse de la République, l'horizon élargi au monde et familière de ceux qui marquent leur époque ?

Madeleine est une habituée des mois d'août à Cajarc, la maison de campagne, le refuge de Claude dans le Lot. Madame Pompidou, qui bénéficie d'un cuisinier détaché de Matignon, ouvre sa maison l'été ; certains ministres et présidents du Centre Pompidou, les protégés du moment et les amis de toujours y passent quelques jours. Madeleine séjourne plus longtemps. Elle se souvient d'une visite mémorable avec Rostropovitch qui est devenu un ami à New York, de son arrivée en hélicoptère, portant lui-même son violoncelle, suivi de son épouse, de la pianiste Vasso Devetzi et de la soprano Galina Vichnevskaïa. *Rostro était un homme extrêmement chaleureux, à la russe. Nous avons beaucoup ri au bord de la piscine. Et pas du tout fait de musique.* Une compagnie choisie et une ambiance bohème qu'apprécient particulièrement Claude et Madeleine. A bientôt soixante-dix ans, elles ont l'art de mettre à profit leur statut et leur notoriété pour elles-mêmes et pour les causes qui leur tiennent à cœur, mais elles savent aussi s'en libérer. Entre soi et en toute confiance, bien sûr. Ces vertus inattendues de l'âge, elles y goûtent avec gourmandise.

La réhabilitation

Claude Pompidou va aider Madeleine à reconquérir son statut d'épouse d'André Malraux et de veuve légitime. Grâce à ses liens d'affection et à l'influence qu'elle exerce sur l'ancien poulain de son mari devenu maire de Paris et Premier ministre de la cohabitation, Jacques Chirac. Elle s'appuie aussi sur son amie Bernadette Chirac.

Depuis 1976, Verrières veille jalousement sur la dépouille du grand Malraux. La ville veut garder son illustre mort. Une villageoise fleurit chaque semaine sa tombe. Pour pérenniser la situation, le conseil municipal décide l'attribution d'une concession perpétuelle et gratuite. Un Comité national, créé et présidé par le maire, s'octroie sa mémoire ; composé de notables et d'adoratrices à la retraite, il multiplie les commémorations : au son et lumière « A pleine vie dans son siècle... André Malraux », succède une exposition sous le préau de l'école, « André Malraux et le patrimoine national », sans compter des soirées et événements qui se déroulent sur l'esplanade du centre culturel André-Malraux, place de l'hôtel de ville. Sophie de Vilmorin et Florence Malraux s'y rendent régulièrement. Touchées par tant de dévotion.

Pour le dixième anniversaire de la mort d'André Malraux, le dimanche 23 novembre 1986, le Premier ministre Jacques Chirac et son ministre de la Culture, François Léotard, ainsi que Michel Debré, assistent à une messe à l'église de Verrières, célébrée par l'évêque de Corbeil et l'abbé Bockel avant de se recueillir en compagnie du maire sur la célèbre tombe. Lors de la réception à la salle des fêtes, François Léotard prononce un long discours. Si Sophie de Vilmorin et Florence Malraux assistent comme d'habitude aux cérémonies locales, c'est la première fois depuis l'enterrement que Madeleine apparaît publiquement à Verrières, accompagnée de son fils Alain et de ses trois petits-enfants. La presse évoque pudiquement et de manière évasive la présence de la famille Malraux.

Le lendemain, à l'Hôtel de Ville de Paris, Jacques Chirac inaugure, avec à ses côtés son épouse Bernadette, Claude Pompidou et Madeleine Malraux, escorté d'une cohorte de gaullistes et d'anciens Premiers ministres, Michel Debré, Jacques Chaban-Delmas, Maurice Couve de Murville et Pierre Messmer, l'exposition « André Malraux, un anti-destin ». Les journalistes sont nombreux. Le projet est d'envergure nationale et la récupération politique par le chef du RPR peut faire sourire. Comme ce fut le cas pour les précédentes expositions que la mairie a consacrées au général de Gaulle et à Georges

Pompidou. Sont présentés pour Malraux des photos inédites, des manuscrits et documents originaux et quelques œuvres d'art de son musée imaginaire, notamment et pour la première fois à Paris une peinture murale chinoise du XIe siècle, récente acquisition du musée Guimet, mais aussi des œuvres de Dubuffet, Fautrier, Miró, Balthus, et Picasso ainsi qu'un masque mau-touba de Côte-d'Ivoire. Après le discours de Jacques Chirac, Madeleine pose devant les photographes, encadrée par les Chirac et Claude Pompidou. C'est la réapparition de Madame André Malraux sur la scène officielle. Pour Claude, qui a œuvré par amitié et solidarité féminine, justice est faite. Son amie, l'épouse bannie, a reconquis sa place.

Suivra de peu la consécration républicaine. Le 7 septembre 1987, Jacques Chirac remet les insignes de chevalier d'honneur à Madeleine Malraux dans les salons de l'Hôtel de Ville ; Claude Pompidou, en marraine de la cérémonie, prend la pose à côté de son amie épinglée.

Reprendre du terrain sur les autres femmes de Malraux n'est pas aisé. Clara, la première épouse, apprécie les feux de la rampe et publie ses Mémoires, *Le Bruit de nos pas*, qui paraît en six volumes de 1963 à 1979. Elle accepte les interviews, participe en 1979 à un documentaire télévisé, « Malraux ou le destin d'un jeune homme », pour Antenne 2. Lorsqu'elle s'éteint en 1982, les articles sont nombreux à lui rendre un vibrant hommage. La biographie que lui consacre Christian de Bartillat chez Perrin en 1986 est un succès. En 1976, la mémoire de Josette est honorée par son amie de cœur, Suzanne Chantal, qui publie *Le Cœur battant*, un livre impudique qui règle ses comptes ; Madeleine est présentée comme l'usurpatrice et la mauvaise mère. Elle se consolera en apprenant que si André a accepté d'écrire une lettre-préface, il a précisé dans son testament qu'il ne souhaitait pas que cette lettre figure dans sa bibliographie officielle. En 1978, c'est au tour d'Alain de dévoiler ses souvenirs dans *Les Marronniers de Boulogne* ; on découvre au quotidien Malraux en *père introuvable*, l'ouvrage est réédité plusieurs fois à la grande fierté de son auteur. Dans les biographies qui fleurissent sur Malraux, au fil des pages, Madeleine est présentée comme la douce pianiste, la mère des enfants, une femme transparente et lisse qui, si elle a eu le mérite de partager vingt ans de la vie d'un monstre sacré, ne suscite pas la curiosité.

En novembre 1986, certes pour des raisons financières mais aussi pour exister en tant qu'épouse, Madeleine rompt le silence et publie chez Denoël *Messages, signes et dyables* qui rassemble trois cent quatre-vingts dessins de Malraux. La preuve de sa complicité avec André, de leur amour au quotidien. Fière de son trésor de guerre, elle tient à écrire la préface.

La panthéonisation

En novembre 1996, les gaullistes sont au pouvoir. Après deux septennats de François Mitterrand, Jacques Chirac a conquis l'Elysée et Alain Juppé à Matignon croit encore en la réforme. Pierre

Messmer, auréolé de son passé d'ancien ministre des Armées du Général de 1960 à 1969, et de Premier ministre de Georges Pompidou de 1972 à 1974, est le nouveau président de l'institut Charles-de-Gaulle qui a pour mission de servir la mémoire du Général en organisant la collecte et l'archivage de tous types de documents, mais aussi des colloques, des expositions et des travaux de recherche. Animé d'une volonté patrimoniale et attaché à la grandeur gaullienne, Pierre Messmer, qui a l'oreille de Jacques Chirac, suggère que l'heure est venue de panthéoniser Malraux à l'occasion du vingtième anniversaire de sa mort. Pour l'Elysée, ce serait l'occasion de récupérer le Panthéon et la culture accaparés depuis de longues années par les socialistes.

Madeleine se déclare très favorable au projet. Claude Pompidou s'enthousiasme et le fait savoir à ses amis Chirac. Florence Malraux, tout en n'étant pas dupe des jeux politiques, y consent, elle sait que son père aurait apprécié cette suprême reconnaissance républicaine. Sophie de Vilmorin se plie à la décision présidentielle, triste de ne plus pouvoir se recueillir au cimetière de Verrières, mais elle n'a pas oublié qu'André avait évoqué sa possible panthéonisation et que l'idée ne semblait pas lui déplaire. Le maire de Verrières, les Vierrerois et la presse locale, quant à eux, sont amers.

En cet automne 1996, la France commémore son héros grandiose. Dans une ferveur collective, se multiplient sur tout le territoire des colloques et débats à répétition, des expositions et des campagnes d'affichage. Au Jeu de Paume sont exposés les portraits de Malraux par Gisèle Freund. Les textes de l'écrivain sont lus dans le métro par Pierre Arditi, son œuvre est inscrite au programme du bac, un timbre commémoratif à son effigie est émis. Des livres sur sa vie et son œuvre s'étalent en librairie. L'encensement national est troublé par une voix discordante, celle de Pierre Boulez qui ose déclarer à *Télérama* : « Malraux ? Une machine à paroles. Nul dans l'action. Toujours entre les vapeurs du haschisch ou du champagne... », la brouille de 1967 n'est pas oubliée. Et tant pis si ses propos déplaisent à son amie Claude Pompidou et à Madeleine Malraux.

Le 23 novembre, le cercueil quitte Verrières au cours d'une cérémonie avec le maire. En route pour la béatification républicaine. La cérémonie au Panthéon se déroule en direct sur TF1 et France 2.

Jacques Chirac a voulu une fête gaulliste. On oublie les débuts gauchistes du grand homme. Jorge Semprun, président du Comité pour la commémoration du vingtième anniversaire de la mort de Malraux et proche de Florence Malraux mais ancien ministre socialiste de la Culture en Espagne, n'est finalement pas invité à faire un discours. Au début de la cérémonie, soixante élèves d'une classe de première d'un collège André-Malraux, revêtus de capes transparentes sur fond de bruit d'avions et éclairés de lampes torches, déposent de chaque côté du catafalque, veillé par les statues de quatre chats égyptiens, de grandes photos de la vie de l'écrivain. Un film sur Malraux est projeté sur le fronton du Panthéon. L'Indochine, l'Espagne et la Résistance sont à l'honneur.

C'est l'hommage de la nation. Maurice Schumann, la voix de Radio Londres, prend la parole. Puis c'est au tour de Jacques Chirac qui s'inspire du célèbre discours de Malraux pour Jean Moulin : « Prenez place, André Malraux, dans le Panthéon de la République... » Les présidents des deux assemblées, Philippe Séguin et Jean Monory, tous les anciens Premiers ministres et ministres de la Culture écoutent religieusement. Dans la tribune présidentielle, Madeleine est aux côtés de Bernadette Chirac et de Claude Pompidou.

Six gardes républicains, au son de *L'Ascension* d'Olivier Messiaen, déposent le cercueil de chêne blond au centre de la nef illuminée, il sera veillé par *L'Homme qui marche* de Giacometti, symbole de l'homme qui résiste. Le président Chirac, entouré de Madeleine et Florence, suivis à quelques pas de Sophie de Vilmorin, d'Alain et ses enfants, accompagne le cercueil à l'intérieur. Sophie s'efface avec élégance ; elle écrira qu'elle n'a pas cherché à revendiquer son statut de cinquième femme d'André Malraux et rappellera avec une pointe d'amertume que si elle a été invitée au Panthéon dans la tribune présidentielle, c'est grâce à l'intervention de Florence.

En ce grand jour républicain, Madeleine est en quelque sorte panthéonisée veuve d'André Malraux. Désormais la presse reprend en boucle une version officielle de la famille Malraux qui est composée de la fille Florence, de la veuve Madeleine, du neveu et fils « adoptif » Alain[1] ; si Sophie est mentionnée,

---

1. Malraux n'a pas adopté son neveu.

c'est au titre de collaboratrice. A quatre-vingt-deux ans, trente ans après leur séparation, Madeleine n'est pas mécontente de figurer officiellement comme Madame André Malraux. Si elle a été bafouée, c'est elle qui aura droit aux honneurs. Une revanche sur le destin et une reconnaissance qui apaise la douleur.

L'apaisement

La concertiste

La carrière de Madeleine connaît un sursaut inattendu dans les années 2000. A plus de quatre-vingt-dix ans, la concertiste se déploie au Japon. Grâce à son talent certes, mais aussi au nom Malraux. André s'y est rendu plusieurs fois, notamment en tant que ministre de la Culture, accompagné de Madeleine ; il y est retourné avec Sophie à l'occasion de la présentation de *La Joconde* à Tokyo et a été reçu, suprême honneur, par l'empereur. Malraux est si connu qu'à l'annonce de sa mort en novembre 1976, toutes les chaînes nippones font des flashs.

Madeleine bénéficiera de cette immense notoriété et sera l'invitée d'honneur des deux grandes expositions que le mécène Sazo Idemitsu, un roi du pétrole et le fondateur d'un musée à son nom à Tokyo, consacre à Malraux : en 1978 « André Malraux et le Japon éternel » et en 1998 « André Malraux, notre ami ». L'occasion pour la veuve du grand homme français célébré de renouer quelques contacts avec la bonne société nippone, notamment les Konoé, de riches amis nippons. Tadateru est président de la

Fédération internationale de la Croix-Rouge et son épouse est la princesse impériale Yasuko de Mikasa. On ne peut rêver meilleure introduction. En 1991, à l'occasion d'un voyage organisé par Idemitsu, aussi culturel que luxueux, Madame Malraux sera reçue en audience privée par l'impératrice Michiko. Une consécration. En 2001, elle inaugure une salle de concert et un musée André-Malraux à Onomichi. Grâce à l'appui de Miho Hecq-Cauquil Ogawa, l'épouse du peintre Darius, son filleul qui lui dessine les dessins de ses programmes au Japon, et de l'épouse japonaise de Balthus, Setsuko, une série de concerts sera organisée en 2007, 2008 et 2009 ainsi que plusieurs enregistrements sur la chaîne NHK, la télévision publique nippone. Au Japon, Madeleine ressent la plénitude, elle est reconnue en tant que pianiste et honorée en tant que veuve d'André Malraux. Une exquise sacralisation.

En France, Madeleine devient la spécialiste d'Erik Satie avec deux récitals « EsotErik Satie » et « Satie en liberté » réalisés par Karin Müller, qu'elle interprète au piano en duo avec le comédien François Marthouret qui déclame les textes inconnus du compositeur, notamment sa correspondance avec son ami, le président de la République Paul Deschanel. Madeleine est particulièrement sensible à l'univers ironique, original et poétique de Satie qui rejoint celui des dessins farfelus d'André Malraux. A l'Archipel (2007) et au théâtre des Bouffes du Nord (2009) à Paris, ils feront salle comble avant une longue tournée à l'été 2010 à Saint-Tropez, Nice, Hossegor et Dijon.

La matriarche

L'appartement du boulevard Delessert devient le point de ralliement familial. Madeleine accueille sa mère Célina qui vivra chez elle jusqu'au bout, en 1975. Sa sœur Anne-Marie lui rend régulièrement visite ; à sa mort, veuve et sans enfant, elle laissera l'ensemble de ses biens à sa sœur. Au divorce d'Alain en 1988, c'est Madeleine le pilier qui élèvera en grande partie ses petits-enfants, Laurent, Céline et Anne, et qui gardera des liens affectueux avec son ex-belle-fille Priscilla. Quant à Alain, il vit chez sa mère. Ses enfants passent quasi quotidiennement, Céline qui réside en Martinique s'y installe avec mari et enfants lors de ses passages à Paris. Si le cadre est bourgeois, on s'y s'entasse dans un désordre bohème.

Madeleine aime être entourée de son clan. Les liens de dépendance sont forts. Ses amis qui la reçoivent le savent. C'est avec Alain et ses enfants qu'elle se rend en vacances chez Dora Fournier, qui possède l'île de Porquerolles, ou chez Paul-Louis Weiller, dans son immense villa de Bormes-les-Mimosas, La Reine-Jeanne. En 1989, invitée à un récital en Suisse à l'hôtel du Mirador au mont Pèlerin, elle demande à pouvoir y passer quelques jours en famille.

Les quatre arrière-petits-enfants de Madeleine et de Roland sont les seuls descendants des trois fils de Fernand Malraux. Un bonheur, une fierté et une revanche sur la vie pour celle qui devient avec le temps l'inaliénable Madame Malraux.

Le temps des honneurs

Madeleine ne boude pas les honneurs de la République. Contrairement à sa chère amie, Claude Pompidou, qui a toujours refusé la Légion d'honneur. Le 2 avril 2002, au ministère de la Culture, Catherine Tasca lui remet la décoration de commandeur de l'ordre des Arts et des Lettres. Le 19 avril 2010, ce sera la croix d'officier de la Légion d'honneur par le ministre de la Culture, Frédéric Mitterrand, qui, très en verve, rend un hommage appuyé à l'épouse d'André Malraux et à la pianiste qui remerciera d'un récital dans les salons de la rue de Valois. Elle semble bien loin la dernière rencontre glaciale avec André dans son bureau de ministre. Le 29 juin 2011, la Ville de Paris lui décerne sa médaille Grand Argent lors d'une petite cérémonie au musée de la Vie romantique en présence de Christophe Girard, l'adjoint à la culture du maire. Madeleine apprécie, elle sourit avec coquetterie aux compliments, mi-amusée, mi-honorée. Les blessures d'amour-propre se cicatrisent.

En 2009, Madeleine publie à nouveau les dessins de son célèbre époux aux éditions du Chêne, sous le titre cette fois de *L'Univers farfelu d'André Malraux*. Avec Alain, ils rédigent chacun une petite préface. L'entreprise éditoriale, de moyenne envergure, est surtout l'occasion pour la vieille dame, qui sait être charmante, de recevoir les journalistes – elle accordera des interviews à *Gala* et à *Paris Match* –, et de revendiquer sa part légitime ainsi que celle d'Alain dans la légende malrucienne.

Un projet lui tient à cœur, l'exposition à l'hôtel du Palais de Biarritz en mai 2001 des peintures et dessins de Vincent, le fils banni de Malraux et l'enfant douloureux qu'elle a profondément aimé. Quarante ans après sa mort, et pour la première fois, ses œuvres aux titres tragiques que Madeleine a voulu rassembler, paraissent au grand jour, dont *Pendu*, *Cheval blessé*, *Femme tragique*, *Homme blessé*, *La Charrette brisée* ; ils seront répertoriés dans un catalogue écrit par Castor Seibem. Un hommage à Vincent enfin reconnu comme l'artiste de la famille Malraux.

Veuve légitimée et dernière femme en vie de Malraux, Madeleine investit la mémoire malrucienne. Elle se pique au jeu, reçoit les biographes, s'oppose à un projet de film sur la vie de Josette Clotis, inaugure quelques monuments dont la sculpture en bronze du général de Gaulle devisant avec Malraux à Asnières ; elle ne manque jamais le 18 juin les cérémonies du Mont-Valérien, participe en novembre 2006 à la commémoration organisée rue de Valois pour le trentième anniversaire de la disparition de Malraux, et tient à être présente au colloque consacré à Gaëtan Picon à La Rochelle en 2004. Le plus souvent aux côtés de Florence et accompagnée d'Alain.

Madame Malraux possède un trésor qui contribuera à la légende malrucienne, miraculé des déménagements et relique de la Résistance de Malraux : le casque et le fusil de la brigade Alsace-Lorraine du colonel Berger. Elle en fera don au musée de l'Ordre de la Libération à sa mort. Malgré le sentiment de l'injustice qui la tenaille, elle qui aurait tant voulu qu'un hommage soit enfin rendu aux deux frères Roland et Claude, les héros de la famille Malraux, en leur dédiant une rue à Paris. Un rêve qui n'aura pas été exaucé.

Les amis partent. Claude Pompidou, les Sperber, Rostro, Suzanne Roquère, Jacqueline Latarjet. Le temps s'étire. Le cercle se restreint. Mais ruminer son passé n'est pas son registre. Si la vie lui a offert le second rôle, Madeleine sait qu'elle a joué dans les plus belles pièces. Madame Malraux ne craint pas le tomber du rideau, elle vit depuis trop longtemps avec les ombres.

REMERCIEMENTS

A Madeleine Malraux qui a osé l'aventure et m'a accordé sa confiance.

A Jean-Paul Enthoven qui m'a soutenue et encouragée avec enthousiasme et bienveillance tout au long du projet.

A Alain Malraux pour sa prévenance et son aide.

A Florence Malraux qui m'a reçue si aimablement, ses précisions ont été précieuses.

A Pauline Dreyfus, ma première lectrice et très chère amie, toujours stimulante et chaleureuse.

A Florence Descamps, pour son amitié fidèle, nos longues conversations et la pertinence de son œil d'historienne.

A Emmanuel Terray qui parle si bien d'André Malraux et m'a recommandé la lecture du beau livre de Jean-François Lyotard.

A Geneviève Gentil du Comité d'histoire du ministère de la Culture, à Cyrille Lequellec de la Fondation pour la mémoire de la déportation, à Janine Garcin et Yvonne Cossu de l'Amicale de Neuengamme, à Anne Bonamy du Mémorial du camp de Royaulieu-Compiègne mais aussi à la mairie de Domme, au Service des archives du ministère de la Défense et au Service des archives du ministère de la Culture, chacun m'a aidée avec d'utiles informations et des conseils avisés.

PETITE BIBLIOGRAPHIE DES LIVRES CONSULTÉS

Jean-Pierre Azéma et François Bédarida (sous la dir.), *La France des années noires*, t. 1 et 2, Seuil, 1993.

Pierre Assouline, *Lutetia*, Gallimard, 2005.

Sarah Ausseil, *Madeleine Gide ou de quel amour blessé*, Robert Laffont, 1993.

Emmanuel Berl, *Interrogatoire par Patrick Modiano*, Gallimard, 1976.

Pierre Bockel, *L'Enfant du rire*, préface d'André Malraux, Grasset, 1991.

Dominique Bona, *Clara Malraux*, Grasset, 2010.

Nathalie Carré de Malberg, *Le Grand Etat-Major financier : les inspecteurs des finances, 1918-1946*, CHEFF, 2011.

Suzanne Chantal, *Le Cœur battant : Josette Clotis. André Malraux*, Grasset, 1976.

Christine Clerc, *De Gaulle-Malraux, une histoire d'amour*, Nil, 2008.

Dictionnaire Malraux, CNRS Editions, 2011.

Jean Estèbe, *Toulouse, 1940-1944*, Perrin, 1996.

Femmes dans la guerre, 1940-1945, Félin, 2003.

Michael R.D. Foot, *Des Anglais dans la Résistance. Le SOE en France, 1940-1944*, Tallandier, 2008.

Brigitte Friang, *Un autre André Malraux*, Plon, 1977.

— *Petit tour autour de Malraux*, Félin, 2001.

Philippe de Gaulle, *De Gaulle, mon père*, t. 1 et 2, Plon, 2003 et 2004.

André Gide, *Journal*, t. 2, 1926-1950, La Pléiade, 1997.

— *Souvenirs et voyages,* La Pléiade, 2001.

— *Retour de l'URSS*, Gallimard, 1936 et 1937.

Claude Guy, *En écoutant de Gaulle. Journal, 1946-1949*, Grasset, 1996.

Pierre Herbart, *La Ligne de force*, Gallimard, 1958.

L'Amicale de Neuengamme et de ses kommandos, *Neuengamme, Camp de concentration nazi,* Tirésias, 2010.

Pierre Laborie, *L'Opinion française sous Vichy*, Seuil, 2001.

— *Les Français des années troubles*, Seuil, 2003.

Jean Lacouture, *Malraux. Itinéraire d'un destin flamboyant*, André Versaille éditeur, 2008.

— *Malraux, une vie dans le siècle*, Seuil, 1973.

Bernard Lecornu, *Un préfet sous l'occupation allemande*, France-Empire, 1997.

Le Mystère Malraux, DVD, Editions Montparnasse, 2009.

Les Parisiens sous l'Occupation. Photographies en couleurs d'André Zucca, Gallimard, 2008.

L'Univers farfelu d'André Malraux, préfaces de Madeleine Malraux et d'Alain Malraux, Chêne, 2009.

Jean-François Lyotard, *Signé Malraux*, Grasset, 1996.

Alain Malraux, *Les Marronniers de Boulogne. Malraux père introuvable*, Bartillat, 1978.

André Malraux, *Les Voix du silence*, Gallimard, 1951.

— *Le Miroir des limbes*, vol. I : *Antimémoires*, Gallimard, 1967.

— *Le Miroir des limbes*, vol. II : *La Corde et les souris*, Gallimard, 1976.

Céline Malraux, *Avec une légère intimité,* Baker Street, 2012.

Clara Malraux, *Le Bruit de nos pas*, 6 vol., Grasset, 1963-1979.

Roger Martin du Gard, *Journal*, t. III, 1937-1949, Gallimard, 1993.
Louis Maury, *Quand la haine élève ses temples,* SNEP, 1950.
Mireille, *Avec le soleil pour témoin*, Robert Laffont, 1981.
Frédérique Neau-Dufour, *Yvonne de Gaulle*, Fayard, 2010.
Henriette Nizan, *Libres mémoires*, Robert Laffont, 1989.
Alain Peyrefitte, *C'était de Gaulle*, 3 vol., Fayard, 1994, 1997, 2000.
Jacques R.E. Poirier, *La girafe a un long cou…*, Fanlac, 1992.
Maria Van Rysselberghe, *Les Cahiers de la Petite Dame, 1929-1937*, Gallimard, 1974.
— *Je ne sais pas si nous avons dit d'impérissables choses*, Gallimard, 2006.
Serge Ravanel, *L'Esprit de résistance*, Seuil, 1995.
Cary Reich, *The Biography of André Meyer*, Wiley, 1983.
— *Un financier de génie, André Meyer*, Belfond, 1986.
Delphine Renard, *Tu choisiras la vie,* Grasset, 2013.
François Soustre, *Colette de Jouvenel en Corrèze*, Descartes et Cie, 2012.
Françoise Theillou, *Malraux à Boulogne, La maison du Musée imaginaire, 1945-1962*, Bartillat, 2009.
Olivier Todd, *André Malraux, une vie*, Gallimard, 2001.
Denise Tual, *Au cœur du temps*, Carrère, 1987.
Sophie de Vilmorin, *Aimer encore*, Gallimard, 1999.
Françoise Wagener, *Je suis née inconsolable : Louise de Vilmorin, 1902-1969*, Flammarion, 2008.

Du même auteur :

CLAUDE POMPIDOU : L'INCOMPRISE,
Éd. du Toucan, 2010.

LES DERNIERS JOURS DE DRIEU LA ROCHELLE
(6 août 1944-15 mars 1945), Grasset, 2016.

Le Livre de Poche s'engage pour
l'environnement en réduisant
l'empreinte carbone de ses livres.
Celle de cet exemplaire est de :
200 g éq. CO₂
Rendez-vous sur
www.livredepoche-durable.fr

PAPIER À BASE DE
FIBRES CERTIFIÉES

Composition réalisée par PCA

Imprimé en France par CPI
en avril 2016
N° d'impression : 3016759
Dépôt légal 1re publication : avril 2016
LIBRAIRIE GÉNÉRALE FRANÇAISE
31, rue de Fleurus - 75278 Paris Cedex 06

13/0001/9